도서출판 대장간은
쇠를 달구어 연장을 만들듯이
생각을 다듬어 기독교 가치관을
바르게 세우는 곳입니다.

대장간이란 이름에는
사라져가는 복음의 능력을 되살리고,
낡은 것을 새롭게 풀무질하며, 잘못된 것을
바로 세우겠다는 의지가 담겨져 있습니다.

www.daejanggan.org

추천의 글

"르네 지라르가 가진 여러 은사 가운데 하나는 인터뷰에서 자신의 이론을 풀어낼 줄 아는 능력이다. 그의 뛰어난 몇몇 저작들은 이런 장르에 속해 있다. 함께 대화하는 상대자들을 신뢰하면서, 이 대화 가운데 많은 부분이 모방 이론에 대한 새로운 시각을 열고 있다. 『지라르와 성서 읽기』는 아주 훌륭한 본보기다. 전 특히 그가 살아 온 삶의 여정이 있는 부분들을 좋아했다. 많은 부분들이 저에게는 새로웠다."

볼프강 펄레버(Wolfgang Palaver)
- 오스트리아 인스브루크 대학(Universitate InnSBruck)의 가톨릭 신학부 학장, 전 COV & R * 회장

"이 책은 성서를 우리의 삶 속에서 지속되는 '진행 중인 사역'으로 이해한다. 또한 인간이 처한 상황에 대한 르네 지라르의 획기적인 통찰력과 역사적 과정 속에서 우리를 통해 돌파구를 여는 하나님의 사랑을 소개하는 점에서 중요하게 이바지한다. 모방적 욕구라는 지라르의 기본적인 주제들, 희생양 만들기와 희생 속에서 표현되고 내포된 폭력, 그리고 우리가 폭력을 다른 방식으로 신성시하고 있다는 것을 결정적으로 폭로하기, 이런 폭력에 대하여 그리스도의 십자가처형과 부활 속에 있는 신의 응답, 이 모든 것이 진행 중인 해석적 과정으로서 성서 그 자체에 기반을 두고 있다. 스티븐 베리는 지라르의 사상과 성서에 대한 지라르의 평가를 끌어내는 훌륭한 솜씨를 발휘했으며, 마이클 하딘은 이 인터뷰들을 아주 읽기 쉽게 다듬었다."

제임스 윌리엄스(James G. Williams),
-시러큐스(Syracuse) 대학교, 전 COV&R 회장.

* 폭력과 종교에 관한 학회"(Colloquium on Violence and Religion)

"르네 지라르는 아주 편안한 인터뷰 형식으로 자유롭게 이야기 할 때 자신의 진면목을 보여주는 때가 많다.『지라르와 성서 읽기』에는 이런 능력을 보여줄 또 하나의 기회를 가지고 모방이론의 진가를 보여 준다. 이는 진짜 대가의 목소리를 듣는 것이다."

니키 원딩어(Niki Wandinger),
– 인스브루크대학 교수, COV&R 회보 편집자

"지난 수십 년 동안, 명망 있는 문학 비평가이자 사회이론가 르네 지라르는 자신의 모방적 경쟁이라는 이론과 생성된 희생양만들기를 셰익스피어, 스탕달Stendhal, 도스토예프스키 및 그리스의 비극작가들과 같은 위대한 작가들에 대한 훌륭하고도 뛰어난 일련의 주석들 속에 있는 서구의 문학정전literary canon에 적용시켰다. 이제, 지라르는 이 책에서 서구의 문명을 형성함에 있어, 그리고 매일 점점 더 우리의 신흥 국제공동체를 형성함에 있어 비할 데 없이 중요한 본문인 성서로 자신의 관심을 돌리고 있다. 지라르는 모방이론의 통찰력들을 구약과 신약성서 모두에 가져와서, 아담과 이브, 가인과 아벨, 요셉과 형제들, 아브라함과 이삭, 욥, 거라사의 광인, 포도원의 비유, 베드로의 예수 부인, 그리스도의 수난에 대한 신선하고 새로운 해석들을 마련해 주고 있다. 글자 하나하나를 똑같이 권위 있는 것으로 대하는, 성서에 대한 근본주의적 해석들을 일축해 버리면서, 지라르는 희생자의 무고함을 드러내는 성스러운 폭력에 대한 강력한 비평과 더불어 보존되어 있는 희생양만들기에서 유래한 고대 종교의 유물들과 같이, 각장에서 들려오는 다양한 목소리를 듣는다. 기독교 변증가의 작품인 이 책은 성서를 계시적인 것으로 이해하는 완전히 새로운 방식을 마련한다는 의미에서 독특하다.

그렇지만 『지라르와 성서 읽기』는 성서주석 이상의 것이 있다. 이 책은 점령된 프랑스에서의 학창생활에서부터 다양한 미국 대학들에서 오랫동안 가르친 그의 교수경험 및 프랑스학회Academie Francaise의 취임에 이르기까지, 지라르의 삶과 지성적 발전을 이야기하는 과정 속에서 그의 모방이론과 핵심적 통찰의 기원에 간결하고도 쉽게 접근하도록 돕는다. 그렇지만 이 책은 인간의 역사의 궤도에 대한 대담한 진술로 한 발 더 나아간다. 인간의 역사에서 성서 본문은 우리의 폭력적인 과거뿐만 아니라 우리의 불확실한 미래를 이해하는 핵심을 붙잡고 있다고들 한다. 우리는 그의 구체적인 논거와 주장들 가운데 일부예를 들면, 플라톤과 니체를 아주 야박하게 이해한다는 등에는 동의하지 않을 수 있지만, 지라르는 항상 우리 세계의 황홀한 표면 너머를 보고 그 속에서 작용하고 있는 심오한 모방적 권력들을 이해하도록 우리에게 도전을 주는 뛰어나고도 도발적인 사상가이다. 『지라르와 성서 읽기』없이 늘 하던 똑같은 방식으로는 성서나 성서가 아주 결정적으로 형성해 온 현대 세계를 볼 수 없다."

조지 던(George A. Dunn)
– 인디아나폴리스 대학(University of Indianapolis) 종교철학과

"명쾌하고, 대화적이며 항상 그러하듯 탁월한 통찰력이 돋보인다. 정통의 아름다움에 대해서 지라르의 인류학보다 더 재미있는 대화의 상대들은 그리 많지 않다. 이 작은 보석만큼이나 더 쉽게 다가설 수 있는 입문서들은 얼마 되지 않는다."

제러드 매켄나(Jarrod McKenna),
- 호주 평화상 수상자, 목사, First Home Project의 활동가이자 공동설립자

"당신이 신앙하는 것이 하나님이든 과학이든, 이 지라르와의 대화는 당신 자신과 우리가 살고 있는 세상에 대한 깊은 이해를 하도록 좋은 친구처럼 인내심을 가지고 당신을 자극할 것이다. 지라르가 성서 속에 숨어 있는 하나님, 인간과 폭력에 대해 그가 발견한 위대한 진리 이야기를 다시금 풀어낼 때 지라르에게 참여하라고 격려하고 싶다."

수잔 로스(Suzanne Ross)

the Raven Foundation의 공동설립자이자 『사악한 진실(The Wicked Truth)』의 저자

"이 책은 르네 지라르에 대한 기막힌 입문서이다. 우리는 이 책을 통해서 각자의 삶의 정황에서 그의 이론이 펼쳐지는 것을 따라갈 수 있다. 이 본문은 대화로서의 풍미도 있으며 훨씬 더 쉽게 '들을 수 있도록' 해준다. 우리가 이 책을 곁에 둘 수 있다는 것은 행운이다!"

제레미아 알버그(Jeremiah Alberg)

도쿄 국제기독교대학(International Chrisitan University)의 종교철학 교수, COV&R 회장

"1970년대 이래 르네 지라르는 유대-기독교 본문들에 대해서 많은 말을 해주었으며, 우리에게 구약과 신약에 대한 깜짝 놀랄만한 설명들을 제시해 주고 있다. 그 설명들이란 비단 '신자들'에게만이 아니라, 서구의 문화적 이해와 비평에 대한 깊은 자료들을 탐험하는데 관심이 있는 사람들에게 흥미로운 것이어야 한다. 마침내 여기에 우리에게 지라르의 작품의 깊이에 독점적으로 헌신된 한 권의 대화록이 생겼다. 이 탁월한 책에서, 우리는 최고의 철학적, 신학적, 그리고 실천적 중요성이라는 문제에 대해, 우리 시대를 이끌어 가는 사상가들 가운데 한 명과 함께 하는 대화의 자리에 앉을 수 있도록 초대를 받는다. 이 책은 실로 아주 중요한 책이다."

크리스 플레밍 박사(Dr. Chris Fleming)

웨스턴 시드니(Western Sydney)대학의 Humanities and Communication Arts 학부 부교수

"이 책은 르네 지라르의 주요 자료들에 대한 귀중한 부록이다. 이책에서는 원초적 폭력에 대한 그의 국면전환적인 사고에 대한 신선한 질문들과 관점들을 자극하며 편안하고 폭넓은 진술들이 직접적으로 지라르의 역설의 핵심으로 이어진다. 한편으로 『지라르와 성서읽기』는 기독교 신앙과 실천에 대해 급진적으로 새로운 반복을 외치고 있지만, 다른 한편으로 그는 점진주의자와 보수주의적 접근을 깊이 선호하는 듯하다. 그는 '폭력적 종교들' 위에 '사랑의 종교'를 두지만 후자에서도 신성의 반영을 보고 있다. 가톨릭이 종말apocalypse을 '재촉하지' 않는 지혜를 갖고 있다면, 개신교는 '선으로 이끌리되, 이런 동력은 지나친 것이 될 수 있다.' 기독교 신학과 지라르 이후의 우주post-Girardian universe 속의 의미를 다시 생각하고자 하는 이들은 물론 우리 시대의 징표들을 추적하는 모든 이들이 꼭 소유해야 할 책이다."

앤서니 바렛(Anthony Bartlett)
*Virtually Christian*의 저자이자 신학과 평화(Theology and peace)의 공동설립자.

지라르와 성서읽기

지라르와 스티븐 E. 베리의 대화

마이클 하딘 편집

Copyright © 2016 Michael Hardin

Original published in English under the title ;
Reading the Bible with Rene Girard: Conversations with Steven E. Berry
Published by JDL Press, Lancaster, PA 17602
All rights reserved.

Uesd and translated by the permissions of Michael and Lorri Hardin
Korea Edition Copyright © 2017, daejanggan Publisher. in Daejeon, South Korea

지라르와 성서 읽기

지은이	르네 지라르 / 마이클 하딘
옮긴이	이영훈
초판발행	2017년 2월 24일
수정판발행	2019년 3월 29일
펴낸이	배용하
책임편집	배용하
등록	제364~2008~000013호
펴낸곳	도서출판 대장간
	www.daejanggan.org
등록한곳	대전광역시 동구 우암로 75~21
편집부	전화 (042) 673~7424
영업부	전화 (042) 673~7424전송 (042) 623~1424
분류	**기독교변증	모방이론	성서**
ISBN	978~89~7071- 406-6 03230
CIP제어번호	2017004202

이 책의 한국어 저작권은 저자와 독점 계약한 도서출판 대장간에 있습니다.
이 책은 저작권법에 의해 보호를 받는 출판물입니다. 기록된 형태의 허락 없이는 무단 전재와 복제를 금합니다.

 값 12,000원

차례

스캇 카우델Scott Cowdell의 서언

　베테랑 지라르 사상가이며, 작가이자 평화운동가인 마이클 하딘은 스티븐 베리와 르네 지라르의 이런 매혹적이고 폭넓은 대화가 햇빛을 보도록 큰 수고를 해 주었다. 이 책의 출판은 전 세계적으로 지라르 연구에 있어서 의미 있는 사건이다.

　Achever Clausewitz『최후까지 싸우다』와 오랫동안 기다려온 앞선 두 권의 책 *Quand ces choses commenceront*『이 일들이 일어날 때』와 *Celui par qui le scandale arrive*『그를 통해 스캔들이 왔다』가 영어로 선을 보인 이래로, 지라르의 작품은 완성되었다고 생각할 수도 있다. 이 각각의 책들은 지라르의 연구업적을 이해하는데 있어 돌파구와 새로운 단계를 가져다주었다. 특히 그가 하고 있는 것이 무엇인지에 대한 지라르만의 기독교적인 입장을 구체화함에 있어서 그렇다. 그렇지만 지금 우리는 훨씬 중요한 기여를 하게 되었다.

　지라르를 읽는 기독교 독자들은 우리가 지금까지 보아왔던 것보다 훨씬 더 세부적으로 정리된 모방이론에 교리적이고 영적이며 예언적으로 수반되는 일들을 보는 것이 즐거움이 될 것이다. 여기서 유대–기독교 사이의 불가분의 영적 실재는 그 축복과 저주를 전달해 온 독특한 통찰력에 기반을 두어 승리주의적이지 않으면서 배타적이지도 않게 칭송받고 있다.

　이 책에는 진지한 개신교인도 만족시킬 수 있는, 성서–예언적 기초에 의

지하고 있는 지라르만의 "가톨릭 휴머니즘"이 갖는 매력이 분명하게 드러나고 있다. 그의 인생 초반의 이야기 역시 여기서 전례 없이 상세히 언급되고 있으며, 많은 이들을 위한 가치 있는 모방적 모델이 되어 온 스승을 우리가 갖게 된다는 그림을 완성하도록 돕고 있다.

이 책은 단순히 성서적 해석에 대한 질문에 관한 것이 아니지만, 그럼에도 불구하고 이 책이 '존재해야 할 이유'raison d'etre가 있다. 지라르는 자신의 논란의 여지가 있는 결론들 때문에 성서학자들에게 비판을 받아오고 있었다. 학문적이고 "과학적으로" 본문에 매달리는 일을 하는 사람들 속에 충분히 발을 담그고 있다는 증거는 어디에 있는가? 그렇지만 최근에 성서 연구에 있어서 활발한 "신학적 해석" 운동이 일어나고 있고, 학적인 전문가들 대신 신학자들, 영적인 저술가들 및 사역자들을 염두에 두고 있다는 사실은 성서를 더욱 고대의 방식으로 읽는 것을 재발견한다는 것을 가리킨다. 우리는 이렇게 성서를 대하는 방식으로 지라르에게 접근할 수 있다. 계속해서 인류학, 사회학, 문학 연구를 비롯하여 인문학과 사회과학 속의 다른 학문들에 의존하고 있는 전문적인 성서학자들에 대해 말하자면, 이 모든 영역에서 지라르의 반세기 동안의 창조적 연구가 분명히 자료로서나 자극제로서나 더욱 긍정적으로 보일 수 있다. 이 책이 지라르에 대한 새로운 평가와 그의 해석학적 전략을 촉진시킬 수 있게 되기를 바라는 바이다.

르네 지라르는 이제 길고도 결실 있는 인생의 마지막을 향해 다가가고 있다. 이 책의 출간이 아마도 그의 마지막 저작이 될 공산이 크다. 그런 중요성은 과장될 수 없다. 이런 놀랍고도 예상치 못한 선물 덕분에 마이클 하딘, 스티븐 베리, 그리고 지라르에게 우리의 감사를 전하는 바이다.

스캇 카우델 Scott Cowdell

서언

1980년대 중반에 교회의 미래를 연구하는 성직자들의 대화모임에 초청을 받아 참여할 일이 있었다. 우리의 토론은 뉴욕시에 있는 유명한 리버사이드 교회Riverside Church에 인접한 오번 신학교Auburn Theological Seminary에서 열렸다. 이 모임은 당시 리버사이드의 목사였던 윌리엄 슬론 코핀William Sloane Coffin 박사를 포함하여 십자가에 대해 경험 많고 노련한 사람들로 구성되어 있었다. 전 그 모임에서 거의 15년이나 어린 가장 막내였다. 전 어떤 목사로부터 셀마에서 몽고메리에 이르기까지 투표자의 권리행진에 참여했던 이야기들, 베트남 전쟁에 반대하다가 구속되었던 이야기, 혹은 콜롬비아우리가 앉아 있었던 곳엣 불과 한 구역 떨어진 곳에 학생저항 운동을 하다가 소탕됐던 당시의 이야기들을 유심히 들었다. 그들 한 명 한 명은 제도화된 교회에서 사역하다가 탈진했던 경험을 이야기했다.

난 몇 달 동안 열린 세미나에 매주 참석하여 미국의 전설적인 문화적 여정, 수많은 종교적 모호성, 음모와 적대성에 대한 집단적 기억의 한 부분을 차지하는 독특하고도 매혹적인 이야기들을 들었다. 교회는 왜 불안해 보였던가? 교회 지도자들은 왜 영적인 자산을 다 탕진하고 피로와 영적인 권태에 무릎을 꿇었던가? 이런 것들은 이후에 벌어질 수도 있는 일을 탐구하기 위해 우리가 모였을 때 제가 곰곰이 생각했던 문제들이다. 그런 경험 가운데 가장 가슴에 사무쳤던 것은, 르네 지라르 교수, 즉 스탠포드 대학교에서 프랑스어, 문학 및 문명을 가르치던 앤드류 해먼드Andrew B. Hammond, 교수직의 교수가 찾아와 자신이 발전시킨 이론을 우리와 나누었던 날이었다. 몇 년 동안 지라르 박사는 욕망에 구현된 문화의 폭력적 뿌리에 대해 질문했고 문학, 심리학, 인류학 및 가장 최근에는 성서연구를 통해서 그것을 드러냈다. 이미 『기만, 욕망 그리고 소설』영어로는 1965년에 번역됨, 『폭력과 성스러움』 그리고 *To Double Business Bound* 영어로는 1978년 번역됨를 집필했으며, 그는 이제 토론을 위해 우리 앞에 그의 가장 최신 작품, 『희생양*The Scapegoat, 1982*』을 선보이게 된다.

난 지라르가 심오하다고 말할 수밖에 없다. 그는 인간이 근본적으로 모방적인 피조물이라고 설명한다. 우리는 서로의 욕망을 흉내 내게 되며, 따라서 우리가 욕망하는 대상을 두고 서로와 영원히 갈등하게 된다; 그의 고정관념idée fixe은 영원한 폭력의 위협이 한 명의 희생자를 향하여 움직여 갈 때에만 끝이 날 수 있다는 것이다. 그가 발견한 이 관행은 문화를 세우고 보존하며 모든 이를 하나가 되게 한다. 그에게 있어 종교는 전면적인 폭력과 전쟁에 맞서는 안전밸브였다. 문화 속에서 작용하는 종교는 보복적인 폭력을 조직하여, 모든 경쟁자들에게 공통된, 적에 대한 연합전선을 펴는 것이 그 궁극적인 목적이다. 종교는 증기를 발산시키는 안전밸브의 형태로 작동하였으며, 그리하여 폭력적인 행동을 대리적 희생자인 "희생양"이라는 소외되고 독특한 인물에게 서로 다른 모든 적대감을 쏟아 부음으로 사회적으로 건설적인 힘으로 변형시켰고 그렇게 함으로써 전면적인 전쟁으로부터 문화를 보존시켰던 것이다. 내가 다른 이들도 가야바의 해결책이라 부르는 것을 그가 우리에게 설명해 주었을 때 전 유심히 들었다. "나라 전체가 고난을 겪는 것보다는 한 사람이 죽는 것이 상책이다."요한복음 11:49-53 그는 히브리 사람들의 종교와 예수 종교의 중심에는 제도화된 성스러운 폭력이 있다는 진실을 폭로함으로써 폭력을 극복하려는 시도가 있었으며, 예수의 궁극적인 목표는 사회를 변화시켜 새로운 질서 속에 두는 것이라고 설명했다. 지라르는 성서의 메시지를 궁극적으로 이렇게 설명했다. "하나님은 희생자와 자신을 동일시하며 대리적인 희생체계가 가짜이며 기만이고 거짓이란 것을 폭로하신다. 이것이 성서적 계시의 본질이다."

지라르의 말은 수년에 걸쳐 나와 함께 했다. 개인적인 위기에 깊이 휘말려들고서야, 전 더욱 깊이 경쟁competition과 겨룸rivalry에서 동정과 연대로 가는 움직임 속에서 잃어버린 연결고리를 제시해 준 지라르의 깊이 있는 수준의 연구를 좇을 수 있었다.

난 Preaching Peace에서 마이클 하딘의 획기적인 사역에 빚을 지고 있다. 어떤 차원에서 그의 성서 연구는 제가 캘리포니아의 스탠포드에 촬영진들을 데려가게 한 계기가 되었다. 이곳은 제가 르네 지라르와 사흘 동안의 인터뷰를 진행했던 곳이며, 르네 지라르의 성서에 대한 가장 대규모의 비디오 기록을 만들었던 곳이다. 이것은 이 책에서 많은 내용으로 담겨 있다. 르네 지라르의 중요한 통찰력들을 예수 혁명 속에 남아 있는 의미의 미로를 통해 우리를 도울 수 있는 새로운 방식으로 그에게 접근할 수 있는 공공의 재산에 들어가게끔 저를 도와 준 것에 대해, 전 제 친구인 저자이자 편집자며 지라르 학자인 마이클 하딘에게 빚을 지고 있다. 그 예수의 혁명이란, 본회퍼가 통찰력 있게 앞을 내다보고 말한 것처럼, "종교 아닌 기독교religionless Christianity"를 만드는 것이다.

스티븐 E. 베리
2015년, 버몬트 주 맨체스터에서

편집자 서문

성서 해석에 있어서 급격한 변화가 일어나고 있다. 기독교가 내부적으로는 교회와 복음의 본질을 다시 생각하고, 외부적으로는 세상과 과학의 관계에서 강력한 변화를 겪고 있다는 것을 보기 위해 로켓과학자가 될 필요는 없다. 이런 재해석 뒤에 있는 강력한 자극제는 르네 자라르 교수의 연구이다.

지금까지는, 어떤 사람이 성서와 관련된 모방이론과 희생양만들기에 대한 지라르의 가설에 참여하고자 했다면, 지라르의 저술 속에 있는 세련된 분석들이나 그의 이론에 대한 저서와 글들 속에 위치한 더 기술적인 논의들에 기댈 수밖에 없었다. 이 자료들이 전문적인 신학자들과 성서학자들에게 큰 도움이 되긴 했지만, 대부분의 경우 지라르는 보통 사람들이 쉽게 다가갈 수 없는 사람이었다. 그렇지만 지라르의 연구에 대한 관심이 계속해서 지성 있는 일반 평신도들 사이에서 늘어나게 되었다. 사람들은 꾸준히 내게 지라르에 문외한인 사람은 어디서 시작해야 하면 좋을지 질문을 던졌다. 지금까지 나는 지라르의 책 『나는 사탄이 번개처럼 떨어지는 것을 본다』를 추천해왔다.

다행히도 모방이론과 성서해석에 있어서 모방이론의 유용함에 대해서 쉽게 접근할 수 있는 최초의 좌담을 손에 넣게 되었다. 스티븐 베리 목사이제는 버몬트 주 대표와 지라르의 인터뷰에서, 많은 성서 본문들이 이해하기 쉬운 방식으로 조명되고 있다. 베리 박사는 지라르의 자서전을 모방이론과 성서 해석의 주요 관점들과 함께 엮고 있으며, 지라르와 지라르 연구라는 큰 그림을 그리고 있다. 이 책에서 독자들은 아주 세련된 교수가 아니라, 80년의 시간이 흐른 후 자신의 삶에서 이루어진 연구의 발전과 성서 해석에 대한 영향력을 되돌아보는 겸손한 묵상가와 대면할 것이다. 한번 이런 성서 읽기의 방식을 접한다면 결코 되돌아갈 수 없을 것이다. 『매트릭스』란 영화를 언급한다면, 빨간 약을 삼키는 것과 흡사하다.

이 인터뷰가 지라르의 마지막 주요 저작인 『최후까지 싸우다Battling to the End』에 앞서 출간되긴 했지만, 우리는 현대 사회에 미친 9/11의 영향에 대한 지라르의 염려를 들을 수 있을 것이다. 모방이론은 이전에 일어났던 것보다 훨씬 명확하게 9/11 이후의 세계를 말하고 있는 듯하다.

난 1987년, 신학교 마지막 학년에 지라르를 처음 알았다. 지난 25년이 넘도록, 전 지라르가 이해하는 성서의 메시지로부터 나를 단념시킬 수 있는 것을 찾아내지 못했다. "폭력과 종교에 관한 학회"에서 유대교와 기독교 사상가들과 함께 작업하면서, 전 지라르의 시각에서 성서 본문을 표현하는 것이 21세기에서 성서를 읽는 가장 건설적인 방식이라는 생각을 이전보다 더욱 굳건히 다지게 되었다. 지라르의 성서읽기가 할 수 있는 것만큼 성서에 가까이 다가서거나 그렇게 명쾌하게 성서를 여는 방법은 없다.

지라르 애호가들aficionados은 이 책에서 이전에 지라르가 출판하지 않았던 주제들에 대한 황금과 보석들을 발견할 것이다. 이 인터뷰를 읽고 나면, 평신도들은 모방이론이 어떻게 작용하는지, 모방이론이 어떻게 성서와 연결되는지, 그것이 어떻게 성서의 계시를 입증하는지, 그리고 얼마나 많이 현대 세계 이해를 돕는지 단단히 파악하게 될 것이다. 부디 모방이론의 빛이 우리의 어둠을 비추고 평화를 이루어 내기를.

베리 박사가 이 인터뷰를 읽기 쉬운 산문체로 바꾸어 달라는 요청을 해 주어 감사하게 생각한다. 이런 일을 해본 사람들은 알겠지만 쉬운 일은 아니다. 그럼에도 보람 있고 즐거운 일이었다. 롭 그레이슨Rob Grayson, 피터Peter와 바바라 벨Barbara Bell이 원고의 교열을 봐주어서 감사하며, 독수리 같은 눈으로 교정을 해 준 니콜라우스 윈딩어Nikolaus Wandinger와 조지 던George Dunn에게 감사한다. 도움을 준 크리스 플레밍Chris Fleming에게 감사한다. 물론 실수는 제 책임이며, 미리 '내 탓이로소이다mea culpa'란 말을 해둔다. 박사논문 심사자Doktorvater였던 스캇 코우델Scott Cowdell이 서언을 써 주어서 굉장히 영광으로 생각한다. 스캇에게 감사를 드린다.

디자인을 아름답게 해 준 로리Lorri에게 감사한다. 그녀의 작품은 사랑의 수고가 되어 왔다. 제 애완동물에게도 사랑을 전한다.

앨리스의 디너Alice's Diner에 있는 테리Terry에게도, 제 사무실을 멋진 무대로 바꿀 수 있게 해 주어 감사하다는 말을 전한다. 대단한 직원이 훌륭한 서비스를 한 것이다!

원고를 받아서 교정하고 편집하여 글로 된 본문이 되게 한다는 것은 까다로운 일이다. 전 최대한 인터뷰가 지닌 대화라는 특징을 유지시키려 했다. 이것을 위해 르네와 마사와 이야기 했으며 '바로 그 목소리ipsissima vox' 야말로 르네의 모습 그대로라고 믿는다. '바로 그 말ipsissima verba'을 선호하는 사람은 녹화된 비디오를 볼 수 있다. 원고를 검토할 무렵이 르네로서는 이제 더 나이가 들었을 때였다. 마사에 따르면, 그는 연로한 91세이며 아직도 항상 웃는다고 한다.

항상 지라르의 책들을 귀하게 여기지만, 전 얼굴과 얼굴을 마주했던 수많은 우리의 대화에 더 가치를 두고 있다. 많은 훌륭한 사상가들이 사회적으로 어울리는데 어려움을 겪고 있다. 르네는 그렇지 않았다. 그의 정겨운 관대함이 그의 범상치 않은 학식을 나타내고 있다. 그는 자신의 뒷마당 파티오patio에서의 편안한 초대처럼 있어 주었고, 세상에서 가장 중요한 풍부한 지성의 일부분을 이야기한다. 캘리포니아 주 스탠포드에 있는 르네와 마사의 집에서 그들과 만나는 특권을 누렸던 자들은 그들의 따뜻한 환대와 탐구자들에게 그들이 허락한 자유에 대해 증언해 줄 수 있을 것이다.

마사 지라르는 이 기획을 통해서 내내 제 곁에서 의견을 내고 제안을 하면서 르네의 메시지가 진정으로 표현될 수 있도록 애써주었다. 로리와 나는, 수년이 넘도록 르네의 연구를 어떻게 이해할 것이며 어떻게 선한 모방의 삶을 살 것인지의 모델이 되고 있는 마사 지라르에게 우리의 감사를 깊은 찬사와 함께 전하고자 한다. 이 책은 그녀와 르네의 목소리가 세계 곳곳에 울려 퍼지는 것을 확신하고 있는 Imitatio모방이론연구학회의 선지자들에게 헌정되었다.

우리가 이 책의 출판을 준비하고 있을 때 2015년 11월 4일에 르네가 타계했다. 우리 가족과 친구들은 그를 그리워할 것이지만 그의 유산은 남아서 폭력, 성스러움, 그리고 하나님에 대해 우리가 생각하는 방식을 계속 변화시킬 것이다.

마이클 하딘
펜실베니아 랜캐스터에서
『예수가 이끄는 삶』의 저자

1장 · 약력과 모방이론

스티븐 베리[SB]: 르네[Rene] 교수님과 마사[Martha] 사모님, 따뜻하게 맞아 주셔서 감
   사합니다. 처음 이야기를 교수님께서 자랐던 프랑스로 돌아가 시작하고 싶
   네요. 어린 시절에 어땠는지 말씀을 해주시겠습니까?

르네 지라르[이하 RG]: 저는 1923년 성탄절에 남부 프랑스에 있는 아비뇽
에서 태어났습니다. 아버지는 박물관의 지방도서관 큐레이터였습니다.
나중에는 아비뇽에서 가장 유명한 기념물인 교황의 성the Pope's Castle의 큐
레이터도 겸하게 되었습니다. 이 건물은 그 도시의 절반을 차지할 정도
로 컸지요. 아주 행복한 어린 시절을 보냈습니다. 형제가 하나에 누이가
둘 있어요. 제 형은 아직도 아비뇽에서 살고 있고 의사로 평생을 살았습니
다. 누이 하나는 지금 파리에서 살고 있고, 다른 누이는 지중해 연안에 있
는 마르셀에서 살고 있습니다. 어린 시절은 정말 행복했지요. 큰 정원이
있었고 교외에 그리 비싸지 않은 집도 있었어요. 아버지는 차가 없었지만,
제 학교친구들에게 차가 있어서 우리 생활은 평범했지만 편안했죠. 행복
한 아이였다고 말하고 싶네요.

   어린 시절 제가 받은 교육 가운데 아주 상세한 부분들이 생각납니다.
저는 독학으로로 읽는 법을 배웠는데 아직도 그 책을 가지고 있습니다. 어
린이판 레인하트 드 팍스Reinhart the Fox에 대한 중세 소설입니다. 아주 어릴

때부터 열심히 책을 읽었습니다. 책읽기는 계속되어 리쎄lycee에 들어갔습니다. 이 학교는 독일로 치면 김나지움으로 볼 수 있고, 미국의 고등학교라고 할 수 있는데, 라틴어와 헬라어를 가르쳐서 일반 미국고등학교보다는 더 고전적인 곳입니다. 나중에 아버지께서 저를 나이든 아주머니가 집에서 가르치는 작은 규모의 특별한 학교에 넣어주셨죠. 이 아주머니에게는 제자들이 3명 있었습니다. 몇 년이 지나서 저는 다시 리쎄로 돌아갔습니다.

　프랑스에서는, 고등학교 마지막 2년 동안 두 번의 전국시험을 치러야합니다. 첫해에 저는 여전히 그 학교에 있었는데 공부를 그리 잘하지는 못했어요. 시험은 통과했지만 특별상 같은 건 없었죠. 마지막 해에 저는 학교에서 나와 두 번째 시험을 집에서 준비했습니다. 그런데 학교에서 치렀던 첫 번째 시험보다는 집에서 혼자 준비한 것이 훨씬 결과가 좋게 나왔습니다. 우등상을 받고 나니 아버지께서도 어느 정도 저를 미덥게 여기게 되었습니다. 이것은 2차세계대전 중에 있었던 일입니다. 1940년에 프랑스군이 패하여 프랑스가 점령당하게 됩니다. 아비뇽은 소위 점령당하지 않은 곳에 있었지만 독일군이 조금은 도시에 주둔했어요. 물론 아주 울분을 가졌던 시기였습니다. 그때만 해도 우리의 생활이 곧바로 불편해 지지는 않았습니다. 저는 두 번째 시험을 마치고 지식인들과 인문학으로 유명한 파리의 한 학교를 갈 준비를 하기로 마음을 먹었습니다. 그러기 위해서 전형이 의대생으로 있던 다른 도시로 갔습니다. 저에게는 그리 좋은 곳이 아니라서 아비뇽에 있는 집으로 돌아왔습니다. 그곳에서 전 중세역사를 공부했어요. 무슨 공부냐 하면, 중세예술 분야에서 아버지께서 하시던 것과 비슷했죠. 그것은 대부분 지역적인 일인 박물관에서 아버지께서 하시던 일과 연관되어 있었습니다.

전 입학시험을 통과하여 갑자기 파리에 있게 되었습니다. 파리는 그 당시에 점령선으로 아비뇽과 구분되어 있었습니다. 구분선이 파리가 있던 점령지역과 제 고향이 있는 소위 비점령지역으로 프랑스를 나눴습니다. 고향에서도 독일인들이 일부 점령하고 있었어요. 파리에 있으려니까 먹을 것을 구하기가 아주 어려웠습니다. 아주 상황이 나쁘다는 것을 알게 되었죠. 저는 혼자서 파리에 있는 학교 식당에 갔습니다. 그건 그냥 끔찍했습니다. 제 생애에 가장 좋지 않은 시기였고 빨리 아비뇽으로 돌아가고 싶었죠. 프랑스에서는 모든 학생들이 파리로 유학을 가는 경향이 있어서 남부에서 올라온 학생들이 제법 있었습니다. 학생들이 집과 파리를 왕복하려면 독일이 점령한 지역의 정부기관들과 합의를 해야 하는데, 그나마 일년에 몇 번 되지도 않았습니다. 저는 이때 집으로 갈 수 없었어요. 파리에서 있는 동안에는 마음이 편하지 않아서, 집을 떠난 후 처음으로 집에 오고 싶었습니다. 이때는 더 최악의 상황이었지만, 독일의 점령으로 인해 집에 돌아 올 수 없었죠. 그래서 제가 집에 갈 수 없게 된 덕분에 파리에서 학교를 졸업할 수 있게 되어 독일인들에게 감사하다고 농담처럼 말하고 있습니다. 곧바로 집에 가는 것이 가능했다면 당장 그렇게 했을 겁니다. 파리에서 지낸 몇 년 동안은 전쟁으로 아주 어려웠던 시기여서, 그리 유쾌하지는 않았지만, 삶에서 아주 많은 교훈을 얻었습니다. 나치가 파리를 점령했지만 아주 특별한 시기였어요. 1943년 연말에 폭격이 있었는데 실제로는 그렇게 무섭지는 않았습니다. 전 교육과정을 마쳤어요. 기록보관 담당자가 되고 싶지는 않았습니다. 때마침 프랑스어 조교로 미국에 갈 기회를 얻었습니다. 결국에는 블루밍턴에 있는 인디아나 대학에서 일자리를 구했습니다.

SB: 그때가 몇 년도였죠?

RG: 1947년입니다. 전쟁이 끝나고 3년이 지나서 47년 가을에 인디아나 대학교에서 프랑스어 강사가 되었습니다. 그 시절에 대해 제가 무슨 말을 해야 할까요? 전 어떻게 가르쳐야 할지도 몰랐고 프랑스어 문법조차도 몰랐어요. 그래도 전 미국 학생들을 가르쳐야 했고 이곳의 규칙들을 배웠습니다. 제 어린 시절을 포함하여 프랑스에 있었던 시절보다 여기서 훨씬 더 많은 책을 읽었습니다. 개가식 서가open stacks가 있는 인디아나 대학에는 아주 커다란 도서관이 있었어요. 제 일과 직접적으로 관련되지 않았지만, 다른 많은 분야에 걸쳐 아주 폭넓은 독서를 시작했습니다. 제게는 제가 가르치고 있던 총 강의시간에 맞는 비자도 없었어요. 한 주에 15시간을 가르치고 있었던 것 같은데 대학 강의로서는 정말로 부담되는 것입니다. 이민국 직원이 와서 저를 보더니 제가 15시간을 일했다는 것을 알게 되었어요. 제가 파트타임으로 가르쳐야 한다고 해서 그건 좋았습니다. 전 학생비자로 있었고 '현대사' 과정에서 박사학위를 밟고 있었습니다. 전쟁 중이던 1940년에서 1943년까지 프랑스에 대한 미국의 견해에 대해 논문을 썼습니다. 다른 말로 하면, 프랑스 파리의 중세연구학교에서 하던 것과는 다른 현대 논문이었습니다. 이것은 현대사였는데, 프랑스에 대한 미국의 입장이었으므로 그럭저럭 즐기면서 할 수 있었어요. 주로 그 당시 신문읽기에 대한 것이었습니다.

그러다가 제 첫 제자 가운데 하나였던 마사Martha와 결혼을 했습니다. 그 당시에 전 어떤 종류의 연구에도 전혀 관심이 없었어요. 주로 차를 사서 그해 첫 여름에 프랑스와 다른 미국인 남성, 이렇게 두 명과 같이 미국을 여행하는데 정신이 팔려 있었습니다. 실제로 우리는 샌프란시스코, 로스 엔젤리스로 여행을 떠났고, 그 유명한 66번 도로를 타고 돌아왔는데 아주 좋았습니다. 그런데 제가 가진 1942년식 자동차는 라디에이터 상태가 아주 나빠서 새고 있었습니다. 그 차가 제 것이어서 여행 내내 걱정은 제 몫이었고, 그 바람에 66번 도로에 대해서는 별로 보고 기억하는 것이 없습니다. 오색사막Painted Desert으로 알려진 곳도 있었습니다. 빨간 색깔의 것들이 널려 있는 곳이었죠. 라디에이터가 새고 차에서 김이 너무 나서 결국에는 인디아나에 있는 블루밍턴으로 돌아갔는데, 그때는 거의 작동하지 않던 차 엔진이 믿을 수 없을 만큼 굉장히 빨갛게 달아올라 있었습니다. 차고에 있던 사람이 저에게 이렇게 묻는 거예요. "왜 엔진에 색을 칠했나요?" 전 "색칠한 것이 아니에요. 길에서 그렇게 된 겁니다"라고 대답했더니 그 남자가 안 믿고 이렇게 말하는 겁니다. "당신이 분명히 이렇게 칠했을 겁니다. 이렇게 색깔이 변하는 차는 없어요." 전 "글쎄요, 미국 모든 곳은 아니겠지만 인디아나와 같은 곳도 있지요. 거기 어떤 곳은 아주 빨갛거든요"라고 말했습니다.

몇 년간 더 가르친 후에, 책을 내지 못했기 때문에 인디아나 대학에서 나왔습니다. 다른 프랑스 사람이 저를 대신했지만, 제가 막 글을 쓰기 시작하기 직전에 이것에 대해 주의를 받았습니다. 정리하자면 "책을 내거나 망하거나"라는 미국 대학들의 정책의 산물이 바로 저였던 겁니다. 저는 미국에서 계속 살기로 했기 때문에 문학비평에 대해 글을 쓰기 시작했습니다. 전쟁이 끝난 지 그리 오래 되지 않은 터라 미국에서의 월급은 그 당시 프랑스에서 벌 수 있는 수입보다 훨씬 높았습니다.

SB: 그 당시에 글을 쓰기 시작할 때 마사와의 관계는 어떻게 진행되고 있었나요?

RG: 저희가 결혼한 때가 1951년 6월이었습니다. 인디아나 주 불루밍턴의 작은 아파트에 살았습니다. 제가 막 글을 쓰기 시작할 때였어요. 굉장히 일을 열심히 해서 항상 글을 썼죠. 결국에는 해고당했지만, 제가 알기로는 블루밍턴의 회장이 저를 해고할 때 굉장히 미안해했습니다. 나중에 저는 그 사람을 전문가 회의 때 만났습니다. 저에게 이렇게 말하더군요. "제가 당신을 해고하는 덕에 지금은 당신이 많은 책을 저술하고 있네요. 블루밍턴에서 당신은 아주 잘 했습니다." 그 다음의 일자리는 듀크 대학이었지만 거기서는 딱 1년만 있었습니다. 그 당시에 대학에서 다루는 프랑스의 연구분야에서는 앙리 피에르Henri Peyre라는 프랑스 사람이 있었는데 아주 중요한 사람이었죠. 예일대학의 중요한 교수였고 꽤 오랫동안 그 분야의 회장으로 있었습니다. 그는 미국 대학들 가운데 전체 프랑스 분야에서는 "보스"같은 사람이었습니다. 그는 프랑스 대학체계와 미국 대학체계를 잇는 연결책이었습니다. 나중에 제가 그를 처음 만났을 때—믿거나 말거나 그의 가족이 아비뇽 출신이라 제 고향에서 만났더랬죠—저에게 이러더군요. "어떻게 당신이 제 눈에 안 띄었을까요? 당신이 5, 6년간 미국대학에서 가르쳤는데도 제가 몰랐으니 말입니다. 저는 이쪽 분야에 있는 사람을 모두 알거든요." 인디아나나 듀크보다는 훨씬 나았던 브린 마우르Bryn Mawr 대학에 일자리를 찾아준 사람도 피에르였죠. 그래서 마사와 저는 그 학교로 이사했고 이게 저의 첫 번째 설레는 교수직이었습니다. 브린 마우르Bryn Mawr 대학은 동부의 여대들 가운데 하나였고 이 대학들에는 그 당시에 아주 좋은 프랑스 학과가 있었습니다. 이 대학들에서는 프랑스어로 된 책만 사용했어요. 가르치는 것이 저에게는 정말 재미 있었습니다. 문학비평 쪽에서는 훈련을 받은 것이 없었지만, 주로 소설을 가르쳤습니다. 스스로 질문을 계속 던졌습니다. "이 학생들에게 무엇을 가르쳐야 하지?"

그럼에도, 이 소설들을 가르치면서 어떤 권태감ennui 같은 것이 있었습니다. 학생들도 틀림없이 지루해할 것이라고 생각했어요. 학생들을 덜 지루하게 하거나 흥미를 갖게 하려면 무엇을 할 수 있을까? 제가 가진 사고방식이나 성향을 고려해 보면, 제 성향은 이들 소설 속에서 무엇이 똑같고 무엇이 이 소설들을 유사하게 만드는가를 찾는 것이었습니다. 문학비평은, 그때나 지금이나, 정말로 특이성들을 찾는데 더 관심을 갖습니다. 사물은 서로 달라야 하며, 외로운 산이 되어야 하고, 양자 간에 어떤 교류도 없이 드넓은 골짜기들로 분리되어야 한다는 것이죠. 제가 가진 관심은 아주 달랐습니다. 저는 19세기 프랑스 소설들을 읽고 있었는데, 커다란 유사점들을 볼 수 있었어요. 이들 저자들은 분명히 같은 사회적 세계를 보고 있었고 똑같은 것들을 비판했는데 특히나, 애정문제에 대해 이야기 하고 있었습니다. 그래서 궁극적으로 모방적 욕구mimetic desire라는 개념으로 저를 이끌어준 이 소설들에 대해 무엇인가 말할 것을 찾는 것이 제가 하는 노력이었습니다. 이 기본적인 개념은 결코 저를 떠난 적이 없어요.

SB: 그렇다면 프랑스 문학작품들을 정말로 캐내기 시작한 브린 마우르Bryn Mawr 대학에서 가르칠 때가 바로 교수님께서 모방이론mimetic theory을 발견한 시기였군요.

RG: 맞아요. 일부는 제 강의였고 일부는 어릴 때부터 책을 읽어 온 저의 기억들이었습니다. 전 한 번도 어린 시절 제가 읽었던 책을 떠난 적이 없었는데, 그 이유는 어린 시절이 제게 아주 소중했기 때문입니다. 저는 항상 제 어린 시절의 책들을 다시 읽었습니다. 제가 아주 운이 좋았던 것이, 그 책들 중에 하나는 프랑스 소설이 아니라 세르반테스가 쓴 『돈키호테Don Quixote』였어요. 19세기 소설들과 돈키호테 사이에 비슷한 점들이 많다고 느꼈죠. 『돈키호테』는 17세기가 시작될 무렵에 나왔으니, 더 오래된 책이었는데도 말입니다. 셰익스피어가 영국에서 글을 쓰고 있을 때 세르반테스는 스페인에서 글을 썼습니다.

　이 책들은 실제로 전부 등장인물들의 욕망, 삶을 꾸려가는 계획, 그들이 원했던 것들, 서로 사랑에 빠진 소녀들이나 여인들에 대한 것이라고 생각했습니다 … 그래서 그들의 욕망은 그들이 주장하는 것처럼, 우리 모두가 주장하는 것처럼, 그들 안에 뿌리박히거나 독립적이지 않다는 것을 볼 수 있었죠. 오히려 그들은 다른 이들에 의존하고 있었습니다. 오랜 시간 동안 전 돈키호테에서 이 책의 역할에 대해 의문을 품었습니다. 돈키호테는 소설의 독자입니다. 그는 기사도의 소설들을 읽습니다. 기사도의 소설들은 중세 소설인데, 실제로는 프랑스에서 시작된거죠. 그렇지만 스페인을 포함하여 서유럽 전체에 퍼져나갔습니다. 이제 돈키호테는 시골에 있는 신사입니다. 그들은 스페인어로 히달고^{Hidalgo}라 부르는데, "누군가의 아들"이라는 뜻입니다. 이 말은 고귀한 혈통을 의미합니다. 그는 한낱 미약한 상류층 사람에 불과하고 돈도 많이 없지만, 이런 기사도 소설들을 읽은 나머지, 자신의 머리가 온통 그것들로 가득하게 되어 협객^{knight-errant}이 되고자 했지요. 물론 오늘날에도 우리 눈에는 13세기의 무사수행과 16세기 또는 17세기의 삶 속에는 큰 차이가 없습니다. 그렇지만 기실 크나큰 차이점이 있습니다. 17세기는 이미 근대세계라서 협객들은 없었어요. 그래서 돈키호테가 협객이 되고자 할 때는 미친 거죠. 그는 현대 생활에서 아무 의미도 갖지 못하는 모델을 따르고 있습니다. 사실은 그가 결코 존재하지 않았던 모델을 따르는 거죠.

　그러니까 세라반테스가 우리에게 보여주고자 한 것은 꿈 때문에 넋이 나가버린 등장인물입니다. 그렇지만 그의 꿈은 자신의 것이 아닙니다. 그의 꿈은 그가 읽은 책들에 대한 것입니다. '라 만차타의 남자Man of La Man-chata'의 노래를 인용하자면, 돈키호테는 "불가능한 꿈"입니다. 이제 19세기의 수많은 등장인물들을 볼라치면, 이들은 실제 모델들, 살아 숨 쉬는 모델들입니다. 이들은 돈이 훨씬 많거나 특권을 가진 신사를 보는데, 살짝 그들보다 나이가 많거나 그들이 그를 모방합니다. 그들은 한 명의 소녀와 사랑에 빠지게 됩니다. 그래서 돈키호테와 다른 소설들 사이의 관계란 것은, 욕망이 독립적이지도 않고 그들 내부나 그 대상 속에 뿌리박은 것도 아니란 거죠. 욕망을 하는 주체와 욕망을 받는 객체 사이를 나누는 직선은 없습니다. 오히려, 그 영웅이 어떤 대상을 향하고 있는 욕망을 좌지우지하는 모델을 가진 삼각형이 존재하는 것이고, 만일 그가 완전히 혼자 있었다면 욕망하지 않았을 겁니다. 제가 "삼자간의 욕망triangular desire"이라고 부르는 개념이 그 소설의 그 부분에서 탄생합니다. 진정으로 위대한 소설들은 그런 독립성의 결핍을 아는 소설들, 자신이 주도하고 있다고 생각하는 젊은 남자를 아는 소설들입니다. 그는 자신이 스스로의 꿈을 좇고 있다고 생각하지만, 사실 그가 좇는 꿈은 이미 자신의 주변에 있는 꿈, 과거에도 있던 꿈, 사회적 실존을 가진 꿈 내지는 욕망의 모델이 될 누군가와 공유하고 있는 꿈인 겁니다. 그가 모방을 할 때는 경쟁자로 탈바꿈하게 될 것인데, 그 이유는 두 명의 등장인물이 똑같은 대상과 사랑에 빠지게 되기 때문입니다. 그래서 그 대상을 놓고 겨루는 경쟁자가 되는 겁니다.

대중적인 시각은 우리에게 우리의 욕망들이 다른 사람들로부터 독립적이어야만 하고, 우리 안에 기초한 것이어야 한다고 가르칩니다. 그렇지만 그런 관념조차 우리의 것이 아닙니다. 바로 사회 전체의 관념인 것이죠. 그것은 오늘날의 세계에서 여전히 지겹도록ad nauseam 되풀이되고 있고, 대부분의 사람들이 그렇게 믿고 있는 것입니다. 하지만 어떤 위대한 소설가가 당신에게 그것이 사실이 아니란 것을 보여줄 것이고, 그 욕망 뒤에는 어떤 책이나 살아 있는 인물이 있다는 것을 보여줄 겁니다. 이들은 대부분 동일한 것일 수 있습니다. 돈키호테의 기사들처럼 이미 문학의 모델, 책 속에 존재하는 모델, 아마도 실제로는 결코 존재하지 않았던 모델이 있을 수 있고, 아니면 실제로 존재한 모델일 수 있습니다. 그렇지만 돈키호테가 몇 세기 전에나 입었던 갑옷을 착용하는 등 완전히 미친 짓을 벌이고 대부분의 사람들보다 더 광적이라고 하더라도, 그가 하고 있는 일은 광기가 덜한 편입니다. 돈키호테가 행복한 이유는 그에게 경쟁자가 없기 때문이고, 그 분야에서 자신이 추구하는 것과 똑같은 목표를 가지고 있는, 자신이 모방하는 협객들과 결코 만날 일이 없기 때문입니다.

이것은 아주 재미있습니다. 세르반테스는 모방적 욕구에 있어 훌륭한 대가이기 때문입니다. 세르반테스는 대학에 가서 교육을 잘 받은 젊은 남자가 있는데 돈키호테의 꿈 때문에 충격을 받는다는 것을 우리에게 보여줍니다. 돈키호테는 젊은이가 아니기 때문에^{50대입니다} 이런 넌센스를 행하느라 그의 실존을 낭비한다는 사실에서 충격을 받는 겁니다. 이 남자는 돈키호테에게 교훈을 주어 실수를 바로잡고자 하는데, 그래서 그는 무엇을 할까요? 그는 돈키호테를 모방하여 자신의 갑옷을 입고 자신의 말을 타고 자신의 종을 거느린 채, 돈키호테와 만나겠다고 그 분야로 뛰어듭니다. 자, 이것을 보시라, 이것이 돈키호테가 유일하게 승리한 딱 한 번의 전투입니다. 그는 이 남자를 물리치고, 이 남자는 그 후에 돈키호테를 가슴이 찢어질 만큼 시샘하고 부러워하게 되어 결국 마지막에 돈키호테를 이길 때까지는 마음에 평안을 갖지 못합니다. 그렇지만 그의 모방적 욕구는 두 번째 유형이기 때문에 그는 불행한 삶을 삽니다. 돈키호테 자신은 그의 모델이어서, 그는 자신을 패배시키는 실제 모델을 갖는 겁니다. 따라서 그는 완전히 시샘과 질투에 사로잡히는데, 이것이 모방적 욕구에 딸려오는 악덕인 것입니다. 이것은 돈키호테 그 자신과의 문제가 아닙니다. 그의 관념은 비현실적이고 완전히 책 속에나 있는 것이며, 거의 종교적 관념과 같기 때문입니다.

바보 같은 짓을 벌이고 다녔기에 돈키호테는 여행 중에 만난 모든 사람들에게 흠씬 두들겨 맞습니다. 그는 길에서 만난 여인들을 구하려고 하지만, 이들은 자유를 빼앗긴 사람들은 아니었어요. 돈키호테는 이런 미친 짓들을 하지만 결코 정말로 불행하지는 않았습니다. 왜냐하면 패할 때마다 다음 번 전투 때는 더 나아지리라고 생각했거든요. 그의 눈으로 보면, 자신의 존엄과 위신은 결코 땅에 떨어지지 않았습니다.

브린 마우어 대학에서 저는 모방적 욕구뿐만이 아니라 다른 형태의 모방적 욕구도 있다는 사실을 이야기하기 시작했습니다. 우리의 모델이 존재하지 않거나, 그 모델이 여러분이 결코 겨룰 수 없을 만큼 우리에게서 멀다면, 그 모델은 절대로 실재하는 경쟁자가 될 수 없을 것이고 우리는 어떤 독립성을 간직하게 됩니다. 아마도 중세 수도사와 똑같지는 않겠지만, 우리는 그것에 가까운 것이 됩니다. 거꾸로, 만일 우리의 모델이 여러분의 학교 친구, 이웃이라면 세상이 민주적이 될수록, 우리의 모델들은 동일한 세상에서 더욱 살아나게 됩니다 우리는 끔찍한 다툼, 경쟁, 시샘, 질투와 같은 세상으로 들어옵니다. 우리는 양쪽 면에서 결국 똑같은 나쁜 정서들을 볼 수 있습니다. 그 이유는 그 모델이 모방할 때, 그는 자신의 모방자를 모방하기 시작하기 때문입니다. 그러므로 우리는 모델과 경쟁자 사이에서 점점 최악으로 치닫는 모방의 악순환을 가지게 되는데, 이것은 정치의 세계 및 심지어 학자들의 세계에서도 전형적으로 찾아볼 수 있습니다. 학자들은 서로에게 있어 경쟁자가 될 수 있습니다. 경쟁은 우리가 사는 세상의 본질입니다. 경쟁은 본질적으로 모방적입니다. 그리하여 어떤 면에서 모방적 욕구의 이야기가 역사적인 이야기입니다. 그것은 서구 세계에 있는 욕망의 진화를 말하는 이야기인 것입니다.

　이런 역사적 측면은 제 첫 번째 책『기만, 욕망 그리고 소설*Deceit, Desire and the Novel*』의 핵심 요점 가운데 하나입니다. 프랑스에서는 책제목이 아주 다르지만 조금 더 미묘합니다.『낭만적인 거짓말과 소설적 진리*Romantic Lie and Novelistic Truth*』*로 번역됩니다만 프랑스어로 낭만적romantic이라는 단어와 소설novel이라는 단어는 거의 같습니다. 일반적인 문학비평과는 상당히 다른 책입니다. 그 이유는 그것이 암시하고 있는 것이 경쟁적인 관계들로 이루어진 서구세계의 역사이기 때문입니다. 우리는 모델들과 그들을 모방하는 사람들 사이의 거리가 점점 좁혀지는 것을 봅니다. 그리고 이것이 우리 문명의 기본적인 사실입니다. 우리가 조금 더 평등하게 되면 더 행복해진다고 느끼지만, 사실 우리는 항상 더욱 경쟁적이 됩니다. 이것은 민주적인 세계에서뿐만이 아니라 온 세상을 통틀어 말할 수 있는 사실입니다. 국가간의 경쟁은 우리가 말하고 있는 것과 그리 다르지 않기 때문이죠. 이것이 최고의 해석자들이 제 첫 번째 책을 해석한 방식입니다. 그 뒤에는 어떤 형태의 사회이론이 있으며 이것은 역사이론이기도 합니다. 반드시 다른 체제의 역사가 아니라, 점점 더 서로 얽히게 되는, 시간이 지날수록 점점 더 경쟁적이 되는 인간관계들의 역사인 것입니다.

　SB: 그 당시에 읽었던 다른 책들은 어떤 것들입니까?

　RG: 가장 오래된 책으로는 세르반테스의 돈키호테가 있고요, 두 번째 책으로는 스탕달Stendhal의 『적과 흑*Red and Black*』이었습니다. 나폴레옹을 모

---

* 김치수, 송의경 역, 한길사.

방했지만 아주 부유한 정치인에게 고용된 19세기의 야망 가득한 젊은이에 대한 소설입니다. 이 책은 야망에 대한 소설이에요. 그 후에는 프랑스 저자 플로베르Flaubert가 쓴 『보바리 부인Madame Bovary』를 읽었습니다. 그녀는 지방에 사는 여인이었는데 자신이 아주 불행하다고 생각합니다. 그 이유는 파리에 살지 않았기 때문이고 싸구려 소설이나 읽기 때문이었습니다. 어린 시절, 학창시절에 그녀는 수녀원에 있었지만 그럼에도 나쁜 영향을 받았습니다. 왜냐하면 그곳 여자들 중 하나가 학교에 가져온 질 나쁜 소설을 읽기 때문이었죠. 그 결과, 그녀는 낭만적인 꿈들에 완전히 사로잡힙니다. 그녀는 아주 멋지지만 그리 똑똑하지는 않은 지방의 의사와 결혼합니다. 그리고는 연인들이 생기기 시작하는데, 그들은 아주 매력이 넘쳤죠. 보바리 부인은 실제로 우리의 사고방식 대부분이 영어로 글래머glamour 라고 불리는 것에 기초하고 있다는 것을 깨닫게 해 준 최초의 소설입니다. 플로베르는 아마도 이런 방식에 있어서 가장 위대한 작가일 겁니다. 돈키호테처럼 전설적인 등장인물이 된 보바리 부인을 창조해 냈기 때문입니다. 그녀는 희생이 되는 전형적인 여인입니다. 우리는 그녀가 이미 광고 같은 것에 희생되었다고 느낄 겁니다. 사실 그녀에게 아주 많은 것들을 가져다 준 한 남자가 있었고, 그녀는 아주 세련되게 옷을 입으려 합니다. 그녀에게는 자신의 삶에서 그녀의 신분을 훌쩍 넘어서는 연인이 있습니다. 그녀는 파리에 있는 귀족들을 따라합니다. 한번은 그녀가 살고 있는 노르망디 지역에 있는 부유한 집에 그녀가 초대를 받았는데, 거기서 그녀는 파리의 맛을 조금 보게 됩니다. 이것이 그녀를 자살하게끔 만들게 됩니다. 그녀에게는 두 명의 연인이 있었고, 수치를 당했다고 느꼈으며, 빚도 있는데다가 그녀의 남편이 자신을 용서해 줄만큼 착하다는 것을 깨닫지 못했기 때문입니다. 그래서 그녀는 결국 아마도 톨스토이의 안나 카레니나Anna

Karenina처럼 낭만적인 꿈에서 깼다는 것 말고는 어떠한 이유도 없이 자살을 하고 말죠. 아주 깊이 있는 소설이지만 보바리 부인을 여자 돈키호테로 볼 수도 있습니다.

SB: 그녀가 불행했다는 것만 빼고는요.

RG: 그녀가 불행했다는 것만 빼고요. 사람이 모방적 욕구를 더욱 가질수록 그 욕구가 실제 삶으로 더 파고 들어오게 되고, 그 욕구가 삶을 더욱 망치게 되어서 등장인물들은 더욱 불행하게 되는 거죠.

그 다음에 제가 읽은 소설은 프루스트Proust가 쓴 프랑스 소설이지만 도스토예프스키Dostoyevsky에도 손을 댑니다. 시기적으로는 도스토예프스키가 프루스트보다는 앞서지만 그를 마지막에 두었습니다. 그 이유는 도스토예프스키 속에 있는 모방적 욕구의 진화가 프랑스 소설에서 우리가 얻는 것을 실제로 뛰어넘는다고 느꼈기 때문입니다. 그건 정말이지 열쇠가 되는 러시아의 혁명입니다. 『악령The Possessed』이라는 책에서 우리는 이런 테러리스트를 보게 됩니다. 도스토예프스키와 그 테러리스트는 결코 현실화될 수 없는 삶의 매력적인 개념들을 가진 낭만적인 광인들에 불과합니다. 왜냐하면 그들은 짜르Czar를 죽이고자 했기 때문입니다. 우리는 모든 것이 어떻게 오늘날 우리가 살고 있는 모습의 세상을 향하여 움직여 나아가는 서구역사를 통틀어서, 사적이고도 개인적인 의식의 역사가 될 수 있는지를 볼 수 있습니다.

도스토예프스키는 우리가 사는 세상의 형태와 가장 근접한 소설가입니다. 저는 여전히 『기만, 욕망 그리고 소설』을 쓸 당시보다 현재 우리 세상에서 테러리즘이 더욱 커져있다고 봅니다. 인간관계에 대한 제 이론의 대부분은 이미 제 첫 번째 책에 들어 있습니다. 동시에 이 역사는 기독교

세계에서 일어나고 있는 역사로서, 여기서 시간이 지날수록 점점 기독교적이지 않게 되고, 현대의 개인주의의 역사가 되며, 결국 종교에 대항하는 저항이 있게 됩니다.

SB: 어떻게요?

RG: 자아의 투영이라는 의미에서, 심지어 돈키호테의 사례에서도요. 돈키호테의 모델들은 기사들입니다. 어느 순간 그의 종 산초가 그에게 묻습니다. "성자가 되려고 하기 보다는 수도사가 되는 것이 더 낫지 않겠습니까? 우리가 그렇게 하면 아마도 뒷바람을 더 맞지 않아도 될 텐데요." 그러자 돈키호테는 자신의 소명이 종교적인 것이 아니라 기사로서의 소명, 공동체를 구하기 위한 것이라고 설명합니다. 그리하여 그의 선택은 이미 종교에 맞선 것이지요. 이것은 이 모든 책들이 서로 예언적이라고 말할 수 있는 아주 중요한 대목입니다. 그들은 점차적으로 내려가고 있는 무대이지만, 저는 그것을 지옥에 내려가는 것으로 말하고 싶지는 않습니다. 어떤 의미로, 지옥에 내려가는 단테의 『신곡*Divine Comedy*』은 그것을 위한 모델로 생각할 수도 있습니다. 왜냐하면 제가 『기만, 욕망 그리고 소설』을 쓸 때는 소설이론으로 해석되었기 때문입니다. 그 책이 소설들에 대해서만 얘기하고 있거든요. 그렇지만 단테 및 파올로^{Paolo}와 프란체스카^{Prancesca}의 이야기를 들자면, 이들은 함께 소설을 읽음으로 연인이 되었고 서로에게 키스를 합니다. 그들은 사랑하고 있습니다. 파올로는 프란체스카의 남편의 형제이고 그들은 악한 것을 생각하고 있지 않으며, 그들이 그 책을 읽기 전에는 기만이나 낭만적인 사랑에 대한 생각이 없었습니다. 그리고 그들은 그 여왕이 그녀의 연인 랜슬롯^{Lancelot}에게 처음으로 키스하는 것을 읽는 순간 서로 키스할 뿐입니다.

어떤 면에서는 단테가 그 나라에서 모방적 욕구에 관한 최고의 작가입니다. 아주 간결한 본문이지만 굉장히 아름답습니다. 그 당시에 제가 그것을 알았더라면 제일 먼저 다루었을 겁니다. 세르반테스보다도 먼저요. 그것보다 2~3세기 이전의 작품이거든요. 세르반테스, 스탕달, 프루스트, 도스토예프스키와 단테는 모두 위대한 문학작품을 씁니다. 저는 궁극적으로 셰익스피어를 말하고자 합니다. 결국에는 셰익스피어에 대한 책도 썼습니다.*

셰익스피어는 모방적 욕구에 대한 최고의 작가입니다. 그의 초기 희극작품들 모두 두 명의 소년에 대한 겁니다. 예를 들자면, 『베로나의 두 신사 *The Two Gentlemen of Verona*』에서 두 친구가 한 소녀와 사랑에 빠지면서도 좋은 사이를 유지하려고 합니다. 왜냐하면 그들은 아주 좋은 친구라서 그들 중 한 명이 어떤 소녀와 사랑에 빠진다면, 그의 친구가 똑같은 선택을 공유하지 않고서는 자신의 선택이 완전히 불안하다고 느끼기 때문입니다. 그래서 그는 자신의 친구가 같은 소녀와 사랑에 빠지게 만들고, 물론 그가 성공하게 되자 아수라장이 되어 서로 경쟁자가 되어버립니다. 정리하자면 그게 베로나의 두 신사입니다. 『한여름 밤의 꿈 *A Midsummer Night's Dream*』은 역시 같지만 하나가 아니라 두 커플이 나와서 이야기가 아주 더 복잡해집니다. 더 많은 경험을 한 작가가 써서 더욱 기발합니다. 이 작품은 모방적 욕구라는 연극 속에서 한 소녀와 사랑에 빠진 두 소년, 한 소년과 사랑에 빠진 두 소녀, 그리고 이 모든 것이 엇갈리는 이야기입니다. 셰익스피어는 환상적으로 드러내고 있는 표현들을 사용합니다. 예를 들어 『한여름 밤의 꿈』에서 이런 대목이 나옵니다. "젠장, 다른 이의 눈으로 사랑을 선택하다니." 친구의 눈을 통해 사랑을 선택하는 것은 지옥과 같습니다. 그건 말

---

* *A Theater of Envy* (London: Oxford University Press, 1991).

그대로 사실입니다. 이것이 이 희극의 진짜 이야기입니다. 이것이 그저 재미로, 장난같이 보일 수 있겠지만, 실제로는 보이는 것처럼 동화가 아닙니다. 이 희극에서 '마법'은, 그들의 모방적인 복합성으로 말미암아, 실제로 두 소년이 연인들을 바꾸게 하는 모방적 욕망입니다. 셰익스피어는 위대한 거장이지만 모든 위대한 문학작품들은 부정적인 영향에 대한 것입니다. 그 당시에서 영향력은 오늘날처럼 영화같은 것이 아니라 문학적인 것입니다. 위대한 문학작품은 위대한 문학의 위험에 관한 것입니다.

SB: 이 일이 그때 교수님께 서서히 일어났군요.

RG: 서서히, 그럼요. 왜냐하면 저는 처음에는 셰익스피어에 대해 몰랐거든요. 그 일은 제가 몇 년 후에 버팔로Buffalo에 가서 셰익스피어 학자들로 이루어진 영문학과에 합류했을 때 일어났습니다. 제가 셰익스피어를 추가했던 때가 그때입니다. 셰익스피어는 제 관심을 끄는 시각으로 풍성했고 정의定義들로 가득했습니다. 셰익스피어가 인간의 관계들에 대해 완전히 진지하게 말하고 있을 때는, 셰익스피어만이 활기차 보입니다. 그렇지만 한편으로는 제가 셰익스피어에 대한 책을 저술하기 오래 전에, 모방적 욕구뿐만이 아니라 종교에 대해서도 관심을 가졌습니다.

SB: 그런 변화에 대해 말해주세요.

RG: 그런 변화는 아주 복잡한 것입니다. 왜냐하면 지금으로서는, 모방적 욕구에 대해 제가 말한 것이 그저 문학적 진리만은 아니거든요. 그것은 인간에 대한 것입니다. 동물은 욕구가 있습니다. 동물은 우리가 하듯이, 가끔 우리가 생각하고자 하는 것처럼 어떤 욕구를 갖지는 않습니다. 그렇지만 동물은 욕구가 있죠. 이런 욕구들은 어떤 경쟁의 형태로 이어집니다. 예를 들면 우리가 알 듯, 사슴이나 다른 많은 동물들이 서로 경쟁을 하죠. 수컷들은 암컷을 놓고 경쟁하므로 같은 대상을 욕망하는 것입니다. 그렇지만 서로 죽이지는 않습니다. 그들이 싸울 때는, 두 동물 가운데 하나가 무슨 법칙처럼 다른 동물에게 항복을 합니다. 오늘날 이것은 동물행동연구에 있어 아주 중요합니다. 왜냐하면 이것이 지배하는 동물과 지배를 받는 동물 사이에서 영구적인 관계를 만들어 내거든요. 우리가 동물사회라고 부르는 것은 단순히 쌍이나 지배하는 동물과 지배받는 동물로 이루어져 있습니다. 그건 항상 그 분야에서 일어나는 일입니다. 인간으로서 우리가 가지고 있는 것 같은 독립적인 사회체계는 없습니다. 그래서 우리는 동물의 사회에 대해 이야기 하는 것입니다. 그런 관계들은 경쟁이 아예 안 되거나 구별되기 때문이죠. 그들에게는 원하는 모든 것음식, 암컷 등등을 선택하는 지배하는 동물들이 있습니다. 지배받는 동물들은 남은 것에 만족해야만 합니다.

인간에게는 분명히 경쟁 속에 같은 형태의 투쟁이 있습니다. 그렇지만 우리가 더 폭력적이기 때문에, 지배-피지배 패턴으로 끝이 나지 않습니다. 왜 우리가 더 폭력적일까요? 우리에게는 더 큰 모방적 충동이 있고 그런 모방적인 충동이 우리를 경쟁자들로 만들기 때문입니다. 우리의 모방은 동물의 모방보다 훨씬 강력합니다. 제가 보기에, 이것은 인간을 정의함에 있어 핵심적인 것입니다. 왜냐하면 모방에 대한 이런 커다란 힘은 우리의 지능, 다른 이들로부터 배울 수 있는 우리의 능력의 요인이며 또한 우리의 폭력성, 우리의 경쟁, 그리고 우리가 서로를 죽인다는 사실을 설명해주는 요인이기도 하니까요. 인간의 경쟁은 지배-피지배 패턴으로 끝나지 않습니다. 오히려 보복으로 끝이 나죠.

보복이 무엇인가요? 제가 당신을 죽이면 그 후에 당신의 형제가 저를 죽이려 드는 겁니다. 당신의 형제가 저를 죽인 후에는 제 형제가 저를 죽인 사람을 죽이려고 할 테고요. 그러면 이것이 끝없이 계속됩니다. 보복은 가장 순수하게 표현되는 모방적 폭력성입니다. 그것은 순수한 모방, 순수한 폭력입니다. 모방은 그렇게 격렬하게 퍼지게 되어 시간과 공간을 초월하고는, 어느덧 삶의 방식이 되어 버립니다. 만일 모든 것이 보복이 되어 버린다면 모든 이들이 죽으므로 사회는 존속될 수 없습니다. 그렇지만 동시에 보복우리의 경우는 사회적 응징은 가장 위대한 의무이며 가장 위대한 금지를 불러일으킵니다. 인간의 사회는 모순적입니다. 보복이 자신들을 파괴하므로 보복을 금지해야만 합니다. 그렇지만 보복은 아주 나쁜 것이라 만일 당신이 보복한다면 희생자는 그것을 되갚아야 할 것입니다. 여기서 우리는 인간 사회의 모순을 봅니다. 보복은 인간 사회의 가장 위대한 의무이자 가장 위대한 금지인 것입니다. 수많은 사회가 이 문제로 씨름하고 있습니다. 고대 사회는 상당히 많이 보복과 씨름했습니다. 그렇지만 인간에게서 불균형이 있다는 것을 볼 수 있습니다. 우리는 우리 자신을 위하기에는 너무 지능적입니다. 분명히 우리가 "원죄"라고 부르는 것은 이것과 관련이 있다고 봅니다.

원죄는 동물과 같은 무고한 피조물들과 비교되는 인간의 열등함입니다. 그렇지만 원죄는 또한 의심의 여지없이 인간의 우월성과 관련이 있기도 합니다. 원죄는 같은 것입니다. 그것은 모방의 힘으로서, 너무 위대한 나머지 끝없는 갈등을 일으키는 근원이 됩니다. 이제는 고대 그리스 철학자 플라톤과 아리스토텔레스에서 모방의 문제에 대해 이야기해 봅시다. 이들 철학자들은 모방을 절대적으로 인간의 삶에 있어서 본질적인 것으로 보았습니다. 동방사회에서도 이것은 맞습니다. 기독교도 이 점을 알고 있습니다. 모방이 우리로 하여금 하나님을 닮도록 하기 때문입니다. 그렇지만 이런 고대 철학자들은 모방과 폭력이 서로 결합되어 있다는 것을 보지는 못했습니다. 아리스토텔레스는 말 그대로 다소 폭력을 배제한 모방의 정의서로의 얼굴을 닮고자 하거나 학교 같은 곳에서 교사를 따라하는를 내려서, 사람들의 거짓된 사건의 형태로 모방을 변모시킵니다. 그렇지만 그는 경쟁과 다툼이 모방의 형태라는 것을 보지 않았습니다. 이렇듯 연결되지 않은 것이 아주 중요합니다. 이것을 아리스토텔레스보다 앞선 플라톤에서도 볼 수 있습니다. 그는 모방에 대해 양면적인 시각을 가지고 있습니다. 이것이 그에게는 아주 중요하지만이것은 어떤 면에서 모든 실재입니다 동시에 그는 그것을 두려워하고 우리는 그 이유를 모릅니다. 플라톤에게서도 어떤 예상이 있다고 봅니다. 플라톤은 여전히 모방을 인정하는 고대의 종교적 세계와 충분히 밀접하게 연결되어 있는데, 이 모방이 제가 말하고 있는 그런 양면성입니다. 그는 모방을 두려워하지만, 동시에 모방이 문화의 창조에 있어서 거대한 역할을 한다는 것을 인식했습니다. 어떤 면에서 플라톤에게 있어 모든 실재는 궁극적으로 모방입니다. 모든 것의 관념, 모든 것의 형태가 모방인 거죠. 그는 이것을 형이상학적 원리로 삼습니다.

그러니까 저의 목적은 모방이 인간이 갖는 가장 좋은 면이면서도 가장 나쁜 것이라고 말함으로써 철학자들의 실수를 바로잡는 것입니다. 왜냐하면 그것은 어떤 면에서 인간 사회를 불가능하게 하는 끊임없는 갈등이기 때문이죠. 긴장과 갈등이 없는 공동체는 없으며 폭력과 살인이 없는 인류는 없습니다. 궁극적으로 그것은 모두 살인으로 끝나고 말죠. 인간이 동물과 같은 유형의 사회를 가질 수 없다는 것을 깨달으려면 이 딜레마를 보아야만 합니다. 인간에게는 법이 필요합니다. 인간에게는 자신들 위에서 어떤 행동 양식을 강요하는, 그들 외부에 있는 법칙이 필요합니다─이렇게 말할 수 있겠는데요, 예를 들면, 살인은 살인으로 처벌을 받게 되지,

개인들에 의해서 처벌을 받는 것이 아닙니다. 그러므로 끝없는 보복이 있습니다만, 그런 보복은 우리가 국가나 법적인 체계라고 부르는 독립적인 힘으로 행하게 되며, 만일 모든 것이 제대로 돌아간다면, 그런 독립적인 힘을 거슬러 우리 마음대로 복수를 할 수는 없는 것입니다. 국가나 법적 체계는 초월 그 자체처럼, 마치 하나님처럼, 보복을 넘어서서, 보복 위에 존재합니다. 다른 말로 하면, 루소Rousseau가 말하듯, 그것이 바로 인간이 함께 모여 사회적 계약을 맺는 사회들을 이룰 수가 없는 이유를 설명해주는 폭력의 문제인 것입니다. 사회 계약의 개념은 불합리성입니다. 사회 계약은 인간이 충분히 합리적이어서 모두가 따를 수 있는 합의를 만들어 낸다는 것을 뜻합니다. 이것은 사실이 아닙니다.

SB: 르네 교수님, 방금 루소와 사회 계약을 언급하면서 그것이 불합리라고 하셨습니다. 거기에 대해 이야기해 주시겠습니까?*

RG: 글쎄요, 사회계약의 필요성은 불가피하게 갈등과 연결이 되어 있는 것이고, 사람들이 함께 사이좋게 살아갈 수 있는 능력이 없음을 내포하는 것이죠. 만일 갈등이 발생하면, 사람들이 함께 싸우게 되고, 이때가 바로 테이블에 함께 앉아 사회 계약을 논의하기에 가장 어려운 순간입니다. 인간의 사회는 불가피하게 폭력과 연결이 되어 있다고 봅니다. 사회의 창조는 폭력적인 갈등의 해결입니다. 그렇지만 이런 해결책은 순전히 관념적인 것일 수 없습니다. 폭력을 멈추게 하는 무엇인가가 있어야 하는 거예요. 그러면 문제는, 그런 것이 무엇인가, 그리고 그 무엇인가를 이야기하기 위해서는, 우리가 가지고 있는 데이터를 놓고 상의해야만 합니다. 무엇이 이런 데이터가 될 수 있을까요? 짧게 말한다면, 이 데이터는 주로 인

---

* 다음을 보라. Jeremiah Alberg, *A Reinterpretation of Rousseau: A Religious System* (New Yo가: Palgrave Macmillan, 2007) 르네 지라르가 서문을 씀.

류학자들이 창립 신화foundational myths라고 부르는 것이라고 말할 수 있겠습니다. 창립 신화들은 한 공동체의 기초를 다시 이야기하는 신화들입니다. 그 신화들은 가치가 있다고 우리에게 말할 수 있는 것인가? 전 그렇게 생각하지만 많은 사람들은 동의하지 않겠죠. 이 신화들 가운데 상당수가— 모든 신화라고는 하지 않겠습니다. 왜냐하면 그 신화들은 수많은 방식으로 변조가 될 수 있기 때문이에요— 똑같은 방식으로 만들어져 있는데, 이 때문에 공동체 내의 커다란 위기가 존재하게 됩니다. 예를 들어 보면, 오이디푸스Oedipus 신화의 첫 부분에서, 우리는 그 공동체를 파괴시키고 있는 역병이 있다는 것을 압니다. 또 다른 신화에서는 가뭄이나 홍수가 있습니다. 그것은 아마도 사회적 붕괴일 수도 있고, 수많은 희생 제물들을 요구하는 괴물일 수도 있으며, 아니면 두 개의 산이 서로 충돌하는 것일 수 있습니다. 이런 위기가 지난 후에는 항상 개인 하나를 향한 집단적인 폭력의 형태가 따라오거나 그 비슷한 일이 벌어집니다. 모든 세상에 있는 수많은 신화들 속에서는 폭력이 집단적입니다. 희생자가 죽임을 당할 때는, 그 희생자가 신이라는 것을 알게 되고, 평화가 다시 찾아오며 질서가 회복됩니다. 그리고는 보세요, 사회가 세워집니다. 그러면 어떻게 우리는 이런 것들을 해석할 수 있을까요?

제가 볼 때 그런 위기는 실재하는 것입니다. 그 위기는 모방적 폭력의 위기입니다. 모방적 폭력의 위기를 무엇이 치유할 수 있을까요? 그것은 모방적인 과정 그 자체에 속하는 어떤 것이어야 합니다. 왜냐하면 우리에게는 그런 단계에서 어떤 인간의 사상이나 동물을 넘어서는 무언가가 없기 때문입니다. 동물이 인간으로 진화하고 있으며, 인간화되어 갈 때, 우리는 "최초로" 일어나는, 혹은 그 점에 있어서 수많은 "최초들"로 일어나는 이 위기에 대해 생각을 하고 있습니다. 그런 모방적 투쟁이 증가할 때,

그것은 온 공동체를 포함하고 있음을 우리는 짐작할 수 있습니다. 무슨 뜻일까요? 만일 서로를 모방하는 두 사람이 같은 대상을 두고 싸우고 있다면, 그 대상의 매력은 제3자에게 있어 더 커진다는 뜻입니다. 세 사람이 있으면 그 대상의 매력은 더 커지고, 네 명이 있다면, 그 다음 다섯 명이 되면, 금세 온 공동체가 같은 대상을 놓고 싸우게 됩니다. 그런데 공동체 전체가 같은 대상을 두고 싸울 때에, 그 대상은 갈가리 찢겨지거나 파괴될 것입니다. 그러면 무슨 일이 그 다음에 벌어질까요? 심지어 그 대상이 그 싸움에서 떨어져 나간 후에도 사람들은 서로 싸움을 그치지 않으려는 성향이 있습니다. 왜냐하면 싸움은 그냥 그 사람들이 어쨌든 하고 있는 일이거든요. 만일 같은 대상을 두고 싸움을 벌인다면 상대편과는 절대로 화해할 수 없을 겁니다. 그렇지만 같은 적들과 싸우고 있다면, 많은 이들이 서로 싸우고 있다면, 누군가와 같은 적을 공유하는 것은 아주 쉬워서, 대상들에게서 적대자들에게로 모방적 유입mimetic influx이 옮겨가는 경향이 있습니다. 이런 일이 일어날 때, 우리는 그 과정을 신중하고 자세히 묘사할 필요가 있지만, 과연 제가 할 수 있을지는 모르겠군요.

대략적으로 이야기하면, 이것은 그 갈등이 어떤 모방된 욕구의 대상에서 적대자들 자체에게로 옮겨갈 때 일어나는 일입니다. 같은 적대자를 선택하는 적대자들은 점점 늘어나며 욕망하는 대상이라는 점에서, 그렇지만 적대자들을 그들이 선택한다는 점에서 더 이상 오염되지는 않습니다. 그러면 이 일이 일어날 때, 모든 사람이 같은 적대자, 즉 한 명의 적대자에 맞서는 순간이 옵니다. 그리하여 모든 사람이 한 명의 적대자를 적대시 할 때에 그는 죽게 되고, 죽임을 당하게 됩니다. 그러면, 적어도 잠시 동안, 그 그룹에서는 아무에게도 적대자가 없을 것입니다. 마지막 적대자의 죽음이 자동적으로 그 그룹을 화해시키게 됩니다. 그 이유는 그 죽음이 모든 사람의 적대자가 될 것이기 때문입니다. 그러므로 이 희생자로 인해서 갑작스럽게 평화가 찾아옵니다. 그 그룹의 눈으로 보면, 이 희생자에게 모든 문제에 대한 책임이 있는 것으로 보입니다. 그렇지만 그에게는 또한 자신의 죽음을 통한 화해의 책임도 있는 것입니다. 따라서 이 희생자는 좋건 나쁘건, 만능처럼 보입니다. 이 희생자는 처음에는 '하나님'으로 보입니다. 그 희생자는 그 위기의 주인으로 보입니다. 이 희생자는 그 위기를 자신의 죽음을 통해 해결합니다. 그 희생자가 폭력에 대한 책임이 있는 것으로 여겨지는 것처럼, 그 희생자는 모든 사람들이 그에게 맞서 하나가 될 때 평화를 되찾게 하는 책임도 있습니다. 그리하여 우리는 갑작스럽게 평화가 오는 상황을 맞이하게 되며, 공동체는 기뻐합니다. 그 공동체는 그 위기에서 벗어나지만, 이 자유는 오래 가지 않습니다. 아주 빠른 시간 안에, 모방적인 경쟁이 다른 대상에게로 찾아오게 될 것입니다. 그러면 사람들은 희생자가 자신들을 구했다는 것을 기억할 것이고, 또 다시 똑같을 일을 하려고 할 것입니다. 사람들은 신중하게 다른 희생자들을 찾아내어서 자신들을 다시금 화해시키기를 바라면서 그 희생자들을 죽입니다. 모방적으로는 그렇게 됩니다. 이것이 제의적 희생의 창조입니다.

희생은 공동체 자신의 폭력으로부터 공동체를 구해줄 그런 사건을 반복하는데, 이것이 바로 희생자를 죽이는 것입니다. 희생은 아주 급격히 그 작업방식modus operandi을 변화시킵니다. 몇몇 사례가 아프리카에서 발견되어 왔지만, 진정으로 집단적인 희생을 보여주는 현대의 사례들은 아주 드뭅니다. 대개의 경우 한 명이 한 명의 제사장과 대면합니다. 희생은 수많은 방식으로 수정이 됩니다. 그렇지만 희생의 원리는 그것이 전 공동체에 속해있으며, 이것이 공동체 자체를 화해시키기 위해서 희생자를 죽입니다. 전 세계의 모든 문화에서, 희생시키는 자들the sacrificers은 자신들이 모방하는 것과 어떤 신이 그런 모델을 마련해 주었다고 말할 것입니다. 우리는 이것을 아주 진지하게 받아들여야만 합니다. 왜냐하면 그 위기를 해결하는 초기의 모방적 과정을 말해주는 것이기 때문이며, 이것은 실재하는 것입니다. 그렇게 희생은 작용하게 되며, 사람들이 희생을 계속하고 싶어 하므로, 그것에 상당히 관심을 기울입니다. 문화는 원래의 현상을 아주 신실하게 모방하는데 주의를 기울이며, 그 최초의 희생자를 대신하고 그 신을 대신할 희생자들을 신중하게 선택합니다. 다른 말로 하자면, 희생된 동물이나 인간은 신을 대신하는 것입니다.

SB: 소설과 종교 사이의 연결점을 찾은 곳이 바로 이 부분이군요.

RG: 그래요, 맞습니다. 물론 우리가 동물에서 시작해서 종교의 기원의 과정에 대해 이야기하고 있지만, 그렇게 시간을 되돌리고 있는 것입니다. 이것이 수만 년인지 아니면 수십만 년인지 우리는 모릅니다. 우리는 종교가 얼마나 거슬러 올라가는지 모를 뿐입니다. 크로마뇽 시대에는 이들에게 종교가 있었고 이들에게는 필시 희생이 있었을 겁니다. 종교는 희생으로 시작한다고 봅니다. 희생은 종교에 있어 주안점입니다. 왜냐하면 희생은 공동체를 그 자신의 폭력으로부터 구하기 때문이죠. 그래서 다른 많은 제도들이 어떻게 희생에서 파생되었는지를 보는 것은 아주 쉽습니다. 문화는 먼저 함께 제의적 희생을 행해야만 합니다. 제사장을 하나 지목하여 그 희생자를 죽이라고 할 때에도, 그 제사장은 그 희생자를 모든 공동체의 이름으로 죽일 겁니다. 그는 전체 공동체를 대표합니다. 따라서 희생은 사회적 사건입니다. 오직 인도인들만이 희생을 고귀한princely 사건으로 바꾸어 나갈 수 있었죠. 그것은 희생의 기원이라는 관점에서 보면 중요하지 않은 진화입니다. 제 시각에서 희생은 인간 문화의 중심입니다. 물론 원초적인 중심은 그 공동체를 화해시키는 희생자의 죽음입니다. 인간 사회가 종교적 중심을 갖는 이유가 이것입니다. 인간 사회는 모두 종교를 중심으로 만들어집니다. 자연적인 인간의 사회는 자연적인 동물의 사회가 존재하는 방식으로 존재하지 않습니다. 그런데 어떤 면에서 동물의 싸움과 경쟁 사이에는 유사한 점이 있습니다. 그렇지만 인간의 경쟁은 어떤 희생양이 선택되었을 때만 그 자체로 해소가 됩니다.

2장 · 희생, 신화 그리고 복음

SB: 지금까지는 교수님의 이론에서 문학적 현상으로서 모방적 욕구가 희생과 제의의 논리로 바뀌는 것을 보았습니다. 그러면 언제, 그리고 어떻게 이 연결고리를 발견하게 되었나요?

RG: 두 번째 책, 『폭력과 성스러움Violence and the Sacred』을 쓸 때였습니다. 첫 번째 책, 『기만, 욕망과 소설』은 1961년에 출판되었고요, 『폭력과 성스러움』은 11년 후인 1972년에 출판된 것입니다. 소설에 대한 책을 내고 나서는 한동안 주춤했습니다. 오이디푸스 신화랑 소포클레스의 연극, '오이디푸스 왕Oedipus the King'이라는 희극 연구에 관심을 가지게 되었는데, 이 희극은 그 신화를 최고로 잘 다룬 것이었습니다. '배키The Bacchae'*에도 관심이 갔습니다. '배키'는 에우리피데스Euripides가 쓴 가장 유명한 희극으로, 위대한 3개의 그리스 비극시들 같은 것입니다. '배키'에서 중심은 그 도시의 모든 시녀들, 바커스의 시녀들이 모두 디오니소스Dionysus를 죽이는 것입니다. 아마도 여인들만 신화 속에서 저속하게 나온다고 봅니다. 그 말은, 남자들이 반드시 연루되어 있다는 겁니다. 그렇지만 배키에 있어서 주목할 만한 것은 이 희극이 집단적 살인, 집단폭력lynching이라는 겁니다. 그 당시에는 프로이드Sigmund Freud도 읽고 있었습니다. 프로

---

* 그리스 신화의 주(酒)신, 바커스의 시녀(여인)들. 역자 주.

이드는 정신분석에서 인류학으로 돌아섰었습니다. 그가 말하기를, 문화가 처음 시작할 때는 꼭 집단적인 살인이 있다고 했는데, 아마도 이 말이 이 주제에 있어서 저에게 많은 영향을 주었을 겁니다. 바키, 프로이드 및 물론 모방적으로 함께 하는 모든 이들의 사상이 동시에 영향을 주었다고 말할 수도 있습니다. 그런 사상은 집단폭력이 무엇인가에 대한 것입니다.

그렇다면 만일 그 위기^{모방적 위기}가 제가 생각한 것만큼이나 극렬하고 전면적인 것이라면, 신, 중심, 중심의 개념, 실제로 사회의 개념을 제공해주는 하나의 살인으로 해결해야만 합니다. 동시에 저는 제의, 즉 희생자를 죽이는 것이 몇 번이고 되풀이되는 것을 말해야만 합니다. 이들은 고대 사회가 갖는 주요 구성요소들입니다. 주기적인 제의를 시작할 때는 종교적 질서 같은 게 있고, 의식이 있으며 공동체가 있습니다. 그래서 인간 공동체는 근본적으로 동물 사회와는 다른데, 그 이유는 모방적 무질서를 깨뜨리는데 제의가 필요하기 때문입니다. 제의는 영원하지 않습니다. 제의법은 왜 효과가 있을까요? 집단적 살인은 왜 싸움을 중단키는 것일까요? 그리스 사람들은 이것을 카타르시스^{catharsis}라고 불렀는데, 정화를 의미합니다. 그런데 무슨 정화요? 그런 폭력, 그런 감정, 그런 만장일치의 살인을 불러일으키는 소동이 사람들을 그 자리에 딱 멈추게 합니다. 그러려면 궁극적으로, 집단적 감정이 필수적입니다. 아리스토텔레스는 카타르시스라는 단어를 『시학^{poetics}』에서 사용합니다. 왜일까요? 그는 비극의 끝에 카타르시스가 있다고 말합니다.

비극이 무엇인가요? 비극은 결론이 없는 신화를 실연하고 있는 것입니다. 왜냐하면 이야기에 불과하기 때문이죠. 다른 말로 하면 비극은 이야기를 하고 있으면서 그 위기를 재연하지만, 실제 폭력적인 결말을 없애버립니다. 이 위대한 문화의 천재성이 모두 거기에 있는 겁니다. 그리스 문화는 비극을 만들어 내고 있는데, 다른 말로 하면 폭력을 쓰지 않고 전체를 나타내기 위해서 공동체를 창립한 공동체의 폭력을 사용하는 겁니다. 비극에서 금지된 한 가지는 진짜 폭력입니다. 그런 건 보지도 못했을 거고요, 그 이야기를 하는 누군가를 만나야 할 겁니다. 문화의 천재성은 폭력을 문화의 평화로 탈바꿈시킬 수 있다는 겁니다. 여기서 나오는 질문은, 이 평화가 영구적인 것인가요? 아니오, 제의조차도 이렇지는 않습니다. 왜냐하면 제의가 만든 감정은 영원하지 않기 때문이에요. 우리가 아는 것처럼 희생은 일상적인 것이 됩니다. 희생을 반복할수록 감동은 줄어들어서, 희생이 카타르시스적인 힘을 잃어버리는 경향이 있단 말이죠. 우리가 그걸 볼 때, 인류학자들이 그것을 관찰 할 때, 그들이 희생이 실제로 의미가 있다고 믿지 못하는 것이 바로 이런 이유입니다.

그렇지만 희생이 힘을 잃게 된다, 이 말이 무슨 뜻일까요? 모방적인 경쟁이 다시금 휘몰아쳐서, 수정된 모양새의 희생을 재건시키는 또 다른 임의적인 희생양만들기를 만들어 내는 겁니다. 이 새로운 형태는 시간이 지나면 또 힘을 잃고 맙니다. 그러니까 희생은 좌절할 만큼 순환적인 겁니다. 고대 사람들은 순환적인 시간으로 사고했다고 봅니다. 시간은 바퀴와 같아서, 돌고 도는 것으로요. 시간은 계속해서 다시 태어납니다. 유대인들과 그리스도인들이 보는 것처럼, 시간은 직선으로 인식되지 않았습니다. 그 이유는 모든 희생적 세계는 진정으로 순환적어서, 희생에는 삶, 일생이 있어서 나이 들고 노쇠하여 죽기 때문입니다. 희생이 죽어감에 따라 무질서는 더욱 창궐하고, 희생은 다시 태어납니다. 또 다른 일시적인 희생양만들기가 있을 테니까요. 인도의 베다 문서Vedic scriptures에 정확히 그런 표현이 있습니다.* "모든 범주들이 섞일 때, 사람들이 어떤 것들을 구별하

---

* 다음을 참조할 것. Rene Girard, *Sacrifice* (East Lansing: Michigan State University Press, 2011).

지 않을 때, 모든 이가 비슷할 때, 문화의 타락이 일어납니다." 수천 년 전 베다 문서에 이것이 똑똑히 나타납니다. 에우리피데스가 묘사한 비극적 위기를 본다면, 똑같은 것을 발견할 수 있습니다. 남자가 여자가 되고, 여자가 남자가 된다. 이것은 너무도 놀라운 표현입니다. 물론 폭력은 거기에서 나오지만 폭력은 또한 차이와 질서를 다시 만들어내는 희생양을 양산할 겁니다. 그래서 창립적인 메커니즘처럼, 희생은 순환적입니다. 예를 들면, 소크라테스 이전의 그리스 철학자 헤라클레이토스Heraclitus는 이렇게 말합니다. "폭력은 모든 것의 아버지이자 임금이다." 이렇게 말하는 다른 철학자도 있습니다. "만물이 탄생한 자리로 만물은 결국 돌아갈 것인데, 시간이 흐름에 따라 서로 싸운다." 이 말이 전체를 다르게 묘사하는 것으로 봅니다. 만물이 태어난 곳으로 돌아간다는 것은 혼돈chaos을 의미합니다. 만물은 상호적 폭력 때문에되돌아가며, 사람들은 서로 싸웁니다.

SB: 교수님께서 말하고 있는 것은 폭력과 살인이 모든 신화의 이야기들, 기원을 말하고 있는 모든 이야기 속에 들어있다는 것입니다. 그렇죠?

RG: 그럼요, 기원을 말하는 모든 이야기들 속에 나타나고 있습니다. 다른 말로 하면 저는 기원에 대한 이야기를 진지하게 받아들이고 있습니다. 이 이야기들이, 많은 이야기들이 보여주는 것처럼, 집단적 폭력으로 해결되는 위기를 보여준다면, 저는 그것이 틀림없는 사실이라고 말하는 겁니다. 모방의 개념으로 그걸 이해할 수 있습니다. 이렇게 말할 수도 있겠군요. 사회는 어떤 신의 일생이자 그것과 함께 하는 희생적 체계이다.

SB: 아프리카인들, 아시아인들, 그리고 유럽인들에게도 마찬가지인가요?

RG: 아주 극단적으로 다양한 방식으로, 그렇지만 그것을 말해주는 위대한 문화들이 있다는 정도까지는 맞습니다. 인도를 예로 들어볼게요. 인도의 프랑스국립도서관에서 강의를 한 적이 있었습니다. 베다 언어로 되어 있는 고대 산스크리트, 즉 고대 인도문헌들에 대해서 전 아는 게 없습니다. 그렇지만 거기에 많이 있습니다. 브라마나스the Brahmanas라고 불리는 굉장한 책들이 있는데, 이 책들은 대부분 희생에 대한 것입니다. 인도의 문헌 속에서 희생은 항상 신들과 악마들의 균형 잡힌 싸움에서 나오기 때문에 그리 심각하게 여기지 않았습니다. 신들과 악마들은 왜 싸울까요? 항상 같은 것들을 욕망하기 때문이죠. 두 개의 그룹 가운데 하나가 한 대상을 욕망하는 순간, 다른 그룹도 그것을 욕망하기 시작합니다. 그래서 갈등이 희생 때문에 해소될 때까지 싸우는 것입니다. 신들과 악마들은 동시에 희생을 시작합니다. 신들은 언제나 이겨서 더욱 신처럼 되고, 악마들은 항상 패배하여 더욱 악마적이 됩니다. 그렇지만 이것이 문화의 탄생입니다. 이것은 신화 이상의 것입니다. 이것은 다른 대상들을 갖는 동일한 사건들이 꾸준히 반복되는 것입니다. 그들이 놓고 싸우는 대상은 변합니다. 어떤 경우에는 지상이나 달을 두고 싸우고, 어떤 경우에는 가축 떼를 두고 다툽니다. 그렇지만 항상 희생으로 해결되는 것으로 끝이 납니다. 신들은 악마들보다 훨씬 더 희생을 유발시키므로 승리합니다. 이들은 어떤 의미에서 학적인 표현이며 굉장히 문명화된다는 의미에서 실제로 신화인 것이 아니라 그들에 대한 브라만적인 해석을 가지고 신화를 채용한 것들입니다. 그들은 항상 희생에 대한 역사로서, 그들을 위해서 희생되는 왕자들의 뜰 곳곳에서 그런 카스트 속에 있는 왕자들과 이들 브라만 사이에 폭력을 정착시키고 있습니다. 그것은 더욱 정교한 문화적 컨텍스트 속에 있는 고대의 이야기인 것입니다.

SB: 이런 모방이론 이야기는 교수님께서 이곳저곳 들르면서 가르치는 동안에
이뤄지고 있었겠네요, 그렇죠?

RG: 맞습니다. 그런데 꼭 제대로 된 순서대로는 아니었어요. 『폭력과
성스러움』이라는 책에서 저는 고대 종교와 기독교 모두에 관한 책을 쓰고
싶었고, 고대 종교에 대한 책은 썼지만, 기독교에 대해서는 손을 들고 말
았는데, 못하겠더라고요. 기독교와 고대 종교 사이에는 어떤 기본적인 차
이가 있었다고 생각했는데 그게 뭔지 정의를 못 내렸었습니다. 그래서 고
대 종교에 대해서만 책을 쓴 거죠. 그 책은 종교가 지닌 고대의 형태에 대
한 아주 어두운 책으로, 희생에 대한 것이지 다른 건 아니었어요. 그렇지
만 어떤 사람들은 그 책을 기독교적인 시각에서 해석하더라고요. 그 사람
들이 실제로 어떻게 그렇게 했는지는 몰랐습니다. 프랑스의 르몽드지에
논평을 쓰는 사람에게 『폭력과 성스러움』이 정말로 최초의 고대 종교이론
서이었다고 얘기했지요. 왜냐하면 그 책이 진정한 메커니즘을 밝혔기 때
문이에요. 그가 논평을 썼는데 그게 지금까지도 인용되고 있지 뭡니까! 기
독교와 고대 종교 사이의 관계는 어떤 면에서 굉장히 가깝지만, 동시에 아
주 큰 차이점도 있다는 것을 압니다. 그래도 제가 정의할 수는 없었습니
다. 1978년 제 세 번째 책에서 정의했다고는 생각하지만 제 마음에 들 정
도는 아니었어요. 그 책은 『태초부터 감추어져 온 것들』*Things Hidden Since the
Foundation of the World*』입니다.

SB: 그 책에 대해 이야기 좀 해봅시다. 교수님의 명저라고 칭찬이 자자하더군요.

RG: 그래요, 그때 이사를 했지요. 존스 홉킨스 대학Johns Hopkins University에서 가르치고 있었습니다. 거기서는 글쎄 3년 동안이나 학과장으로 있었어요. 존스 홉킨스는 저에게 아주 재미있는 곳이었던 것이, 제 체계에 관심을 가진 대학원생들을 처음으로 제자로 맞았거든요. 저는 프랑스어 이론을 가르치고 있었지만, 실제로는 고대 종교에 대해서 강의하고 있었습니다. 『폭력과 성스러움』 및 『태초부터 감추어져 온 것들』을 가르쳤지요. 에릭 갠스Eric Gans같은 학생들도 있었는데, 그는 지금 UCLA의 명예교수이며, 모방이론을 자기 식으로 손을 좀 봤어요. 그리고 앤드류 맥케나 Andrew McKenna는 시카고에 있는 로욜라Loyola 대학에서 강의합니다. 제가 말하고 있는 것이 무엇인지 알고 호응을 잘해주는 학생들이 있었기에 가르치는 것은 아주 재미있었어요. 물론 가끔 학생들이 "그게 그럴 리가 없어요"라고 반론을 제기하기도 했지만 확실히 무척 재미있었습니다. 그렇지만 프랑스 문학에 대해 이론으로 세미나를 열면서, 실제로는 문화이론, 종교적 문화의 이론을 정립하고 있었으니 좀 이상하긴 했네요.

SB: 어떻게 그런 도약을 할 수 있었나요?

RG: 영적인 측면이 있다는 것에는 의심의 여지가 없어요. 그렇지만 모방적 욕망의 결과물은 희생양 현상scapegoat phenomenon으로 부르는 것으로 풀릴 수 있었다는 점에서 학적인 측면도 있었지요. 희생양 현상이라는 것은 모든 이들이 모방적인 이유들 때문에 똑같은 희생자를 향하여 임의로 맞서는 것을 말합니다. 희생이 모든 문화적 제도와 밀접하게 얽혀져 있다는 것을 깨닫게 되면, 문화의 많은 측면들이 그런 희생에 반응하게 됩니다. 예를 들면, 고대 사회 속의 장례식을 보게 되면, 죽은 사람을 희생제물처럼 취급하는 것을 알게 됩니다. 호주의 한 그룹은 오랜 기간 동안 누군가 죽음에 가까웠을 때 아주 이상한 의식을 했었습니다. 그들 모두가 그에게 뛰어 올랐습니다. 죽음에 다다른 자를 향해 어떤 희롱적인 집단폭행 lynching같은 게 있었어요. 그건 장례식의 일이면서도 그 사람을 소생시키기 위한 노력이라고 봅니다. 왜냐하면 집단적 죽음도 문화의 집단적 탄생이니까, 왜 개인이라고 안 될 이유가 있겠어요? 제가 그것을 완전히 잘 해석할 수 있는지는 모르겠지만, 죽어가는 사람에 대한 이런 집단적인 비난은 희생양 현상을 다시 하는 것입니다.

SB: 희생양 현상에 대해서 얘기해 볼까요. 교수님께서 그 책을 쓰기 전까지 이 주제에 대해서 연구하고 있었죠.

RG: 맞습니다. 그리고 인류학에 대한 책들도 읽었어요. 제가 볼 때는 현대 인류학의 위대한 시기는 실패입니다. 현대 인류학은 1800년대 후반에 타일러Tyler, 『황금가지The Golden Bough』를 쓴 프레이저Frazer, 그리고 『셈족의 종교The Religion of the Semites』를 쓴 로버트슨 스미스Robertson Smith 같은 영국 학자들과 함께 시작되었습니다. 이들은 희생을 해석하려 했지만 절대로 그럴 수 없었어요. 왜냐하면 계몽주의 사상가들이었기 때문이니까요. 그들은 희생 속에서 폭력이 수행하는 핵심적 역할을 인식할 수 없었습니다. 분명한 것 하나 빼고는 모든 것을 통해 희생을 해석하려 했는데, 그 분명한 것이 바로 폭력입니다. 희생은 폭력이고, 그것은 분명 악의 없는 형태의 폭력을 통해서 제대로 된 탈출구를 찾음으로써 그 공동체 속에 있는 폭력을 예방하고자 하는 노력입니다. 그들이 보지 못한 게 이것이에요. 계몽주의의 전제들에 영향을 받았고, 사람이 기본적으로 선하다는, 인간의 순수함을 믿었기 때문입니다. 인간에게 왜 그런 폭력이 필요해야만 할까요? 유일한 대답은 인간이 다른 형태의 폭력을 피하기 위해 그런 폭력을 필요로 한다는 것입니다. 서로에 맞선 사람들의 폭력이에요.

희생은 그 공동체의 폭력을 위한 피뢰침입니다. 왜냐하면 모든 공동체가 허구의 적에 맞서게 하기 때문인데, 그 허구의 적은 그 공동체의 구성원이 아닙니다. 그러므로 그 공동체에서 사람들이 서로를 죽이지 못하도록 하죠. 그것은 그 공동체의 한 부분이면서도 한 부분이 아닌 어떤 희생자에 대한, 그런 모든 폭력적인 상징주의를 가진 연합의 의식입니다. 희생적인 제물이 선택되는 방식을 보게 되면, 그 제물들은 어느 정도 그 공동체의 구성원들처럼 보여야 하며, 그들이 그 공동체에게 그렇게도 딱 들어맞았던 이유가 바로 이거에요. 제물로 드리는 동물들을 인간에 준하도록 하려고 여인들이 수시로 돌보았습니다. 그 동물들은 효과적인 카타르시스의 피뢰침이 되기 위해 자신들이 대신할 인간들을 닮아야만 했습니다. 만일 세부적인 것을 보기 시작하면 의심의 여지가 없다고 생각해요. 그렇지만 예전의 인류학은 인간이 아주 악한 나머지 어떤 가짜 폭력이 폭력을 방지하기 위해 필요할 수도 있다고 생각하는 것을 불경스러워 했어요. 그들은 희생이 아무 것도 설명하지 못한다는 것을 두려워했고 희생을 목적이 없는 제도로 여겼는데, 이건 말도 안 되는 거예요. 희생은 가장 위대한 목적을 가진 제도입니다. 희생이 사회를 가능하게 만들고 사람들에게 평안을 주어서 사람들이 사회를 가질 수 있게 해주거든요.

그래서 예를 들면, 교육은 무엇이며, 통과의례rites of passage는 무엇인가요? 이들은 희생이 시작하는 곳을 말해주는 아주 기가 막힌 사례입니다. 희생에서, 마지막에는 희생자를 죽이지만 그것이 어떻게 시작하나요? 희생은 허구의 위기, 허구의 무질서로 시작합니다. 왜일까요? 그 공동체는 희생새로운 살인을 효과적으로 만들려면 희생이 시작하는 진짜 위기를 다시 체험해야만 한다고 느끼기 때문이죠. 그리도 많은 희생들이 때로는 반란의 희생이라고 불리는 이유가 이겁니다. 희생은 위기로 시작합니다. 그 공동체는 인위적인 광란을 계속해 나가는데, 이 광란은 희생자를 죽임으로 일단락될 수 있어요. 이런 인위적인 광란을 본다면 그것을 전수받을 사람들이 겪을 시련이 됩니다. 어떤 면에서, 전수받을 사람들은 자신들이 희생이 될 수도 있는 그런 유형의 희생을 거치는 것으로 여길 수 있습니다. 그렇지만 그들이 위기를 겪을 때, 아주 빈번하게 잠시 동안 그 공동체에서 추방당합니다. 가입의식은 주로 희생적 위기에서 오는 시련으로, 이것은 진정한 경험이자 교육 수단으로 탈바꿈합니다.

SB: 오이디푸스 이야기에서도 그렇습니까?

RG: 네, 그리고 일반적으로 오이디푸스 왕의 이야기도 그렇습니다. 왕이 무엇인가요? 위기를 맞으면 이론상으로 모든 사람에게 희생을 당하는 단일 희생양이 그 위기에서 나오게 됩니다. 그렇지만 조금이라도 이 제물의 희생을 지연시킨다면, 즉 이 제물을 선택하지만 즉시 그를 죽이지 않으면, 이 제물은 앞으로 일어나게 될 것을 내다보고 성스러운 후광을 얻게 됩니다. 고대의 왕은 실제로 희생이 더욱 더 연기된 제물로서, 그가 현명하다면 그 공동체에서 가장 거대한 권력이 됩니다. 최초의 왕들이 신성한 왕들이라고 불리는 이유가 바로 여기에 있습니다. 왕이 된 그들의 마지막 재임기간에 그들은 희생됩니다. 아프리카에서는 그런 희생이 실제로 일어났습니다. 그렇지만 이집트에서도 이것이 똑같다고 믿을 이유가 있습니다. 파라오는 성스러운 왕이었습니다.

SB: 아즈텍도 마찬가지인가요?

RG: 물론 아즈텍도 그렇습니다. 그들이 대제사장인지 왕인지 우리는 모릅니다. 그들을 무엇이라 부르든, 그들은 미래의 희생일 뿐이고 그러므로 예상컨대 성스럽게 됩니다. 그들은 죽기 전에 다른 모든 이에게 끼치는 거대한 권력을 갖습니다. 왜냐하면 그런 권력은 항상 성스러운 죽음에서 오기 때문이죠. 그래요, 당신 말이 맞습니다. 아즈텍이 완전히 연관되어 있으며 칭호나 관직이 있다고 해서 누군가가 크게 경외를 받지 않습니다. 어떤 사람을 제사장으로 부르고 어떤 사람을 신으로 부르며, 어떤 이를 왕이나 궁극적인 신으로 부르는 것은 왕으로 부르는 것과 똑같은 것으로 여겨질 수 있습니다. 진정한 힘은 죽음이고, 당신이 죽지 않는 한 당신은 큰 영향력을 행사할 그런 힘을 사용할 수 있습니다. 아마도 진정한 왕권은 희생적 죽음을 더더욱 지연시킴으로 발생되며, 이것은 희생자인 자신들을 대신할 누군가를 찾는 왕들에 의해 계속됩니다. 프레이저는 이런 것들을 『황금가지』 속에서 아주 분명히 보았습니다.

SB: 그렇지만 그는 그 다음 단계로 갈 수 없었습니다.

RG: 아닙니다. 그는 우리가 다른 이름으로 부르는 어떤 제도들이 있다는 것을 보여줍니다. 그것을 제사장직이라고 부를 수도 있고 왕권이라고도 부를 수도 있습니다. 어떤 사회가 신권정치라고 말하거나 신성한 군주라고 말하는 것의 차이가 딱히 그리 크지 않습니다. 그 중간쯤에 있는 것이죠. 만일 너무 플라톤적이어서 단어들을 너무 믿게 되면 그 사실들을 놓치게 됩니다.

SB: 그것이 또한 종교의 문제가 되어왔군요.

RG: 역시나 그렇죠. 특히 우리 시대에서는요. 왜냐하면 사람들은 언어가 실재를 해체시킨다는 것만 믿거든요. 전 언어를 해체하는 것을 좋아하고 실재를 믿는 편입니다. 만일 희생적인 모체matrix를 가지면 그것을 희생적 기원이라고 부를 수도 있습니다. 거기서 나온 왕권, 종교, 제사장과 같은 모든 것들이 "문화"라는 것을 알 수 있습니다. 그러니까 문화는 평화를 다시 정착시키는 그런 집단적 살인에서 옵니다. 그것이 요점입니다. 만일 그것을 고수하면, 다른 용어가 사용된다고 해도, 항상 같게 마련입니다. 우리는 공동체 전체를 상징하는 어떤 형태의 희생자를 희생시키는 어떤 의식을 언제나 갖습니다.

SB: 우리를 고대 속으로 들어가게 하는 그 이야기는 오이디푸스 신화의 이야기
　　에요.

RG: 네, 아니면 배키The Bacchae도 있어요.

SB: 배키를 언급하셨는데, 이 이론을 나타내는 그 이야기꾼storyteller도 언급을
　　하셨습니다. 무대 위에서 이뤄지는 것이기에 실제 폭력은 없습니다.

RG: 그렇습니다. 달리 표현하면, 그 비극은 희생을 다르게 수정한 것입니다. 이야기를 하지만 그 제물을 더 이상 죽이지 않습니다. 그것이 위대한 문화의 천재성입니다. 그것이 효과를 보기는 하지만 그리 오랫동안은 아니에요. 아마 50년 정도일 겁니다.

SB: 그렇다면 이 오이디푸스 이야기에서, 우리에게는 이야기를 말해주는 이야
　　기꾼이 있습니다. 교수님께 있어서 그 이야기가 주는 중요성은 무엇입니

까? 아니면 교수님이 그것을 발견했을 때, 뭐가 교수님께 의미 있는 것이었나요?

RG: 그 비극을 연구하기 시작했고요, 예를 들면 오이디푸스와 티레시아스Tiresias가 마치 쌍둥이 같다는 것을 보았죠. 이들은 꼭 닮아서 권력을 두고 서로 겨루는 모방적 경쟁자입니다. 그 비극을 본다면 그 비극 자체가 주는 천재성을 보게 됩니다. 오이디푸스와 티레시아스 모두 서로를 공동체를 해체시킨다고, 문자 그대로 "개자식들sons of bitches"이라고 공격한다는 의미에서입니다. 그래서 그들은 서로 싸울 때 아버지를 죽였고 근친상간을 했다는 루머를 지어냅니다. 그런데 두 명 가운데 하나가 싸움에서 이기고, 그의 적은 실제로 그 신화 속에서 아버지를 죽이고 근친상간을 한 아들이 됩니다. 이것은 한 그룹이 다른 그룹에 승리한 이야기이며, 어느 쪽이 이기든 상관이 없습니다. 그렇지만 오이디푸스는 실제로 자신의 비극 속에서 이 이야기를 묘사했고, 폭력이 갖는 실제 내용의 많은 부분을 이해하고 있습니다.

SB: 그렇지만 그가 희생양이 되었다고도 말할 수 있을 텐데요.

RG: 분명히 희생양은 오이디푸스입니다. 오이디푸스는 그 싸움에서 지고 티레시아스는 떠나게 되며, 모든 이들이 아버지를 죽인 아들이 오이디푸스라는 것을 믿습니다. 사실상 티레시아스를 보면 그의 이야기는 그저 오이디푸스의 이야기만큼이나 수상쩍은 냄새가 나지만, 우리는 그것을 알려고 하지 않습니다. 바꾸어 말하면, 문화는 항상 한 쪽보다는 다른 쪽을 좋아하도록 모방적 경쟁이라는 균형을 깹니다. 거기서 불균형, 즉 차이가 존재하는데, 이것은 모방적 경쟁이 다시 발생하지 않도록 막고 있습니다. 그런 비극적인 동등함을 갖는 대신에, 우리는 누군가는 위에, 누군가는 아래에 있다는 사회적 체계를 갖는데요, 이것이 모방적 경쟁입니다.

SB: 존스 홉킨스에서 이것을 가르치고 계셨는데요. 이것이 『폭력과 성스러움』의 전부인가요?

RG: 네, 『폭력과 성스러움』은 이 강의에서 탄생했고 그곳 학생들이 정말로 많이 도와줬어요. 그렇지만 이것은 또한 『태초부터 감추어져 온 것들』의 시작이기도 했습니다. 기독교에 대한 제 사고와 기독교와 고대 종교 사이의 차이점이 발전되고 있었기 때문이죠. 전 정말로 『태초부터 감추어져 온 것들』을 쓰고 싶었고, 고대 사상에 대한 책 한 권이랑 기독교 사상에 대한 책 한 권을 쓰고 싶었습니다. 그렇지만 책을 한 권 쓰고 싶었는데, 『폭력과 성스러움』은 아무튼 아주 두꺼운 책입니다. 전 준비가 되지 않아서 그 기독교적 부분에 대한 제대로 된 공식들이 없었어요. 그래서 『폭력과 성스러움』 및 『태초부터 감추어져 온 것들』이 두 가지 기획으로 나누어졌습니다. 제 첫 번째 책, 『기만, 욕망 그리고 소설』이 모방적 이론의 이야기라면, 『폭력과 성스러움』이 희생양 메커니즘이라고 가끔 부르는, 임의로 선택된 희생자에 대한 모방적 연합의 이야기라고 말할 수 있겠습니다. 한 희생자가 모방적으로 더욱 매력적이 될 때는, 몇몇 사람들이 그에게 집중해서 맞서게 되므로, 갑자기 모든 이들이 순수하게 모방적인 이유를 가지고 같은 길을 가게 될 것입니다. 마치 주식시장에서 벌어지는 일처럼 말이죠. 그렇지만 그 사람들이 연루되는 방식으로 나타나지는 않을 거예요. 그들은 그 희생자가 아버지를 죽이고 근친상간을 했다고 주장할 겁니다. 그들은 자신들의 신화를 믿을 거예요.

SB: 『폭력과 성스러움』이 선천적으로 종교에 적대적인 이론가로서 당신을 드러내는 것 같았고요, 『태초부터 감추어져 온 것들』은 굉장히 이 그림을 복잡하게 만들었습니다.

RG: 고대 종교와 기독교의 관계는 어떻게든 이해하기가 어렵습니다. 왜냐하면 너무 간단하기 때문이죠. 고대 종교가 희생양 현상이라면, 모든 이들이 그 희생자가 죄가 있다고 믿으며 오이디푸스가 진짜로 아버지를 죽이고 근친상간을 했다는 것을 의미합니다. 우리는 오늘날에도 그것을 믿습니다. 프로이드가 그것을 다시금 유행시켰기 때문이에요. 물론 오이디푸스는 아버지를 죽이고 근친상간을 벌이지 않습니다. 두 가지가 함께 있다는 것은 절대로 말이 안 되는 것이에요. 그래서 현대 인류학은 복음서들이 신화와 동일한 구조를 갖는다고 이해합니다. 위기가 있는데, 이 위기는 유대 국가의 위기이며, 로마인들이 천천히 그들의 목을 졸라 죽이는 것입니다. 이 위기는 실제로 역사적 위기이며 우리는 이것에 대한 모든 종류의 문서들을 갖고 있습니다. 그렇다면 우리에게는 무엇이 있습니까? 희생양 현상입니다. 예수는 로마에 의해서만, 혹은 유대 제사장들에 의해서만, 혹은 군중들에 의해서만 죽임을 당한 것이 아니라 모든 사람들이 그를 죽인 것입니다. 그것은 전형적인 집단적 살인입니다. 예수는 분명히 희생양입니다. 따라서 인류학자들은 신화와 복음서들이 똑같은 이야기, 똑같은 일이라고 완벽하게 말할 수 있으며 그것이 똑같은 것이라고 결론내립니다. 다른 차이점이 있을까요?

차이점이 없을 뿐만 아니라 복음서들은 예수가 분명하게 희생양이 되었다는 언급들로 가득합니다. 예를 들면 "한 사람이 죽는 것이 모든 사람이 멸망당하는 것보다 낫다"는 구절도 있어요.* 이 문장에는 우리가 이야

* 요한복음 11:50.

기하고 있는 모든 것들이 들어 있습니다. 건축자들이 버린 돌이 공동체의 주춧돌, 기초, 그리고 아마도 그 공동체의 최고 머릿돌keystone이 됩니다. 그렇다면 차이점은 어디에 있습니까? 글쎄요, 아주 분명하죠. 너무도 분명한 나머지 아무도 그것을 볼 수 없습니다. 고대 종교는 희생양 사업을 믿습니다. 우리가 희생양 사업을 믿을 때는 그것을 희생양만들기라고 이야기하지 않습니다. 오직 복음서들만이 그렇게 할 수 있죠. 왜냐하면 복음서들은 그것을 믿지 않아서 예수가 희생양이라고 우리에게 이야기합니다. 누군가가 희생양이라고 말한다면 그는 당신의 희생양이 아닙니다. 희생양을 갖는 것은 당신이 희생양을 갖는다는 것을 자각하지 못하는 것이고, 그에게 진짜로 죄가 있다고 생각하는 것입니다. 그것은 너무도 간단하여 사람들이 이해를 못합니다. 희생양만들기는 무의식적일 때만 효력을 발휘합니다. 그리고 나서는 그것을 희생양만들기라고 부르지 않습니다. 정의라고 부르죠. 오이디푸스 신화가 우리에게 이야기하는 것이 이것이며, 오이디푸스가 역병의 책임이 있다고 하여 테베Thebes의 사람들이 오이디푸스를 없애고자 한 이유가 이것입니다. 이 얼마나 말도 안 되는 이야기입니까. 역병을 홀로 책임져야 할 사람은 아무도 없습니다. 복음서에서는 그런 넌센스가 없습니다. 오히려 반대입니다. 우리에게는 희생양이 있으며, 맞아요–예수를 희생양으로 만든 사람은 바로 그 군중입니다. 우리는 "희생양"이라는 단어 혹은 "하나님의 어린양"이라는 구문을 사용합니다. "하나님의 어린양"이라는 구문은 더 온건하게 희생양을 의미하는 것에 지나지 않습니다. 그렇지만 하나님의 어린양은 죄가 없고, 그 점이 모든 차이를 만듭니다.

SB: 그리스 비극작품들과 그리스의 신화들은 오이디푸스 같은 사람들에게 죄가 있다는 것을 보여줍니다.

RG: '예'이면서 '아니오'입니다. 프랑스의 신비주의자 시몬 베유Simone Weils는 그리스 문학작품이 기독교 이전의 시각들로 가득하다고 잘 말했습니다. 오이디푸스 비극에 나오는 몇몇 문장들은 아주 현명한 등장인물, 소포클레스Sophocles가 오이디푸스에게 진짜로 죄가 있었느냐에 큰 의문을 품었다는 것을 보여줍니다. 오이디푸스 자신은 이렇게 말합니다. "내가 여기 왔을 때 그들은 많은 사람들이 라이오스Laius를 죽였다고 저에게 말해주었다." 그래서 그 집단은 한 명이 다수를 대신할 수 있었던 방식이라고 봅니다.* 그렇지만 이 문장은 아주 모호합니다. 어떻게 한 명이 그리 많은 사람들을 대신할 수 있었나? 그 대답은 희생양이 다수를 대신할 수 있다는 것입니다. 그리하여 소포클레스가 분명히 이것을 이해할 때, 자신이 이해한 것을 아주 모호하게 우리에게 이야기합니다. 왜일까요? 그는 그 사람들 앞에 있으며, 그 그리스인들은 그 공동체가 변화되는 위대한 전설을 보고 싶지 않아서입니다. 이 위대한 비극시인들은 자신들의 이익에 있어서 너무도 총명했고 그 백성들의 눈에는 아주 수상쩍었습니다. 그들에 대한 이야기들을 전부 읽어보면, 그들이 그리 미더운 등장인물이라고 여겨지지는 않았습니다. 그렇지만 우리가 말하듯이, 여전히 그들은 우리에게 적나라한 희생양 이야기를 들려줍니다. 희생양에게 죄가 있습니다.

SB: 복음서는 정확히 그 반대라고 말합니다.

RG: 복음서는 정확히 반대를 말하죠. 복음서는 독특합니다. 희생양 만들기의 진실을 말해주는 것들 중에서 우리에게는 오직 하나의 희생양

---

* 오이디푸스 왕, 365째줄.

이야기만 존재하고 있습니다. 말을 바꾸면, 신화와 그 기만에 대해서 말하자면 그것은 거짓말입니다. 복음서는 전체 체계를 약화시킵니다. 그렇지만 복음서는 희생의 방식으로 읽을 수 있습니다. 아직도 몇몇 사람들은 복음서를 이해하고 싶어하지 않습니다. 만일 제대로 듣는다면, 복음서는 우리의 신화를 창작하는mythmaking 전체 구조를 약화시킬 수 있습니다. 여전히 우리의 사고에 있는 특히 희생양과 같은 고대적인 측면이 있습니다. 그렇지만 우리가 복음서들을 읽으면, 복음서는 항상 거기에서 우리에게 우리의 희생양만들기를 분해하고 해체하는 것을 가르치고 있습니다.

SB: 교수님께 이런 생각이 들었을 때, 사람들이 일반적으로 그것을 수용하던가요?

RG: 아주, 아주 소수만이 이해합니다. 지금은 더 많은 사람들이 이해하지만 그래도 그리 많지는 않습니다. 그렇지만 제가 지금까지 해 온 방식보다 그것을 공식화하는 더 좋은 방법들이 있다고 말해야 합니다. 아직도 더 잘 할 수도 있을 겁니다. 그 희생양을, 희생양만들기라는 거짓을, 이런 희생양만들기의 무의식희생양을 갖는다는 것은 누군가에게 희생양이 있다는 것을 인식하지 못하는 것입니다을 보여줄 때 더욱 분명하게, 더욱 명쾌하게, 더욱 힘차게, 더욱 극적으로 말입니다. 그러므로 희생양만들기를 공개적으로 언급하는 본문은 희생양 본문이 될 수 없다는 것을 의미합니다. 저는 이것이 이루어질 것이며, 모방이론을 사용하는 성서해석자들이 이미 하고 있다고 믿습니다.

3장 · 희생양과 기독교

SB: 조금만 되돌아가서 개인적인 이야기를 좀 해주세요.

RG: 마사와 전 1951년에 결혼을 했습니다. 1955년에 첫 아이, 아들 마틴이 태어났습니다. 3년 후에는 다니엘이 태어났어요. 브린 마우어Bryn Mawr 대학에서 가르치고 있었을 때니까 아이들은 펜실베이니아의 브린 마우어Bryn Mawr에서 태어났습니다. 아주 좋았던 시기였습니다. 다니엘이 태어난 직후에는 존스 홉킨스로 이사를 했어요. 프랑스어 교수가 되고 처음으로 대학원생들을 제자로 맞은 때가 존스 홉킨스에서였습니다. 앞서 이야기한 대로 가르치는 것이 저에게 더 중요하게 된 곳이 그곳이었습니다. 프랑스 문학이 아니라 진행 중이던 제 모방이론연구를 하면서 도둑강의를 했을 때입니다.

SB: 교수님이 그런 강의를 하고 있다는 것을 학과에서 알았나요?

RG: 네, 그럼요. 존스 홉킨스 같은 기관을 칭찬 좀 해볼게요. 존스 홉킨스는 19세기 말에 최초로 등록금 없는 미국대학이자 대학원으로 설립되었습니다. 운이 좋게도 20세기 전반에는 좋았지만 주로 대학원이라서, 부유한 졸업생들이 없었습니다. 항상 그랬고 지금도 재정적으로 어려워요. 그 대학이 정말 잘하고 있는 유일한 부분이 의대인데요, 지난 몇 년간 미국을 이끌어왔습니다. 의학이 그렇듯이, 물론 이들은 많은 돈을 법니다. 제가 있던 당시에 존스 홉킨스 대학의 총장은 밀턴 아이젠하워Milton Eisenhower였는데, 전문성이 있는 대학의 총장이자 미국 대통령의 형제였습니다. 그래서 그가 의대를 방문하여 그들에게 "예술과 과학을 위하여 기부를 좀 하십시오"라고 요청했어요. 이들 분야는 균등하게 균형이 잡히지 않거든요. 의대는 볼티모어의 좋지 않은 장소에 자리하고 있습니다. 인문학과 과학은 좀 나은 곳에 있지만 예전처럼 그리 좋지는 않아요. 의대는 투덜거렸지만 대통령이 그들에게 이렇게 말하죠. "여러분들은 인근에 대학이 없는 볼티모어에서 의대로 있고 싶지는 않을 겁니다. 그러니까 예술과 과학 분야에 있는 이 불쌍한 사람들에게 기부를 좀 하세요." 그제야 마침내 그들이 기부를 시작했죠. 그래서 그곳에 조그마한 예술과 과학 프로그램이 있는 겁니다. 대부분 대학원이에요. 그렇지만 학부도 꾸준히 성장해 왔습니다. 그 학교는 명망 있는 동부 대학들과 대등하지는 않습니다. 대학원은 강의하기에는 훌륭한 곳이었습니다. 세미나에서 모든 이들을 알았습니다. 대학이란 것이 그렇게 되어야 해요.

거기에서 우리는 굉장한 학과를 만들었습니다. 우리는 뭔가 대단했죠. 우리는 그 대학에서 정말이지 최고의 위치에 있었습니다. 그래서 대학행정부가 우리에게 잘 대해줬어요. 1966년에 우리는 심포지엄을 엽니다. 자끄 데리다Jacques Derrida와 다른 학자들 같은 해체주의자들을 처음으로 미국으로 데려왔습니다. 동료교수들 가운데 많은 이들이 여기에 적대적이었습니다. 아주 나쁜 것이라고 생각했어요. 2년이 지난 후에 이들이 모두 해체주의로 전향하게 됩니다. 그게 저를 다소 당혹스럽게 했고 전 버팔로를 떠났습니다.

SB: 그게 왜 교수님을 힘들게 했나요?

RG: 글쎄요, 해체는 실재에 대립하기 때문입니다. 그들은 모든 것이 언어라고 말하죠. 제의에 대한 연구에 대해 제가 말할 때 앞서 언급한 것처럼, 제가 보기에 프레이저와 같은 이론가들을 읽는 방식은 '모든 것이 언어'라고 말하든가, 아니면 '모든 것은 다양한 형태를 취하고 다른 방식으로 명명될 수 있는 폭력의 유동적 실재'라고 말하거든요. 그게 제 방식입니다. 실재의 시야 밖에 있지만 언어에 대립하지는 않습니다. 그것이 다르게 명명될 수는 있어도, 고체물 뒤에는 그릇된 평화를 만들어 내는 인간관계와 폭력이 있습니다. 그들이 말하는 것은 모든 것이 언어에 관한 것이라는 거예요. 모든 것은 놀이play요 무의미한 것입니다. 실재가 없지요. 아무것도 걱정할 필요가 없어요. 결국 그것은 따분하고도 사람을 얼빠지게 하는데, 이것이 실재를 없애버립니다. 그런 시대는 끝났다고 봐요.

궁극적으로 전 종교가 실재한다고 말합니다. 인류학은 실재하죠. 그들 뒤에 있는 것은 실재하는 인간관계이며 그들이 우리를 죽일 수도 있고 살릴 수도 있습니다. 해체주의자들은 정반대의 것을 봅니다. 그들은 모든 것이 언어라고 말하죠. 전 그들 중에서 일부, 특히 데리다가 어떤 본문들을 극단적으로 강하게 읽는 사람이라고 봅니다. 모방이론과 데리다 사이에서 제가 정의할 수 있을지 불확실한 지하의 연결점들이 있습니다. 그런 연결점들이 거기에 있다는 것은 알지만 그들을 정의할 수는 없어요.* 우리는 동일한 본문들에 관심을 가집니다. 전 언제나 데리다의 책을 좋아하지만 그것을 충분히 이야기할 수 있을지는 모르겠어요.

---

* 이것에 대해서는 다음을 보라. Andrew McKenna, *Violence and Difference* (Chicago: University of Illinois Press, 1992).

SB: 포스트모더니즘은 어떻습니까?

RG: 당신이 의미하는 포스트모더니즘이 무엇이냐의 문제이죠. 우리가 포스트모더니즘과 다른 의미의 포스트모던 시대에 살고 있다면, 이것은 문화의 모든 것을 말장난으로 바꾸어 버립니다. 지금으로서는 서구세계 전반에 걸친 대학들에서 포스트모더니즘은 극단적으로 강력합니다. 그렇지만 지난 5년 간의 사건들, 특히 2001년 9월 11일의 사건들 때문에 약화되고 있다고 봐요.

SB: 거기에 대해 말씀을 좀 부탁드릴까요?

RG: 아마 해체가 무슨 게임같이 보이지만, 사람들은 갑작스럽게 그런 게임을 저해하는 실재들이 있다는 것을 알게 된다는 뜻입니다. 폭력은 특히나 실재하는 것입니다. 해체주의자들은 폭력과 역사에 대한 제 우려를 조롱하는 경향이 있습니다. 우리와 우리 아이들의 목숨을 지금 벌어지는 일에 건다는 것은 말도 안되는 일이라고 봅니다. 그래서 전 그런 형태의 사고에 굉장히 반대합니다. 그렇지만 저로서는 더 이상 진전하는 것은 아주 어렵습니다. 오늘날 문화의 이슈들은 삶과 죽음의 이슈들입니다.

SB: 심지어 "경박함frivolity"이 악의 매개체vector of evil인 진부함triviality을 달리 표현하는 용어라고까지 말씀하시지 않았습니까?

RG: 악의 매개체요. 그렇죠. 그렇게 생각합니다. 개인적으로는 이들 해체주의자들과 아주 좋은 관계를 맺고 있는데요, 같은 업종에 있기 때문이죠. 우리는 똑같은 것을 이해합니다. 전 파리에 있는 한 라디오방송국에서 어떤 독일의 TV 유명인과 만났습니다. 아주 좋은 대화를 나눴어요. 이렇게 말하더군요. "교수님께는 종교에 관한 아주 특별한 귀가 있네요.

종교를 바이올린처럼 연주해요." 그렇지만 이런 것들은 항상 문화를 실재와는 상관없는 어떤 것으로 만들어 버립니다. 전 그냥 포기하고 맙니다.

SB: 교수님의 삶의 이야기로 돌아가서요. 존스 홉킨스에서 버팔로로 옮기는 데까지 이야기했었죠.

RG: 그렇습니다. 버팔로에서 저에게 아주 좋은 조건을 제시했습니다. 그 당시에 전 정말 춥고 눈이 오는 곳에서는 살아본 적이 없었어요. 그래서 기후의 변화가 저를 부추겼어요. 이때는 록펠러 주지사가 캘리포니아에 있는 주립대학 체계와 똑같은 것을 뉴욕 주에 설립하고자 했던 시기였습니다. 부분적으로는 했지만, 뉴욕 주의 납세자들이 뉴욕에 또 다른 캘리포니아의 체계를 도입하려면 돈이 좀 많이 든다는 것을 알고는 그의 의견에 곧바로 반대했습니다. 그래서 그들이 그 체계를 한정된 방식으로만 확장시켰어요. 버팔로에서 첫 2년은 아주 좋았습니다. 일주일에 겨우 두 시간만 가르치면 되는 일이었는데, 아주 예외적인 것이었어요. 저를 받아주었던 어떤 학과와도 교류할 수 있었습니다. 버팔로는 오래된 사립대학이었는데 거대한 새 주립대학이 침입해오자 아주 신경이 예민한 상태였습니다. 그 캠퍼스는 네 배쯤 커졌어요.

그 사람들은 프랑스 학과에서 저에게 그리 크게 신경 쓰지 않았습니다. 그래서 영문학과에 갔는데 아주 재미있었어요. 제가 셰익스피어에 관심을 갖게 된 이유 중 하나가 그거에요. 거기에는 아주 훌륭한 셰익스피어 학자들이 몇 명 있었거든요. 그래서 어떤 면에서는 버팔로가 셰익스피어에 대한 제 책의 시작점이었습니다. 제가 원한 것은 절대적으로 가르칠 수 있었고 그곳에서 모방이론도 강의했습니다. 셰익스피어에 대한 것들을 연구하던 제자들이 있었는데요, 제가 가르치기는 했지만, 저 역시 그들과 같은 학생이었습니다. 물론 그 학생들이 제 취향에는 다소 너무 해체주의적이었습니다. 날씨 말고는 좋았는데, 겨울을 두세 번 겪어보니 이 날씨가 정말로 매력을 떨어뜨리더라고요. 그래서 버팔로에서는 1968년에서 1974년까지만 있었고 그 사이에 그냥 변화를 위해 여기 스탠포드에서 시간을 보냈습니다. 교수직 제의를 받았어요. 새내기들을 위한 학부필수 과목이었던 '위대한 문학작품들'을 가르치기로 했습니다. 그 과목의 종신 학장직을 맡아달라고 하던데 거절했습니다. 그 당시에 학생들이 이 과목에 반대했습니다. 그런데 이곳 동료교수 가운데 한 사람이 이탈리아 사람이었는데, 프랑스에서 비교문학을 가르쳐달라고 제안을 하더군요. 볼티모어 보다는 그 지역이 훨씬 좋았기에 바로 승낙을 했습니다. 볼티모어와 버팔로, 힘들었어요. 서로 비슷했습니다. 이 두 지역은 서로 정반대였지만 좋은 날씨를 선호하는 사람들에게는 똑같이 끔찍했습니다. 그래서 우리는 1980년에 이곳으로 왔습니다. 그때부터 계속 여기에 있었어요. 너무 너무 좋습니다. 여기서 많은 좋은 제자들, 훌륭한 박사학생들과 함께 하게 되었는데, 특히나 제가 가르치던 첫 해에 그랬어요. 제가 원하는 것은 무엇이든 마음대로 자유롭게 가르쳤습니다. 그래서 존스 홉킨스 때 하던 것들을 가르쳤습니다. 제가 원하는 건 무조건 가르칠 수 있었어요.

SB: 그 당시에 아이들과 같이 살았나요? 그 동안 또 다른 자녀도 낳으셨죠?

RG: 셋째 아이, 메리가 태어났습니다. 1960년에 프랑스에서였죠. 그때는 아이들이 이제 막 집을 나와서 로스쿨같은 학교의 마지막 학기에 있었거나 아니면 구직활동을 하던 첫 해였습니다.

SB: 1960년이었네요. 이곳저곳 옮겨 다니는 것을 가족들이 싫어하지는 않던가요?

RG: 글쎄요, 가족은 매해 여름을 프랑스에서 보내고 있었습니다. 제 계획으로는 안식년을 다른 유럽 국가에서 보내서 이태리어와 독일어를 괜찮게 했으면 했어요. 그런데 우리는 체계적으로 프랑스에 가서 아이들이 프랑스어를 하게 되었습니다. 이 나라에 사는 아이들이 그런 외국어를 하게 한다는 것은 정말 어려운 일입니다. 만일 아버지만 아이들의 언어교육을 맡는다면 그런 일이 불가능하죠. 미국 인디아나 출신인 마사도 수년간 프랑스어를 했습니다. 아이들이 어릴 때에는 아주 빠르게 습득합니다. 다른 아이들과 같이 6개월을 보내면 아이들은 능통하게 외국어를 구사합니다. 그렇지만 역시 6개월 만에 잊어버리게 되기도 합니다. 아이들이 더 늦은 나이에 배울수록 배우는 것이 더 오래가죠. 그렇지만 프랑스어를 구사하는 것처럼, 학교에서 다른 친구들이 하지 않는 것을 한다는 것에는 아주 적대적일 때가 있습니다. 그러다 갑자기, 13세나 14세 무렵에 이르면 아이들은 그것이 자산이라는 것을 깨닫게 됩니다. 다른 사람들이 갖지 못하는 어떤 것을 갖게 되는 거죠. 그렇게 되면 이제는 살았습니다. 14년이나 걸렸는데, 아주 오랜 기간 이예요.

SB: 1980년에 이 아름다운 화창한 날씨로 오게 되었을 때, 다른 교수들이 교수님과 교수님의 이론들을 받아들였다는 것을 알았나요?

RG: 스탠포드 대학은 절대로 제 이론을 "수용하지" 않았습니다. 그들이 저에게 못되게 굴었다는 뜻은 아니에요. 그냥 달랐을 뿐이죠. 언젠가 학계에서 모방적 분석을 쓰고 싶습니다. 당신이 어떤 곳에 있는데 아무도 당신이 하고 있는 것에 관심을 보이지 않을 때 당신은 항상 아웃사이더이죠.

동료교수들 사이에서도 이런 분위기는 조직적입니다. 학생들은 또 다른 문제죠. 그렇지만 동료교수들 사이에서 당신은 항상 혼자입니다. 아무도 차지하고 싶지 않은 땅을 당신이 차지합니다. 다 그런 거죠. 과학에서는 다릅니다. 예를 들어 소립자 물리학에서는 같은 프로젝트에 25명이 일하고 있습니다. 그렇지만 인문학에서는 그렇지 않습니다. 인문학은 훨씬 더 "개인주의적"이고 훨씬 더 모방적입니다.

SB: 제가 처음 교수님을 만난 곳은 뉴욕시에 있는 오번 신학교였습니다. 사람들이 교수님께 희생양에 대한 특별한 발표를 더 해달라고 요청했었죠. 『희생양*The Scapegoat*』이라는 교수님의 책이 아직 나오지 않을 때였습니다. 기억하기로는 아주 대단했었어요.

RG: 그것이 신학자들에게 인기를 얻기까지는 일반적으로 시간이 좀 더 걸렸습니다. 약간 흥미가 있었지만 아주 적었어요. 불과 몇 명만이 그 가설을 진지하게 받아들이려고 했었죠. 종교적인 사람들에게는 신학이 있습니다. 불가항력적이다, 뭐 그런 거요. 그렇지만 그들은 종교에 대해서는 신학으로 이야기합니다. 인류학은 본질적으로 비교적입니다. 그들은 인류학을 아주 불신을 가지고 쳐다봅니다. 성서와 기독교에 나오는 고대 종교들의 일반적인 특징들은 너무 커서 똑같은 것이 되어야 한다고 말하는 데까지 이르게 됩니다. 어떤 면에서 신학자들은, 만일 우리가 이런 발견들을 받아들였다면 기독교에는 특이성이 없었을 것을 인정해야 했을 것이라고 믿었습니다. 신학자들은 그 희생양, 다시 말해 그 희생양이 옳은가 그른가하는 문제를 보지 않습니다.

그래서 그들은 두려워합니다. 그 이유는 아마도 인류학자들의 목적이 실제로는 기독교를 해치는 것이라고 느끼기 때문일 겁니다. 그래서 그들은 인류학자들을 좋아하지 않습니다. 인류학자들처럼 생각하고 싶지 않기 때문이죠. 그래서 그들은 인류학을 거부합니다. 그렇지 않고 만일 그들이 인류학을 받아들이면, 기독교가 독특하지 않다고 할 것인데, 이건 지금 그들도 알고 있어요. 반면에, 저는 유대교와 기독교가 독특하다는 것을 인류학적으로 보여줄 수 있다고 할 수 있습니다. 성서의 굉장한 이야기들을 보세요. 그 이야기들은 신화학에서 찾을 수 있는 것과 똑같습니다. 요셉 이야기를 보세요. 요셉은 오이디푸스 이야기와 상당히 가깝습니다. 그는 똑같은 이유로 고소를 당합니다. 요셉은 보디발의 아내와 일종의 근친상간을 범했다고 기소됩니다. 그는 오이디푸스 유형의 범죄로 기소됩니다. 오이디푸스 신화는 그랬다고 말하며 오이디푸스는 유죄였습니다. 그렇지만 요셉의 이야기는 그가 그러지 않았다고 하죠. 그것이 정말로 중요합니다.

욥의 이야기를 봅시다. 사람들은 우리가 뭐라 하건 욥의 이야기가 지역의 통치자, 폭군, 왕 이야기라는 점을 보지 않습니다. 그는 사람들의 사랑을 받아왔고 사람들에게 그렇게 말합니다. "여러분은 저를 사랑했습니다. 여러분은 저를 우상처럼 대했습니다." 갑작스럽게 그들은 그에게 등을 돌리고, 소위 그의 친구라는 세 명은 그를 죽이려 하는 군중의 집단폭력의 시작이 됩니다. 그렇지만, 오이디푸스와는 달리, 욥은 "나에게는 죄가 없습니다"라고 하죠. 그는 스스로를 변호합니다. 그는 그 곳에 있는 모두에게 외칩니다. 혹은 시편을 보게 되면요, 희생자가 군중에게 집단폭력을 당하기 직전에 있으면서 하나님께 불평하면서 그들을 멸망시켜달라고 외치고 있는 본문들이 나옵니다. 그것은 항상 신화들을 뒤집거나 모순되는 이런 형태의 이야기입니다. 물론 복음서는 이런 형태의 고대 이야기입니다. 그래서 전 특히 욥기가 서론 부분, 피부병, 사탄 등등만을 이야기 하는 사람들에 의해 완전히 잘못 읽히고 있다고 봅니다. 그것은 분명히 모든 대화 위에 포개져 온 어떤 것이며, 이것이 욥기의 위대한 부분입니다. 욥의 친구들과의 대화는 이 책의 핵심이며 그 친구들은 욥에게 죄가 있다고 말합니다. "인정하라고. 너에게 죄가 있다고 말하면 아마도 피부가 낫게 될 거야." 욥은 거부합니다.

이건 다소 모스크바 재판이나 "인민재판kangaroo court" 같습니다. 이 모든 성서의 위대한 이야기들은 희생양들의 반전입니다. 모든 예언자들에게는 처음에 자신들의 군중이 생깁니다. 이윽고 그 군중은 예언자에게 등을 돌립니다. 예레미야는 좋은 사례입니다. 예수의 이야기도 같습니다. 예수는 이렇게 말합니다. "나는 모든 예언자들과 같이 죽을 것이다." 군중이 그에게 등을 돌리므로 그의 나라에는 예언자가 아무도 없습니다. 그래서 그것은 꾸준한 신화학의 계시, 희생양만들기의 계시입니다.

그럼 왜 신학자들은 이것을 보지 못할까요? 그들이 기본적으로 계몽주의의 사람들이라서, 인간은 선하다고 생각해서 보고 싶어 하지 않기 때문입니다. 신학자들은 원죄를 믿고 싶어 하지 않습니다. 제가 진보적인 성직자들에 맞서는 이유가 이것인데, 그들은 진실이 아닌 것을 우리에게 말하려고 하기 때문입니다. 그들은 계몽주의의 마지막 개종자들입니다. 그들은 자신들이 너무 늦었다는 것을 보지 않습니다. 그들은 항상 어쩔 수 없이 뒤쳐져 있습니다.

SB: '예수 세미나'에 대한 교수님의 견해는 무엇인가요?

RG: 이곳 제 좋은 친구들 중 몇 명, 밥 해머튼-켈리Bob Hamerton-Kelly와 짐 윌리엄스Jim Williams가 그 모임에 참석했습니다. 전 영문도 모른 채 '예수세미나'에 참석했습니다. 그들이 저에게 무언가를 해달라고 요청해서 저에게 맡겨진 일을 했습니다. 그것은 아주 기독교적인 것이었습니다. 그들은 전혀 좋아하지 않았어요. 그들은 고대로 돌아가서, 신화의 방향으로 가고 있습니다. 그들이 현대라고 부르는 것은 고대로 가는 회귀로서, 고대 종교가 지닌 가장 나쁜 형태입니다. 물론 언론은 항상 진지하게 기독교가 틀렸음을 입증하는 사람들을 내세웁니다. 그들은 절대로 정반대의 주장을 하는 어떤 논지도, 현대성이 그릇됨을 입증하는 어떤 것도 진지하게 받아들이지 않을 겁니다. 그래야 하는데도 안할 거예요.

종교는 되돌아가고 있습니다. 유대교 성서와 복음서 모두에서 찾을 수 있는 본질적인 탈신화화demystification를 잃어버리기 때문입니다. 성서는 희생제물을 비방하고 중상모략으로 기소하고 희생양을 삼는 이들scapegoaters이 그렇게 할 근거가 없음을 우리에게 보여줍니다. 예언자와 기독교 본문들은 그 제물의 죄 없음을 논증함으로 그런 중상모략을 무너뜨립니다. 그래서 우리가 마음 속 깊은 곳에서 신화를 제대로 읽을 때, 우리는 그 수난 아래, 죄 없는 제물의 죽음에 빠져들게 됩니다. 한 프랑스 학자는 최근 저에게 비잔틴 제국에서의 중세 시대에도 위대한 비극작품을 읽었으며, 이는 그들이 그것을 읽었던 유일한 기독교적인 장소에 대한 것이라고 말해주었습니다. 그들은 그것을 오이디푸스의 수난으로 읽습니다. 말을 바꾸면, 그들이 제가 말한 것을 관념적으로 형성하지 않아도, 그들의 마음은 진심이었으며 그들은 오이디푸스에게 죄가 없다는 것을 볼 수 있었습니다. 그것은 아주 명쾌합니다. 실제로 중세시대는 그들이 인정받는 것 이상으로 더 분명하게 사물을 보는 경향이 있었습니다. 저로서는 이제 더 인용할 밑천이 떨어졌지만, 그건 대단한 겁니다. 제가 보기에 그것은 비극에 대한 진정한 이해, 기독교적 이해였습니다.

SB: 예수를 분노에 찬 보복자로 보려는 지금의 그리스도인들에 대해선 어떻습니까?

RG: 글쎄요. 예수를 보고 로큰롤 스타라고 말하는 사람과 다를 바가 없어 보이네요. 우리가 변화의 분위기에 있다고 보긴 하지만, 지금 보다 상황이 더 악화된다면 큰일이겠죠. 우리는 우리의 실제 유산에 완전히 충실하지 못해 왔습니다. 우리는 그것을 이해하려고 하지 않습니다. 우리는 특정 방식이나 다른 방식으로 그것을 잘못 이해합니다. 우리는 그것을 어떤 대중적 이야기나 그 반대편 같은 복수 이야기로 바꿔버립니다. 우리는 그것이 지닌 위대함, 진정한 위대함을 보고 싶어 하지 않습니다.

우리는 마지막 날, 문화의 끝 등을 선포하는 복음서의 묵시본문들에 대해 무엇인가 이야기해야 합니다. 이 본문들은 무엇을 의미할까요? 제가 보기에는, 폭력의 광기가 어리거나 거친 어떤 상상의 꿈과는 거리가 멀고, 신화학mythology의 신빙성을 떨어뜨리는 세상에 대한 인식을 보여주는 것입니다. 이 본문들은 고대 종교에 의혹을 제기합니다. 이것은 희생을 불가능하게 합니다. 그러므로 그들은 우리 문화에서 고대적인 요소를 끝내거나 해결하지만, 이런 고대적인 우리 문화의 요소는 보수적인 그리스도인들이 존속시키고자 하는 것입니다. 다른 말로 하면, 그들은 새로운 위기를 만들어 냅니다. 그들은 희생양만들기로 풀리지 않는 위기를 만듭니다. 왜냐하면 우리는 그것에 대해 너무도 잘 알고 있기 때문입니다. 우리에게 이곳저곳에서 헤아릴 수 없는 작은 희생양만들기가 있다고 해도, 우리는 그리스 종교나 기타 등등의 의미로 새로운 희생양 신을 만들어내지는 않습니다. 그것은 불가능하죠. 그러기에 우리는 너무도 기독교적입니다. 우리는 무신론자가 아닐 수도 있지만, 제우스나 주피터, 혹은 그런 종류의 신을 믿지는 않습니다. 따라서 우리는 효율적인 희생의 체계를 갖지 않을 것입니다. 우리는 우리의 폭력을 고치는 모든 치료약을 빼앗겼습니다. 그것이 바로 오늘날 벌어지는 일이라고 봅니다. 우리의 미래에 보이는 것은 기술로 말미암은 어마어마한 전쟁의 변화입니다. 여기에 더하여, 우리 환경의 모든 문제들은 기독교 신앙과는 떼어놓을 수 없는 것입니다. 이 말은 기독교가 악하다는 뜻이 아니라, 우리가 스스로를 구원하기 위해 기독교를 올바른 방식으로 이용할 수 있는 힘이 하나도 없다는 것입니다. 그러므로 우리는 파괴를 향하여 움직이고 있습니다.

이런 묵시적 본문들이 복음서 속에 있다는 것은 사실이고, 그 본문들은 삶이 간섭받지 않고 영원히 계속될 것처럼 살고 있는, 행복한 사람들이 사는 날들 속에 있게 되리라고 우리에게 말해줍니다. 이 본문들은 모두 꼭 과학적 소설이 될 것이라고 말하고 있지 않습니다. 이런 유형의 본문들이 미쳤다거나 환상에 불과하다는 의미도 아닙니다. 이 본문들은 기독교의 확장과 더불어 필수적으로 따라오는 희생의 파멸을 아주 분명히 봅니다. 기독교가 나타나고 진지하게 기독교를 심어 놓는 어디에서건, 피의 희생이 사라집니다. 피의 희생이 사라지는 곳에서, 우리에게는 우리의 폭력에 맞서는 진정한 문화적 보호가 더 이상 없습니다. 그러므로 그것은 과학과 기술의 발전에 있어서는 아주 좋습니다. 그러나 우리 문명의 미래에는 그리 좋은 것만은 아닙니다. 따라서 우리 문명이 기독교의 진정한 의미로 되돌아 갈 것인가, 아니면 더욱 나빠질 것인가 둘 중의 하나입니다. 그것은 폭력에 위협을 받게 될 것이며, 더 이상 희생 수단을 통해서 물러나게 할 수 있는 것이 아닙니다. 그래서 제가 보기에는 모방이론이 요한계시록에 국한되는 묵시적 측면을 말해줄 수 있다는 것이 아주 중요하지만, 공관복음서, 특히 마태복음 24장, 마가복음 13장, 그리고 누가복음 여러 곳에서 주된 역할을 하고 있습니다.

SB: 스탠포드대에서 보낸 교수님의 생활과 시간에 대해서, 그리고 거기서 무엇을 하셨는지에 대해 이야기해 주실만한 다른 것들이 있나요?

RG: 특별한 것은 없어요. 많은 부분이 존스 홉킨스대에서 보냈던 삶의 연장이었습니다. 대학원생과 학부생들을 가르쳤어요. 아주 보람이 있었는데 항상 모방이론에 중심을 두었습니다. 셰익스피어에 대한 책을 발간했을 때는 몇 개의 문학과목을 강의했습니다. 영문학과에 여전히 셰익스피어 필수이수과목들이 있었거든요. 그 과목의 1/4을 가르쳐달라는 요청을 받았는데 아주 즐거웠습니다. 학생들이 200명도 넘게 있었어요. 그렇지만 모방이론을 가르쳤습니다. 물론 약간의 항의는 있었지만, 큰 문제는 아니었어요. 그런 방식으로 셰익스피어를 읽는 것은 아주 재미있었습니다. 왜냐하면 그 이전에는 한 번도 영어전공자들에게 셰익스피어를 가르친 적이 없었거든요. 이것은 전공자들을 위한 과목이었고 영문학과에서 흔쾌히 저를 초대해 주었습니다. 심지어는 제게 다른 것도 해달라고 했었는데, 그건 저로서는 너무 힘든 일이었어요.

언젠가 한 번 고전학과에서 강의를 했을 때가 기억나네요. 그 과목이 오이디푸스와 제가 연구했던 비극들 가운데 한 두 작품에 대한 것으로 기억합니다. 이 본문들에 대해 제가 강의하는 방식 때문에 학생들이 깜짝 놀라고 아연실색하더군요. 제 강의가 그들이 보통 듣던 것들과는 아주 달랐거든요. 전반적으로는 수동적으로 받아들였지만, "이건 그냥 저 양반 생각이야"라는 인식이 많았습니다.

SB: 그 즈음에 학자들이 교수님의 연구를 보고 토론하기 시작했습니다. 그리고 '폭력과 종교에 대한 학회'가 만들어졌지요.

RG: '폭력과 종교에 대한 학회'는 15년 전쯤 생겼던 것으로 기억하고 있습니다.* 그 이후로는 매년 모이고 있습니다. 보통은 유럽과 미국에서 번갈아 열리는데 2012년에는 일본에서 만날 겁니다. 이들은 모방이론과 그것에 관련된 저자들에 대한 일들을 논의합니다. 모방이론과 관련된 모든 현상들을 환영하고 있습니다.

SB: '폭력과 종교에 대한 학회'가 교수님께 어떤 의미가 있습니까?

RG: 그 조직과 저는 아무런 상관이 없고 제 영향력도 없습니다. 그런 형태의 기관들이 그렇듯, 많은 임원들이 있습니다. 위험이 있다면 그 학회가 불가피하게 어느 정도 다른 학적인 대학그룹으로 바뀌게 되어, 책들을 출판하고 그들의 학과에서 종신직을 바라는 사람들에게 도움이 된다는 것입니다. 하지만 우리는 아주 운이 좋았던 것이, 우리에게는 학적이지 않은 사람들도 일부 있거든요. 우리는 그 점을 조용히 격려해야 한다고 봅니다. 우리는 학교 사업에 파묻힐 생각은 없습니다.

SB: 그렇지만 교수님은 전 세계의 학자로서 최고의 상을 받으셨습니다. 여기에 대해 이야기를 좀 해주세요.

RG: 글쎄요, 그건 상이 아닙니다. 현재 저는 프랑스 아카데미인 *Aca-démie française* 회원입니다. 프랑스 아카데미는 프랑스 혁명에서 살아남은 프랑스에 있는 몇 개 안 되는 아카데미 중 하나입니다. 프랑스 혁명으로 사라졌다가 나폴레옹이 다시 만들었습니다. 실제로는 1635년에 탄생되었는데, 프랑스어의 존립을 염려하는 많은 지식인들이 만들어 낸 것입니다. 말씀드리자면 프랑스 아카데미가 현재 어려움을 겪고 있어요. 그렇긴 하지만 제가 선출되었죠. 선출되려면 후보자가 되어야만 합니다. 프랑

---

* 이 학회는 1990년에 스탠포드에서 만들어졌다. 짐 윌리엄스가 첫 20년의 역사를 기록했다. Girardians: *The Colloquium on Violence and Religion* 1990–2010 (Vienna: LIT Verlag, 2011).

스 아카데미는 실제 기관입니다. 그 기관은 여전히 개인보다는 더 큰 힘을 발휘합니다. 왜냐하면 최근 두 세대에서 지원하는 작가들과 철학자들이 불과 몇 명이 되지 않아요. 이들은 그 기관보다 자신들이 더 낫다고 여기기 때문이죠. 무슨 말인지 아시겠죠? 모든 것을 헐어버리는 전형적인 우리의 개인주의입니다. 그래도 전 후보자가 되겠다고 했고 선출되었습니다.

SB: 선출되시니 어떻든가요?

RG: 결국에는 의무에 다름없지만 좋긴 하더군요. 연설문을 쓰시오, 이거 하시오, 저거 하시오. 2005년 12월 15일에 열리는 기념식이 있습니다. 한 가지 좋은 점은 제일 먼저 긴 휴가를 받을 수 있습니다. 40명의 회원들이 있지요. 꼭 알아야 할 것이 하나 있어요. 시라크Chirac 대통령 이전에 미테랑Mitterrand 대통령이 회원들 숫자를 세 배로 키우고자 했는데, 이것이 프랑스 아카데미를 죽이는 방식이 되어 왔습니다. 그래서 그들 모두 분연히 거부하니 대통령도 더 이상 고집 부리지는 않더군요.

SB: 그렇다면, 이것은 굉장한 명예이군요. 연설문을 쓰셨다고 했는데, 교수님의 이론에 대해 글을 썼다는 겁니까? 그런 건가요?

RG: 아니오. 그 자리에서는 주로 전임자에 대한 연설문을 써야 합니다. 자리마다 숫자가 다 있어요. 그래서 그 자리에 입후보하는 것인데, 그 자리에 있던 사람이 죽으면 공석이 생깁니다. 제 자리는 37번째 자리입니다. 무기명투표로 선거가 이루어지는데 39명의 핵심회원들이 포함됩니다. 그렇지만 저를 선출할 사람들은 38명뿐이었어요, 그 당시에는 공석이 하나 더 있었지요-아주 나이가 든 회원들은 한꺼번에 타계하는 경향이 있습니다. 그들은 숫자상으로 4등분됩니다. 60대, 70대, 80대, 그리고 90대의 사람들입니다. 그러다보니 90대 분들은 종종 모습을 보이지 않습니다. 그들의 인생 전체를 놓고 봤을 때 더 결정적인 중요한 일들을 해야 하죠.

SB: 교수님께서 이야기를 하려는 그 사람은 사제입니다.

RG: 그는 사제지요.* 프랑스 아카데미는 다른 프랑스 기관들처럼 세속적 기관은 아닙니다. 작가들 사이에 편중이 있긴 하지만, 원칙상으로 사회 각계각층에서 온 사람들입니다.

SB: 프랑스 아카데미에 선출된 유명한 프랑스 작가들은 누가 있었나요?

RG: 예를 들면 빅토르 위고Victor Hugo가 있었죠. 그 사람에 대해 얘기하고 있었군요. 제가 곧 앉게 될 37번째 자리의 두 번째 소유자가 쟈크 베니슈 보쉬에Jacques-Bénigne Bossuet였는데**, 가장 위대한 프랑스 교회 설교자였고 루이 14세의 성직자였습니다. 모든 위대한 17세기 작가들, 혹은 그들 가운데 대부분이 그 아카데미의 회원들이었습니다. 거기 가 보면 그들의 초상화를 볼 수 있습니다. 선출된 각 사람이 자신들의 초상화를 가지는 관습이 있었어요. 지금은 고작 사진이지만요. 그렇지만 대개의 경우 그 그림들은 문학교과서에서 볼 수 있는 것과 똑같은 초상화입니다. 물론 멋진 장소에 있지요. 아시죠? 파리 루브르 박물관 바로 건너편이에요.

---

* Ambroise-Marie Carre, July 25, 1908 , 2004년 1월 15일.
** 1627년 9월 27일-1704년 4월 12일.

4장 · 창세기

SB: 교수님, 성서에는 욕망과 갈등에 대한 근원적 개념이 있다고 언급하셨는데요. 그 말씀이 무슨 뜻인가요? 다른 기원적 신화들의 맥락에서 이 이야기가 왜 중요한 것입니까?

RG: 성서를 신화라고 부르고 싶지는 않습니다. 왜냐하면 전 우리가 이전에 말했던 것들과 같은 본문들에 신화라는 단어를 쓰거든요. 이 본문들은 자신들이 무엇을 하고 있는지 모릅니다. 그들은 자신들이 희생자를 잘못 고발하고 있다는 사실을 깨닫지 못합니다. 그래서 성서에 사용할 수 있는 용어가 무엇인지 모르겠지만, "신화"라는 단어는 보류하겠습니다. 그 단어는 어떤 위기를 시작하고 나서 희생자가 죄가 있는 것으로 보고 집단적 살인이 나오는 그런 본문들을 위한 것이에요. 그것은 성서에서의 근본적인 원리는 아닙니다. 그것은 성서에 나오는 사례, 최소한 성서의 위대한 본문 속에서 나오는 사례가 아니죠.

다른 한편으로, 우리는 성서가 신성하게 영감을 받았다고 생각해서는 안 됩니다. 성서는 또한 인간의 문서입니다. 성서는 신화학에서 성서적 시각에 이르는 변화가 나타나는 본문으로서, 그것은 실제로 희생자의 유죄에서 희생자의 무죄로 바뀌는 변화입니다. 그것은 단 한 번에 주어진 어떤 것이 아닙니다. 그것은 시간의 흐름에 따라 스스로를 만들어내는 그 무엇입니다. 우리는 성서의 어떤 책이, 성서의 어떤 부분이 가장 오래되었는지는 모르지만, 성서를 신화학을 바로잡는 어떤 형태의 방안으로 고려할 수는 없습니다. 그것은 신화학에서 시작합니다. 그것은 인간의 것입니다. 성서는 신화학을 해체합니다. 성서는 점차적으로 신화학을 무효화시킵니다. 아담과 이브의 이야기와 같은 본문 속에는 신화적인 요소가 있다고 봅니다. 동시에, 이 본문은 신화적이지 않습니다. 왜냐하면 신화에서 벗어나기 때문입니다. 성서는 어떤 신화가 그러는 것처럼, 희생양을 통해 스스로를 계시하는 신의 창조에 대한 것이 아니라는 의미에서 전혀 신화가 아닙니다. 그러니까 성서는 좀 다른 것이죠. 성서는 인간의 창조에 대한 책, 인간이 먼저 하나님을 불순종한 방식에 대한 책입니다. 알다시피 그게 요점이잖아요? 그것이 이 본문들의 주요 의미입니다. 그러므로 이것은 우리가 이야기할 내용, 인간의 타락에 대한 것입니다. 이것은 물론 기독교적인 입장입니다. 우리가 아담과 이브의 이야기를 할 때는, "원죄"란 표현을 사용합니다. 유대인들은 이 표현을 사용하지 않지만, 그럼에도 우리의 해석은 근본적으로 같거나 같은 것이 되어야 합니다. 제가 의미하는 것은 다른 기독교 교파들과 유대교에는 차이가 있어서는 안 된다는 겁니다. 우리는 그 본문들을 보아야 해요.

SB: 그렇지만 몇몇 해석학자들은 여전히 이 본문을 신화적으로 여기고 있습니다.

RG: 그들은 신화란 단어를 일반적으로 진짜 사실은 아니지만 어떤 상징적인 진리나 그런 것들을 포함하는 것으로 사용합니다. 앞에서 말했듯이, 전 신화라는 단어를, 희생자가 되는 어떤 신이 신으로 탈바꿈되는 본문을 가리키는데 사용합니다. 아담과 이브를 모방적으로 읽는 방법이 있습니다.* 먼저 주목할 것은 욕망은 절대로 그 욕망하는 사람에게서 나오지 않는다는 겁니다. 이브는 선악과에 자발적으로 유혹되지 않습니다. 이브는 뱀에게 설명을 듣고, 뱀에게 조언을 들어서 뱀의 영향 아래 있습니다. 아담에게도 마찬가지입니다. 그는 직접적이 아니라, 간접적으로 이브의 중개를 통해 뱀의 영향 아래 들어갑니다. 모방적 욕구로 오염된 최초의 인간은 이브입니다. 다른 말로 하면, 이브도, 아담도 자발적으로 욕망한 것은 아닙니다. 그들 모두 뱀을 통해 욕망한 것이지요. 그런데 아담의 경우 그는 이브를 통해 욕망하기 때문에 두 번째 사람입니다. 그래서 중세 시대에 이브가 아담보다 더 나쁘다고 생각한 것은 틀린 것입니다. 그녀는 아담과 정확히 똑같습니다. 이브는 자신의 욕망을 소유한 것이 아닙니다. 그 욕망은 그녀의 것이 아니었죠. 그것은 뱀에게서 나왔지만, 아담의 경우에서 보다는 더 직접적으로 나온 것입니다.

SB: 뱀은 어떤가요? 뱀이 누구입니까?

RG: 뱀은 모방적 욕망 혹은 매개된 욕망mediated desire입니다. 어떤 면에서 모방적 욕망은 무한합니다. 아시다시피 그것은 순환 속에 있는 것이지 않습니까? 뱀은 우로보로스ouroboros**로서, 문학적인 측면에서 보면 모방적 욕망이 순환으로 구현된 것입니다. 뱀은 항상 스스로를 의지하며 스스로에게 영향을 끼치는 모방적 욕망입니다. 모방적 욕망으로 읽는다면 뱀

---

* 다음을 보라. Jean-Michel Oughourlian, *The Genesis of Desire* (East Lansing: Michigan State University Press, 2010), 43-80; Paul Duff and Joseph Hallman, "Murder in the Garden? The Envy of the Gods in Genesis 2 and 3," *Contagion* Volume 3 (Spring) 1996; Sandor Goodhart, "The End of Sacrifice: Reading Rene Girard and the Hebrew Bible," *Contagion* Volume 14 (Spring) 2007; Raymund Schwager, *Banished From Eden: Original Sin and Evolutionary Theory in the Drama of Salvation* (Gloucester: Gracewing, 2006); Michael Hardin, 『예수가 이 쓰는 삶』 *The Jesus Driven Life* (대장간 역간)
** 자기 꼬리를 입에 물어 둥그렇게 원을 만드는 뱀이나 용을 가리킴. 역자 주.

에 직접적으로 종교적 의미를 부여할 필요는 없습니다. 정말 소수의 독자들만이 그것을 알아챕니다. 제가 거기 앉아서 읽을 때 왜 그러지 못했는지는 저도 모르겠네요.

부부가 하나님께 불순종합니다. 그들이 다른 신으로 옮겨갈 때는 모방적 욕망을 통해 하나님께 불순종합니다. 그들은 모방적 욕망인 다른 신에게 옮겨가는데 이것은 뱀으로서, 이렇게 상호 영향을 주는 것입니다. 불순종은 성서에 분명하게 표현된 것처럼 하나님으로부터의 완전한 독립을 위한 이런 욕망입니다. 그렇게 되면 불순종은 그들 자신을 제외한 어떤 이에게도 아무것도 빚지지 않는 피조물이 되려는 욕망으로, 이것은 인간이 모델을 가져야하기에 그런 경우는 될 수 없습니다.

제 말은, 욕망이 자발적으로 나타날 수 없다고 그 본문이 말하는 것 그대로입니다. 우리가 우리의 욕망에 대해 생각할 때는, 우리 모두가 욕망이 우리 것이며 우리나 욕망의 대상에게서 나온다고 믿고 싶어 합니다. 이 경우에서는, 욕망이 선악과라는 그 대상에서 나오지 않습니다. 이것은 실제로 그리 흥미로운 것은 아닙니다. 그것은 주체인 이브에서 나오지 않으며 아담에서 나오지도 않습니다. 그리하여 이 본문은 우리에게 아담과 이브가 자신들의 욕망을 가졌다고 이야기하지 않습니다. 그것은 그들이 하고자 하는 것입니다. 그러나 사실은 그들이 그런 일을 하지 말라고 한 선한 모델인 하나님에서 방향을 돌립니다. 반면 그 나쁜 모델은 하나님이 그들에게 하지 말라고 한, 바로 그것에게로 그들을 유인합니다. 그들은 하나님께 주목하지 않습니다. 뱀은 사실상 이렇게 말하고 있습니다. "나를 주목하라. 그러면 하나님이 너희가 재미를 누리지 못하게 하고 있다는 것을 말해주리라." 이것은 바로 오늘날 우리가 현대화된 교회에서 듣는 소리입니다. 낡은 법, 낡은 하나님을 믿지 마세요. 왜냐하면 우리에게는 더 좋은 것을 알고 있고, 우리 기분에 맞춰주는 새로운 하나님이 있기 때문입니다. 우리는 이것저것을 하고 싶어 합니다. 옛 법은 우리의 흥미를 끌지 못합니다. 그것이 바로 제가 종교에 있어서 어떤 "진보적인" 태도들을 항상 신뢰하지 못하는 이유입니다. 사람들이 "현대"와 같은 단어들을 숭배하기 시작하고, 상황들을 더 의미 있게 만들면, 사람들이 하나님에게서 방향을 돌린다는 것을 확신하게 됩니다. 이 하나님은 더 현대적인, 항상 뱀으로 나타나는 신과 비교하여 뒤떨어진 것으로 정죄되거나 간주되어 버립니다. 그것은 언제나 똑같은 일을 하라고 우리에게 조언하고 있습니다. 달리 표현하면, 유일하게 흥미를 끄는 대상들은 하나님이 못하게 해 온 것들입니다. 사실상 그들은 전혀 흥미를 끌지 못합니다. 아담과 이브가 선악과를 먹을 때, 이들은 아무것도 얻지 못하고 모든 것을 잃습니다. 그들은 낙원을 잃습니다. 이것이 저에겐 아무 중요합니다. 왜냐하면 사람들이 저에게 종교의 용어로 모방이론이 무엇인지를 물어볼 때는, 저는 그것이 원죄라고 말하는 경향이 있거든요. 그것은 인간에게 독특한 것입니다. 앞서 전 인간이 더 모방적이기에 더 지능적이라고 말했습니다. 그렇지만 그것은 악에 노출되었을 때 선한 것이 될 수도, 혹은 악한 것이 될 수도 있다는 뜻입니다. 하나가 다른 하나와 함께 하는 겁니다. 따라서 우리는 과학적으로 이해가 되는 원죄에 대한 설명을 듣게 됩니다.

네, 뱀의 제안은 여전히 매혹적입니다. 항상 매혹적이고, 언제나 아주 매혹적이며, 의심의 여지가 없이 언제나 하나님의 명령보다 더욱 매력적인 법입니다. 우리는 그것이 곳곳에서 승리하는 현재를 살고 있습니다. 이에 저항하고자 하는 제도가 몇 개 있긴 하지만, 그들은 우리가 이야기하는 웅장한 모더니즘 속에 실제로는 매몰되고 맙니다. 조금 더 다가가 그것을 보기 시작하면 실제로는 그리 좋은 것 같지는 않습니다.

SB: 신학자들은 이 이야기에 많은 관심을 기울이지만, 거기에 교수님의 설명이 함께 뒤따라오지는 않습니다. 왜 그럴까요?

RG: 글쎄요, 저에게 묻지 마시고 그분들에게 물어 보세요. 제가 뭐라고 해야 대답이 되겠습니까? 레이먼드 슈바거Raymund Schwager와 장-미셸 우그를리앙Jean-Michel Oughourlian과 같은 모방 이론의 학생들이 여기에 대해 언급했습니다.* 그 이야기는 원죄가 실재하고 있다는 것을 가르쳐 줍니다. 그것은 하나님의 뜻을 무시하고 우리의 뜻을 좇는 일반적인 유혹과 같은 것으로, 제가 반복하지만, 항상 우리의 것이 아니라 우리 이웃의 것으로 나타납니다. 창세기 본문 속에서는 그 이웃은 우리가 뱀으로 부르는 동물로 나타나고 있습니다. 뱀은 사탄이라는 용어로 번역되는 것입니다. 우리는 어떤 상징을 다른 상징으로 번역합니다. 제가 여기서 너무 멀리 가는지는 모르겠지만 종교적 시각으로 본다면, 우리는 사탄이 개인적으로 존재한다고 믿을 필요는 없습니다. "난 사탄과 그 외의 것들을 믿습니다"라는 신조는 없어요. 전 사탄을 믿지 않습니다. 그래서 사탄의 가장 위대한 계략은 우리로 하여금 자신이 존재하지 않는다고 생각하게 하는 것이죠. 그렇지만 그 다음 가는 최고의 계략은 우리로 하여금 그가 존재한다고 생각하게 하는 것입니다. 우리는 항상 어떤 면에서는 역설로 말해야 하지만, 악을 행하려는 충동이나 거역하려는 충동도 우리 안에 있다는 것을 압니다.**

그렇지만, 모방적 욕구의 결과를 보세요. 그것은 그 다음 세대에서 정말 나빠지고 있습니다. 가인과 아벨의 이야기는 원죄의 정의 속에 꼭 포함되어야 합니다. 사실, 그것이 핵심사건이에요. 그것은 초석적 살해founding

* Raymund Schwager, Banished from Eden; Jean-Michel Oughourlian, *The Genesis of Desire*.
** 유대교 전통이 *yetzer hara*로 언급하는 것.

murder의 이야기입니다. 이제 우리는 그것이 집단적 살인이 아니라는 것을 곧바로 알 수 있게 되며, 자세히 본문을 들여다보면 집단적 살인으로 해석될 수도 있다는 것을 알게 될 거에요. 가인은 이렇게 말하죠. "이제 제가 동생을 죽였으니 모든 이가 저를 죽일 것이다." 다른 말로 하면, 살인에 대한 법, 살인에 대한 분명한 그 법이 부서져 온 것입니다. "이제 모든 사람들이 저를 죽일 수 있게 되었다. 그래서 내가 살인에 맞서는 법을 만들리라." 형제의 살인에 대한 첫 번째 결과가 역시나 살인에 대한 법입니다. 따라서 그것이 인간 공동체의 기초입니다. 어떤 면에서 그것은 "선한" 결과들입니다. 우리는 여기에서 "선한"이라는 단어에 인용표를 했습니다. 왜냐하면 모든 것이 악한 폭력 위에 세워졌기 때문입니다. 그렇지만 살인이 지금부터는 금지된다는 것을 알면 덜 나빠집니다. 살인이 금지된다고 말하는 것은 우리에게 인간 사회가 있다고 말하는 겁니다. 우리는 더 이상 아벨을 죽이는 가인의 살인 현장인 광야에 있지 않습니다. 그러므로 우리는 가인이 최초의 공동체의 설립자라는 말을 듣습니다. 우리는 그가 어떻게 그렇게 하는지 한 번도 들어보지 못했지만, 그것은 분명합니다. 이런 사회가 설립되기 이전에 그가 한 유일한 일은 자신의 형제를 죽인 것이죠. 가인이 자신의 동생을 죽인 후에, 만일 가인이 도처에서 죽임의 위협을 받고 있다면, 이런 살인은 집단적인 것이라고 쉽게 해석될 수 있습니다. "모든 이들이 저를 죽이려고 할 것입니다." 그가 한 말입니다. 다른 말로 하면, "사람들은 서로 죽일 것이다."입니다

따라서 가인은 처음에는 한 종족의 상징이었으나 꼭 한 개인으로만 여길 필요는 없습니다. 우리는 문자 그대로 직역하는 사람들literalists이 되고 싶지는 않습니다. 그런 사람들이 되려고 하면 곧장 모순에 부딪히게 됩니다. 우리는 가인을 오직 한 개인으로만 봅니다. 그러면 저는 이 문장이 의

미하는 바를 묻겠습니다. "이제 제가 동생을 죽였으니 모든 이들이 나를 죽이리라"고요? "모든 이들"이 누굽니까? 아담입니까 이브입니까? 나이 든 부부인가요? 그건 말이 안 되죠. 따라서 우리는 공동체를 다루고 있으며 공동체의 설립을 다루는 유동적인 상황에 있다고 말할 수밖에 없는 겁니다. 그것은 더 이상 혼돈이 아닙니다. 그것은 살인에 대한 법칙으로 운영되는 공동체입니다. 왜냐하면 살인이 있으니까요. 그래서 제가 초석적 살해, 즉 집단적 살인이 그와 같은 것이라고 말하는 겁니다. 그것은 가인과 아벨을 말하고 있는 요한일서에도 있습니다.* 사탄은 처음부터 살인자였습니다. "처음부터"가 아주 중요합니다. 왜냐하면 제가 조금 전 언급한 것을 의미하거든요. 복음서에서 가인과 아벨은 원죄의 일부입니다. 가인과 아벨은 인류를 최초로 정의하는 부분입니다. 아주 중요하죠. 우리는 원죄의 결과로서 인간 공동체의 설립에 대한 성서의 해석을 다루고 있는데, 이는 최초의 가인의 공동체 안에 있던 살인에 대한 법입니다. 그 후에 그들은 모든 종류의 것들을 만들어 냅니다. 왜냐하면 그들이 제의적이기 때문이고, 그들에게 어떤 희생의 형식이 있기 때문입니다. 그러니까 그것은 우리가 앞서서 언급한 것과 실제로는 아주 가깝습니다. 지금 제가 하고 있는 것은 우리가 논의하고 있는 인류학적 이론으로 성서의 시작을 해석하고 있는 겁니다.**

SB: 그러나 히브리 성서는 하나님께서 그 장면으로 돌아오셔서 어떤 행동들을 금지하는 것, 즉 살인을 금하시는 것에 초점을 맞추고 있습니다. 그는 가인

---

* 요한1서 3:11-15.
** 가인과 아벨 및 창립적 살인의 중요성에 대해서는 다음을 보라. James G. Williams, *The Bible, Violence & the Sacred: Liberation from the Myth of Sanctioned Violence* (San Francisco: Harper, 1991), 33ff.

에게 표식을 주십니다.

RG: 맞아요. 가인에게 주신 표식은 가인이 구분된다는 것을 뜻합니다. 제가 보기에 그것은 차별화의 개념이에요. 그 표식은 가인을 다른 사람들과는 다르게 만듭니다. 공동체가 있었습니다. 이것은 같은 것입니다. 그것은 더 이상 구분되지 않은 혼돈이 아닙니다. 원죄에 대한 하나님의 반대가 있다면 또한 하나님의 승인도 있습니다. 그것은 공동체의 원리를 승인하는 것입니다. 가인이 돌아와서 하나님께서 적게나마 그 사회, 이 사회 조직, 그게 무엇이든 그것의 창립을 승인했기 때문이에요. 우리가 말하듯 하나님께서 관련되어 있습니다. 이런 형태의 공동체가 정말로 좋다는 것이 아닙니다. 그것은 초석적 살해 때문에 그 속으로 들어오고 있는 원죄로부터 벗어나는 것이 아닙니다. 그 상황을 고려해 보면, 바로 그것이 지속시키는 방식, 계속해 나가는 유일한 방식이라는 겁니다. 그러니까 그것은 혼합된 그림입니다.

SB: 가인과 아벨에서 다섯 세대가 지나면 라멕이라는 이름을 가진 남자 이야기가 나옵니다.

RG: 여기서 우리는 희생적 사회 속에 있습니다. 우리는 폭력에 관한 모든 것을 만들어 냅니다. 따라서 이런 사회는 천천히 움직이지만, 꾸준히 더욱 더 폭력적으로 가게 될 것이라는 건 확실합니다. 폭력을 막는 안전장치란 것은 애당초 있지도 않아요. 희생이라고 하는, 냉담하고 불완전한 해결책만 있을 뿐이죠. 그것은 폭력으로 점철된 사회입니다. 그나마 초기 국면에서는 폭력의 두드러짐이 덜하지만, 시간이 지남에 따라 점점 더 폭력 때문에 산산조각이 납니다. 라멕이 한 사람을 죽였지만 그는 정확히 77배의 보복을 하게 될 겁니다. 이것은 우리가 더욱 더 많은 희생적 폭력을 필요로 한다는 뜻이죠. 이것을 사법적 처벌로 해석할 수도 있는데, 이것은 살인과는 아주 다른 겁니다. 다시 말해 인간이 살아남을 수 있을 정도까지 폭력을 늦추기 위해, 폭력을 억제하기 위해서는, 우리에게 더욱 더 많은 폭력이 필요합니다. 결국엔 아주 많은 폭력이 필요하기 때문에 결국 모든 것이 파괴되어 버립니다. 그것은 홍수입니다. 홍수는 그 위기의 비유입니다. 모든 것이 사라지고, 우리에게는 새로운 희생양이 필요합니다.

노아 이야기는 신화와 아주 가깝지만 희생양이 있는 것은 아닙니다. 성서는 그런 형태의 희생을 거부하며 그 희생을 폐기합니다. 그렇지만 우리는 많은 위대한 창립신화에서 어떤 형태의 홍수가 있다는 것을 압니다. 레비-스트로스Lévi-Strauss*의 저서 속에는 매혹적인 신화가 있습니다. 전 그것이 성서의 이야기와 얼마나 가까운지, 동시에 어떻게 다른지를 말해볼까 합니다. 이 신화는 아주 열악한 다리가 있는 강을 건너야 하는 한 부족의 이야기입니다. 부족 사람들 모두가 이곳으로 와서 그 다리를 통해 빠져나갑니다. 다리를 저는 꼬마 친구는 혼자 뒤쳐져서 나머지 사람들을 따라잡지 못합니다. 그 후에 그들 모두가 강으로 떨어집니다. 왜냐하면 그 다리가 튼튼하지 못했거든요. 뒤에 처진 이 절름발이 꼬마 친구가 공동체 전체를 구원합니다. 그는 그 강에 떨어진 사람들을 도움으로써 차별화됩니다. 강물이 거울과 같은 장소에서, 그들의 머리카락은 직모이지만, 떨어져 물결에 휩쓸린 사람들은 곱슬머리입니다. 경이로운 창립신화가 아닙니까? 이제 노아의 홍수 이야기는 그것과 그리 다르지 않습니다만 폭력을 제거합니다. 그러고 보니, 노아 빼고는 모든 이들이 죽었다는 점에서 폭력이 없지는 않네요.

---

* 프랑스의 인류학자. 역자 주.

이것이 모방적 위기입니다. 그것이 무시무시한 것이 되는 순간이면서 동시에 그것의 반전이 되는 순간입니다. 희생자를 하나 만들고 다른 모든 이들이 살아남는 대신에, 창세기에서는 모든 이들이 죽고 오직 한 명만 살아남게 됩니다. 이것이 제가 말씀드리는 홍수의 이야기 속의 사실이자 성서 속의 사실입니다. 그러므로 우리는 실제로는 똑같은 것을 다루고 있는 겁니다. 왜냐하면 그것은 창립자이고 신이자 지도자인 그 사람과 구원받은 많은 사람들 사이의 대립을 강조하는 반전이기 때문이죠. 그렇기에 그것은 수정된 아주 분명히 신화적인 이야기입니다. 그렇지만 성서가 신화적이라는 말은 아닙니다. 성서는 천천히 신화학에서 벗어나고 있으며 성스러운 폭력을 점점 더 제거해나가고 있습니다. 어떤 것이 성서의 첫 부분에 있다는 것이 마지막 부분에 있는 본문 보다 실제로 더 오래되었다는 것을 뜻하는 것은 아니니까요. 그럼에도, 성서의 어떤 본문들을 다른 본문들과 구분하는 방대한 역사적 시간span이 있습니다. 성서의 위대한 본문들은 폭력에 맞서고 있습니다. 이들은 성서의 영감이 지닌 독특성이 가장 강한 본문들입니다. 이들은 비폭력에 대한 본문입니다. 제 생각으로 가장 오래된 본문들은 대홍수와 같은 신화학, 신화학에 가장 가까운 것들입니다. 그렇지만 우리는 그것을, 여전히 제 자리에 있는 일부 신화적 요소들을 가진 신화학으로부터 역동적으로 벗어나는 것으로 보아야 합니다. 그래서 앞서 언급한 것처럼, 우리는 성서를 신화학에 맞서는 방안으로 사용해서는 안 됩니다. 성서는 그런 것보다 훨씬 더 복잡합니다.

SB: 간단히 우리의 여정을 되짚어 보죠. 교수님은 가인과 아벨의 이야기에서 두 가지가 있다고 하셨습니다. 하나는 아벨이 살해당한 것이고 두 번째는 최초의 문화 창립자인 가인입니다. 이들 두 개의 주제가 어떻게 연결되는지 설명을 부탁드립니다.

RG: 이들 두 주제는 모방이론의 견지에서 연결됩니다. 모방이론에서는 사람들이 한 가지를 욕망하는 곳에서 위기가 있으며, 궁극적으로는 그들이 모두 함께 싸우게 됩니다. 똑같은 것을 욕망하는 경향은 모든 이들의 적이 되는 한 명의 희생자를 선택하려는 열망으로 탈바꿈하는데, 이 희생자는 모든 경쟁자들에게 미움을 받습니다. 왜냐하면 우리가 같은 대상을 갈망할 때는 절대로 서로 잘 지낼 수 없거든요. 우리는 항상 나뉘게 됩니다. 그렇지만 사람들을 미워하기 시작하면 만일 누군가가 다른 누군가를 미워한다면 우리는 적을 공유할 수 있게 됩니다. 욕망되는 대상을 공유할 수는 없지만, 적을 공유하는 것은 기가 막힌 인간의 스포츠입니다. 그것을 정치라고 부릅니다. 이것은 아주 초기에 신비롭게 일어나는 것입니다. 그러고 보니 그리 신비롭지는 않네요. 만일 모든 이들이 한 희생자에 맞서서 연합하면 그 희생자를 죽일 것이고 적어도 아주 잠깐 동안은, 그 공동체에 적이 없을 겁니다. 모든 사람들은 친구가 될 것이고, 물론 그 공동체는 감탄하겠죠 그 공동체는 무슨 일이 일어나고 있는지 이해하지 못합니다. 공동체의 폭력은 공동체를 크게 움직입니다. 그것이 그리스인들이 부르는 카타르시스이며, 사람들은 살인을 저지르고서는 잠시 멈춥니다. 불행히도, 이런 평화는 영구적이지 않습니다. 그 효과는 잠시 동안에는 지속되겠지만 영원할 수는 없어요. 그들이 아는 것은 희생자 때문에, 함께 그 희생자를 죽임으로써 화해해 왔다는 것이죠. 그래서 전 그것이 인간이 한 최초의 "지능적" 움직임이라고 봅니다. 사람들이 왜 또 다른 희생자를 함께 죽이지 못하겠습니까? 그러므로 신중하게 희생자를 선택하게 되고 그 희생자를 엄숙히 죽입니다. 이것이 우리가 희생이라고 부르는 제도입니다.

SB: 그 살인이, 즉 가인이 아벨을 죽이는 그 기원적인 살인이 벌어진 이유는 가인이 하나님께서 아벨을 더 사랑하셨다는 것을 시샘했기 때문이라고 말할 수 있을까요?

RG: 맞습니다. 이것은 다른 인간들에게 굉장히 적대성을 보이는 인간의 근본적인 시샘의 표현입니다. 제가 모방적 경쟁이라고 부르는 것을 우리는 부러움이나 질투로도 부를 수 있습니다. 이게 바로 그것이 의미하는 것입니다. 부러워한다는 것이 무엇입니까? 그것은 다른 누군가는 소유하지만 당신은 그러지 못하는 대상을 욕망하는 겁니다. 그래서 부러움은 아주 확실한 모방적 욕망입니다. 모방이론은 우리에게 그 부러움의 탄생과 그것이 인간 사회에서 믿을 수 없이 넘쳐나는 것을 보여주고 있습니다. 사람들은 항상 다른 사람들은 소유하지만 그들은 소유하지 못하는 것을 욕망합니다. 희생적 폭력은 유익한 두려움을 만들어 내며, 동시에 그것의 효과를 영속화시킬 욕망을 양산해 냅니다. 그렇지만 그 효과를 영속화시키려면 그것을 다시 실행해야 합니다. 그래서 희생은 첫 번째 기술, 인간이 처음으로 한 문화적 창조인 것입니다. 그것은 순수한 창조가 아닙니다. 그것은 제멋대로 일어나는 모방인 것입니다.

SB: 그것은 하나님께서 희생을 요구하시는 것과 아브라함이 기꺼이 자신의 아들, 이삭의 생명을 앗아가는 것에서 나타납니다.

RG: 희생에 대해 제일 먼저 깨닫게 되는 것은 희생이 다를 수 있다는 겁니다. 누구를 희생하겠습니까? 왜 그런 특별한 제물들을 선택할까요? 우리는 두 가지 형태의 희생이 기본적으로 있다는 것을 압니다. 인간의 희생과 동물의 희생이지요. 곡식 제물도 있지만 이것은 제가 볼 때 조금 경미한 것입니다. 왜일까요? 우리가 제일 먼저 죽임을 당한 이와 비슷한 제물을 고르고자 하기 때문입니다. 그런데 왜 동물을 선택하나요? 그 이유는 우리가 더 폭력적이 될수록, 우리는 더욱 폭력을 없애고 싶어 하기 때문입니다. 희생은 그런 기능을 합니다. 희생은 공동체 속의 폭력을 감소시킵니다. 희생은 창의적입니다. 보세요, 인간 같은 동물을 왜 희생시키지 않겠습니까? 많은 희생적인 사회는 동물들을 희생시키기 전에 그들을 그 공동체 안에서 자리 잡게 한다는 것을 우리는 잘 알고 있습니다. 그들은 그 동물들을 더 인간처럼 만들고 싶어 합니다. 그들은 인간과 동물 사이의 거리를 좁히고자 합니다. 왜냐하면 아마도, 인간을 희생시키는 것이 더 낫지만, 동물을 희생시키면 우리가 인간 제물을 죽이지 않아도 되므로 그 제물을 가능한 한 인간처럼 만듭니다. 그 희생제물을 공동체 속에서 찾습니다.

문화의 발전 속에서 대단한 역할을 해 온, 가장 위대한 인간의 제도 가운데 하나는 동물을 길들인 것입니다. 전 동물을 길들이는 것이 희생의 열매라고 봅니다. 만일 우리가 영양같이 길들일 수 있는 동물들을 선택하고 그들을 무리로 만든다면, 우리는 그들을 인간으로 만드는 것입니다. 이제 우리는 길들일 수 없는 동물들이 있는 그런 수많은 제도들이 있다는 것을 압니다. 예를 들면 일본 북쪽에 사는 아이누Aini 사람들에게는 곰의 제의가 있었습니다. 그들이 어미 곰을 잡으면 어미 곰은 죽이지만, 새끼는 남겨두는 것을 아십니까? 그들은 인간의 아이들과 그 새끼들을 함께 키우고 그 새끼는 덩치가 더욱 커지게 되죠. 그러다 어느 화창한 날, 그들은 거대한 제물을 가지고는 그 곰을 조상들에게로 돌려보냅니다. 그들은 그 곰을 섭취합니다. 만일 그 곰을 길들일 수 있었다면 가축이 되었겠죠. 공동체 속에서 동물을 기르는 것이 가져다주는 이점이 무엇이 있을까요? 그것은 더 부드러운 고기를 가지려는 욕망이 아닙니다. 그것은 가축화가 성공하기 이전에는 생각할 수 없는 것입니다. 그러므로 가축화의 개념은 경제적인 것이 아님을 볼 수 있습니다. 경제적인 관점에서 생각하는 사람들은 자신들이 아주 현실적이라고 생각하지만, 오히려 진실은 그 반대입니다. 가축과 같은 것이 없었다면, "우리가 이 동물들을 대대로 우리가 키운다면, 이들이 더 쓸 만하게 되지 않을까?" 아마도 이렇게 혼잣말을 하면서 스스로 동물을 길들이려는 생각을 상상할 수 있을까요? 아니오, 분명히 아닙니다. 그러니까 오직 희생과 같은 것들만이—또 하나의 제도, 종교적인 것—동물을 길들이는 것을 설명할 수 있습니다.

SB: 레위기는 희생과 속죄를 말하고 있습니다. 그것은 염소goat와 관련되어 이루어집니다. 바로 거기에서 우리가 희생양scapegoat이라는 용어를 갖게 된 것이죠. 그렇지 않나요?

RG: 그렇습니다. 희생양이라는 용어는 아주 흥미롭지만 그 용어 자체로는 딱히 그렇지는 않습니다. 유대교 대제사장은 염소 두 마리를 받습니다. 그는 그 중에서 하나를 선택해서 그 염소의 머리에 자신의 손을 얹고는 공동체의 죄악을 그 염소에게 옮깁니다. 그렇게 되면, 이런 죄를 완전히 없애기 위해서는 그 죄가 염소 속으로 들어간 후에, 모든 사람들이 그 염소를 광야로 쫓아내어 버립니다. 많은 문서들을 보면 그 염소가 결국에는 광야에서 죽게 될 것이라는 것을 잘 알죠. 그것이 희생양이라는 단어의 원래 의미입니다. 희생양이라는 단어의 두 번째 의미는 프레이저가 만들어 낸 것인데, 모든 제의들이 이것과 비슷하기 때문입니다. 사람들이 죄나 어떤 공동체의 모든 나쁜 측면들, 모든 문화적 더러움, 사회적 더러움을 희생양에게 뒤집어씌우고 나서는 그 희생양을 축출하고 대개의 경우 그 희생양을 죽입니다. 희생양이라는 단어의 세 번째 의미는 더 현대적인 것입니다. 우리가 매일 사용하는 언어로, 언제나 그렇듯이 희생양이라는 단어는 모든 사람들이 싫어하는 어떤 희생양을 지칭합니다. 그 희생양이 무고하더라도 말입니다. 사전을 찾아보면, 희생양의 세 번째 의미는 파생된 의미, 비유적 의미이며, 문자적 의미는 성서의 희생양입니다. 그렇지만 전 이 순서를 거꾸로 돌립니다. 그 현대적 의미는 실제로는 그 제도의 의미라고 말하고 싶어요. 근본적인 사회심리적인 의미로서, 사람들이 희생양을 쫓아내는 이유는 그 공동체 내부에서 문제가 있어서 그들이 언제나 그 문제를 해결하고자 하기 때문입니다. 그래서 희생양은 모든 희생을 위한 상징으로 볼 수 있습니다. 희생이론에 대한 제 모든 것이 거기에 있습니다. 우리는 언제나 희생양들을 내어 쫓습니다. 희생자 하나를 죽임으로써 우리는 그 공동체 속에 있는 모든 악한 것들을 죽이고 있는 것이라고 생각하기 때문이죠. 만일 우리가 오염되어 그 희생양이 유죄라고 믿는다면, 그것이 통할 겁니다. 그것은 우리를 더욱 평화롭게 합니다. 우리가 그것을 계속해서 하는 이유가 여기에 있어요.*

희생양에게 죄가 있다고 믿는 한, 희생양을 선택하는 것은 흥미로운 일입니다. 왜냐하면 희생양은 수컷이거든요. 페미니스트들은 가부장적 사회 속에서 어떤 것이 갖는 여성적인 의미는 항상 나쁘다고 말합니다. 그렇지만 희생양을 선택할 때 그 희생양은 숫염소he-goat입니다. 숫염소가 더 나쁜 것이죠. 숫염소는 나쁜 냄새가 나지만 암염소는 그렇지 않습니다. 숫염소는 다루기 힘든 성욕을 갖고 있습니다. 항상 발정이 저 있고 더럽습니다. 그래서 우리가 희생양이라고 부를 때, 그것이 바로 이것이 의미하는 것입니다. 그 동물이 비호감이라는 사실로 우리의 모든 범죄를 그 동물에

---

* 영어에서 "희생양(scapegoat)"라는 용어의 문헌적 역사는 다음의 책에서 찾을 수 있다. David Dawson, *Flesh Becomes Word: A Lexicography of the Scapegoat* (East Lansing: Michigan State University Press, 2012).

게 전가시키기 쉽게 만들죠. 그것이 바로 희생양만들기가 우리에게 의미하는 바입니다. 우리는 이미 그 제의의 해석을 시작했습니다. 제의적 본문은 그런 것들을 말하지 않습니다만, 우리가 이 세 번째 의미를 희생양이라는 단어에 접목시킬 때는 그 제의를 올바르게 모방적 방식으로 해석하는 것입니다. 이것은 가장 중요한 것이며, 제가 보기에 우리가 모두 모방이론을 이해하고 있다는 것을 보여줍니다. 또한 이것은 모방이론이 순전한 상식이라는 것도 말해줍니다. 제가 말해드린 것처럼, 만일 우리가 정말로 희생양이 가지고 있는 이 세 가지 의미를 중재했다면, 우리는 모방이론을 즉시 재구성했을 것입니다.

다른 말로 한다면, 우리의 세상 속에서 우리에게는 여전히 희생양이 있으되, 공동체의 문화적 더러움을 지속적으로 축출시키는 제의적 희생은 없습니다. 희생적 체계는 쓰레기를 비우는 위생체계와 비교되어야만 합니다.* 그런데 문화적 쓰레기, "인간 쓰레기"와 폭력은 어떻습니까? 우리에게는 더 이상 그런 것이 없지만, 그 질문은 왜 있을까요? 그렇지만 희생양의 세 번째 의미는 이것을 아주 쉽게 설명해줍니다. 우리는 희생양이 대리자라는 것을 알고, 우리가 이웃을 두들겨 패고 싶어 하는 것을 알게 되면 그 불쌍한 염소에게 폭력을 휘두르는 것이 부끄러워집니다. 이 현대 세계에서 우리에게 더 이상 희생체계가 없는 이유가 바로 이겁니다. 우리는 그것을 아주 잘 압니다. 제가 보기에 우리가 그것을 잘 아는 이유는 기독교의 영향입니다.

SB: 그런 변화가 언제 일어났나요?

RG: 복음서 속에서요. 실제로 그런 변화는 유대교 성서 속에 있는 위

---

* 이런 비유는 다음의 책에서 찾아 볼 수 있다. Jon Pahl, *Empire of Sacrifice* (New York: New York University Press, 2010), 20.

대한 이야기들 속에서 벌써 일어나고 있습니다. 신화 속에서는 희생양에게 항상 죄가 있습니다. 그렇지만 요셉의 이야기 속에서는, 요셉이 명백히 형제들의 희생양이 되었지만, 성서는 우리에게 그에게 죄가 있다고, 요셉이 형제들처럼 나쁘다고 하지 않습니다. 성서는 그런 이야기들을 만든 사람들이 바로 그 형제들이라고 합니다. 환언하면, 이런 이야기들은 절대로 신화가 아닙니다. 이 이야기들은 신화의 진실입니다. 희생양 현상은 그것이 무의식적일 때만 효과가 있습니다. "나에게 희생양이 있었다"고 우리는 절대 이야기하지 않습니다. 만일 희생양이 있다면 그 희생양에게 죄가 있다고 생각하게 됩니다. 신화들이 이야기하는 것이 이겁니다. 그렇지만 성서 본문들과 복음서들은 그 희생자가 그저 희생양이라고만 말합니다. 정말로 죄가 있는 게 아닙니다. 따라서 성서가, 특히 복음서가 무엇인가를 계시하고 있다는 것은 과학적 근거가 있습니다. 왜냐하면 복음서는 희생양이 무고하며 그리스도가 모든 희생양들 가운데 가장 결백하다고 더욱 더 드러내고 있기 때문이죠. 만일 인류학자라면, 신화와 복음서가 같은 구조를 가지고 있다는 것을 볼 수 있습니다. 희생양 제의로 끝나는 큰 위기가 있으며, 그 희생양은 신으로 탈바꿈됩니다. 이것이 신화의 진리이지만 복음서의 진리이기도 합니다. 신화와 복음서가 같은 이야기를 가지고 있으며 같은 종교를 가지고 있다고 인류학자들이 말하는 이유가 바로 이겁니다. 그 차이를 알기 위해서는 희생양이 무엇인지를 알아야 합니다. 그리스도인들은 수년 전부터 이 일을 해왔어야 하지만, 자신들이 무엇을 하는지도 모르는 인류학자들을 두려워하고 있습니다.

우리가 이 모든 사례들 속에 있는 희생양들을 다루고 있기 때문에, 인류학자들은 모든 신화들이 잘못되었다는 것을 알아야 합니다. 그 이유는 그 신화들은 희생양에게 죄가 있다고 말하기 때문이에요. 이 신화들은 신화학의 기능을 수행하는데, 그 기능이란 것이 바로 무고한 이를 축출하는 것입니다. 그렇지만 그들은 그것을 모르고 있어요. 그들이 하고 있는 방식이 그겁니다. 반면, 복음서는 희생자에게는 죄가 없다고 말하죠. 우리의 세상 내부에서 예수의 수난의 본문을 일단 갖게 되면, 그것은 주위에 있는 모든 희생양들을 오염시키며 모든 집단적 희생들이 그리스도와 어느 정도 비슷해야만 한다는 것을 알게 합니다. 그 희생들은 아무런 이유도 없이 저주를 받습니다. 요셉, 욥 등등 무죄를 드러내고 있는 성서의 위대한 이야기들이 그 희생양 체계를 사방에 흩어 놓기 시작하는 이유가 바로 이것입니다. 그렇지만 기독교는 이방 세계를 침입할 때처럼 전면적으로 이것을 하고 있습니다. 희생양을 만드는 종교들과는 달리, 기독교는 그것을 약화시킵니다. 복음서가 있어서 희생양만들기를 약화시키는 겁니다. 그러므로 복음서는 우리에게 진리를 말해 주며, 우리는 그 진리를 원한다고 말합니다. 자, 우리는 그 진리를 가졌습니다. 그렇지만 실제로는 진리의 편에 설 수 없습니다. 왜냐하면 만일 우리가 진리를 가지고 있다면, 우리가 희생을 당한다는 뜻이기 때문입니다. 기독교의 세상은 그 속에서 고대의 방식으로 희생이 사라지고 있는 세상입니다. 희생은 다른 어떤 곳에서보다도 기독교가 자리 잡은 지역에서 사라집니다. "희생양"이 무고한 제물을 의미하는 것은 오직 기독교의 영역에서만 있는 일입니다. 일본에서는 사람들이 영어권의 세계를 사용해야만 합니다. 그들에게는 희생양에 해당하는 말이 없습니다. 이 현상은 일본학자들과 대화를 나눴던 것입니다. 이들은 희생양에게는 죄가 없다는 것에 동의하고 있습니다.

SB: 그들이 여전히 신화 속에서 살고 있다는 뜻인가요?

RG: 그렇기도 하고 아니기도 합니다. 왜냐하면 우리처럼 그들도 현대 세상에서 살고, 그들 역시 오염되었기 때문입니다. 그들은 희생제물들이 무고하다는 것을 아주 잘 압니다. 그들은 이것이 원래 종교적 지식이라는 것을 깨닫고 있지 못합니다. 그렇지만 그들은 자신들의 신화를 비판합니다. 우리가 사는 현대의 세계 속에 있는 서구 문화가 모든 이들에게 영향을 주었습니다. 모든 사람들은 기본적으로 기독교 문화 "속에" 있습니다. 그들이 모르고 있을 뿐이지요. 그리스도인들이라고 더 잘 알고 있지는 못합니다.

이것이 바로 제 연구 속에서 저를 가장 흥미롭게 한 부분입니다. 진정으로 변증적인 부분이지요. 왜냐하면 사람들이 이렇게 말하니까요. "오, 지라르씨, 그 사람은 종교적인 사람이고 종교를 우위에 두고 있어서 그와는 어떤 것을 놓고 토론할 수 없습니다." 전혀 그렇지 않습니다. 제 모든 추론은 순전히 구체적인 관찰에서 나옵니다. 제가 희생양, 특히 그리스도가 무고하다고 말하면, 그냥 복음서의 그 본문을 보면 됩니다. 그게 맞지요. 희생양이 무고하다는 것과 오이디푸스가 무고하다는 것은 기독교적 단언이 아닙니다. 어떤 학자라도 해야 하는 관찰일 뿐입니다. 그렇지만 그들은 그것이 가진 중요성을 모릅니다. 오이디푸스에게 죄가 없다고 말하면, 더 이상 정신분석을 믿을 수조차 없으리라는 것을 그들은 이해하지 못해요. 현대 세계가 통째로 연기처럼 사라지게 될 겁니다.

그렇게 되면 기독교가 옳다고 이해하겠지요. 그렇지만 몇몇 사람들은 그걸 이해하려들지 않습니다. 그들은 스스로 반복을 거듭하고 있어요. 그들은 완전히 신화학적으로 생각하고 있는 겁니다. 그들은 제 추론이 종교적이라고 단언하면서 그것을 계속하고 있습니다. 저는 이렇게 말합니다. "제가 말하는 곳 어디에서 종교적인 추론을 찾을 수 있나요?" 그들은 이렇게 답하죠. "그렇지만 당신의 결론이 종교적이잖소." 제 결론이 종교적이라는 건 맞지만, 순전히 인류학적 시각에서 온 것입니다. 모든 이에게 저주를 받은 그 희생자, 그리스도가 무고하다는 사실에 직면하지 않습니다. 그렇게 말하는 것은 복음서들이지, 그를 죽이는 사람들이 아닙니다. 신화가 살인자들의 입장을 대변한다면, 복음서는 그렇지 않습니다. 그 본문은 다릅니다. 그래서 우리는 그것이 진정한 신의 계시임에 틀림없다고 말할 수 있는 것입니다. 궁극적으로 우리는 그렇게 말해야 합니다. 그것은 인간에게는 없는 지식입니다. 인간에게는 희생양이 있죠. 그들은 희생양을 믿습니다. 바꾸어 말하면, 그들은 유죄의 귀속attribution을 믿습니다. 그들은 볼 수 없습니다. 슈바거Schawager와 뜻을 같이 하고 있는 이들 독일 신학자들은 결코 신뢰할 수 없습니다. 왜냐하면 이들은 슈바거에게, 예를 들면 희생양과 유죄의 개념이 신화가 아니라 성서 속에 있다고 말했기 때문입니다. 딱 그대로요! 그들은 자신들이 성서에서 찾을 수 있는 계시를 확증한다는 것을 이해하지 못합니다. 그래서 이렇게 말하죠. "오, 성서가 당신을 유죄로 만듭니다." 그렇지만 성서는 우리가 죄 없는 희생자들을 죽이기 때문에 우리에게 죄가 있다고 말하게 되는 겁니다. 그것이 바로 신화가 무엇에 대한 것인지를 보여주는 겁니다. 우리가 성서를 원망하는 이유가 이것이죠. 성서에서는, 이런 진리를 향한 움직임을 볼 수 있습니다. 왜냐하면 처음부터 실제로 그것이 신화적 측면이 있는 진리이기 때문입니다.

예를 들면, 희생양의 의식이 있는데요. 그 속에서 염소가 우리의 모든 죄를 가져갈 것이기에 염소를 쫓아낸다면 우리가 더 나아질 것이라고 믿는 겁니다. 물론 이것은 신화적입니다. 이것은 고대의 의식이며, 아주 보수적인 성서가 우리를 위해 보존해 준 것입니다. 이것은 아주 좋은 것이에요. 왜냐하면 우리가 성서를 어떻게 읽어야 할지를 안다면 우리의 이해를 돕기 때문입니다. 성서는 신앙의 형태에서 그 반대의 것으로, 즉 그것이 모두 하나의 환상이라는 자각으로 우리를 이끌어 주는 역사적인 궤도입니다. 그래서 우리가 종교의 탈신화화라고 부르는 것은 성서적인 겁니다. 성서는 모든 종교를 탈신화화하고, 희생자들이 무고하며 사람들이 그것을 깨닫지 못한다는 것을 보여줍니다.

SB: 모리아 산의 아브라함과 이삭의 이야기로 돌아가 봅시다.*

RG: 이것은 엄청나게 중요한 겁니다. 왜 이 이야기가 거기에 있을까요? 성서는 본질적으로 역사적입니다. 성서는 하나님과 인간의 관계의 역사, 더욱 진리의 과정적인 계시를 보여줍니다. 그러니까, 처음에는 희생뿐만이 아니라 장자firstborn의 희생도 있었습니다. 성서의 첫 번째 책은 장자의 희생이라는 주제 속에 진정으로 푹 빠져있는데, 이것은 진짜입니다. 이삭의 희생은, 저는 비희생이라고 불러야겠지요, 장자의 희생에서 동물의 희생으로 바뀌는 겁니다. 바로 이것이 그것이 무엇에 대한 것인지를 보여줍니다. 신神이 내린 그 명령은 옛 종교입니다. 옛 종교는 인간이 자신들의 첫아들을 희생시킬 수밖에 없다는 의미에서 옳았습니다. 우리는 세계 곳곳에서 장자의 희생이 일어났었다는 것을 압니다. 우리는 신에게 장자를 희생으로 드렸던 인디안 종족이 있었다는 것을 압니다. 카르타고인들, 페니키아인들, 이 모든 사람들이 유아희생제물을 드렸습니다.

SB: 희생은 모든 인간 문화에 있어 고유한 것으로 보이네요.

RG: 그렇습니다. 한동안, 포스트모더니즘의 위대한 광기가 지배한 약 10~20년 동안에는 많은 이들이 인간희생이라는 개념을 없애고 싶어 했습

---

* 창세기 22:1-19.

니다. 이들은 특히 페니키아와 같은 곳에서의 인간의 희생은 고대 문화보다 우월하다는 것을 뽐내고자 했던 서방의 제국주의의 창조물이라고 말했습니다. 전 그것을 아주 많이 들었습니다. 다행히도 고고학이라는 학문이 있어요. 페니키아의 위대한 식민지의 수도, 카르타고가 무력의 로마를 위협하고도 남았는데, 최근에 동물들과 아이들의 시신이 한데 묻혀 있는 온전한 무덤들이 발견되었습니다. 이것은 그 사회에서 유아희생이 있었음을 확증해 주고 있습니다. 여기서 다시금, 19세기의 소설들이 더 좋습니다. 플로베르는 카타르고에 관한 책을 썼는데, 이 책은 사랑에 빠진 카르타고 왕자에 대한 역사적 영화 같은 것입니다. 그런데 그는 몰렉 신에게 제물로 바쳐진 아이들에 대해서 한 장을 할애합니다. 그 당시의 학자들은 유아제물을 믿지 않았습니다. 그것은 말이 안 되는 겁니다. 서구의 환상이죠. 그들은 "사실이 아니다"라고 말했죠. 그렇지만 완전한 실제 이야기였습니다. 플로베르가 옳았죠. 유아희생이 그곳 전역에서 일어났던 겁니다. 성서는 유아희생이 사라지는 것에 대해 이야기하는 본문입니다. 성서는 왜 그것을 말하고 있을까요? 그것이 그 본문의 위대함인 것입니다. 성서는 아무것도 숨기지 않습니다. 성서는 아브라함이 하나님께 순종했다고 말합니다. 그는 옛 관습들을 따릅니다. 그는 전통주의자입니다. 그는 규칙을 따릅니다. 그것은 이곳을 변화시키는 전통 그 자체입니다. 이 본문의 위대함은 키에르케고르가 말하는 것처럼 독립된 사례, 어떤 마법적 경험이 아닙니다. 아이를 바치라는 아브라함에게 내렸던 명령은 특별한 한 명에게 내린 명령이 아닙니다. 그것은 문화적 변화에 관한 것입니다. 그것은 아브라함의 시대에서, 아브라함과 함께 바뀌는 옛 문화입니다. 아브라함은 거대한 변화의 상징으로, 이것은 인간과 아이의 희생에서 동물의 희생으로 바뀝니다. 그것은 문명 속의 거대한 과정의 신호입니다.

SB: 창세기에 있는 다른 이야기를 봅시다. 이삭, 야곱, 에서의 자녀들은 태속에서 서로 싸웁니다. 이것은 모방적 경쟁의 또 다른 이야기인 것이죠?

RG: 물론입니다. 그 아이들은 쌍둥이였으니까요. 위대한 프랑스 인류학자 레비-스트로스를 언급해 볼게요. 그는 프랑스 아카데미에 있던 제 동료였습니다. 그렇지만 그는 구조주의자로서 언어가 오직 이름의 차이일 뿐이라고 믿었는데, 이것이 맞습니다. 사물은 그들에게 다른 이름을 부여함으로 달라져야 합니다. 그래서 그는 언어는 차이 없음$^{non-difference}$, 즉 차이가 죽었음을 표현할 수 없다고 말합니다. 그렇지만 이것은 옳지 않습니다. 왜냐하면 언어는 은유적이거든요. 언어는 다른 어떤 것을 의미하기 위해 어떤 대상들을 사용합니다. 세계의 대부분의 문화 속에서, 그리스 문화 속에서, 쌍둥이는 두 명의 싸움을 상징하는 겁니다. 쌍둥이를 포함한 많은 비극들이 있지 않습니까. 성서에도 있는 겁니다.

야곱과 에서가 말하고 있는 것이 바로 그겁니다. 왜 쌍둥이일까요? 쌍둥이의 경우에는 누가 먼저 태어났는지 말할 수 없기 때문에 누가 유산을 상속하게 될 것인지를 모릅니다. 따라서 그들은 싸웁니다. 그러니까 이것은 비유 이상의 것이죠. 아마도 무엇보다도, 그것이 현실입니다. 우리에게 쌍둥이가 있으면 우리도 갑작스럽게 문제에 휘말립니다. 쌍둥이가 자주 도시들의 설립자가 되는 이유가 이것으로, 그들 중 하나가 죽임을 당하기 때문이에요. 가인과 아벨은 일종의 쌍둥이입니다. 로물루스^{Romulus}와 레무스^{Remus}도 서로 죽입니다. 그렇지만 성서와 로마 신화 사이에는 큰 차이가 있습니다. 로마 신화는 로물루스가 레무스를 죽이는 것이 옳다고 합니다. 성서는 가인이 틀렸다고 합니다. 그는 이런 질문을 받습니다. "네 동생에게 무슨 짓을 했느냐?" 우리는 이것이 자연스럽다고 봅니다. 우리는 똑같은 것을 물을 수도 있습니다. 그렇지만 가인의 이야기와 똑같은 것을 말하고 있는 신화를 찾아보세요. 하나도 없습니다. 그래서 전 그것이 전혀 신화가 아니라고 말합니다. 그것은 이 둘이 무엇에 대한 것인지를 설명하는 겁니다.

성서는 신화학과 아주 근접하지만 계속해서 항상 신화학 보다는 더 미묘한 방식으로 되돌아오고 있습니다. 성서는 신화 속에 나오는 쌍둥이 가운데 승리하는 자와 함께 서지 않습니다. 그는 항상 폭력의 무의미함을 숭배하는 경향이 있습니다. 그렇지만 그것은 굉장히 조심스럽게 신화와 비교됩니다. 쌍둥이, 폭력 그리고 구별이 정말로 무엇을 의미하는지 안다면 성서가 더 통찰력 있다는 것을 보게 됩니다. 우리는 성서가 더욱 통찰력 있다는 것을 볼 수 있습니다. 신화가 가지지 못한 지식을 드러내는 무수한 세부적인 것들을 찾을 수 있습니다. 그런데 이 지식은 그곳에서 만들어지는 가운데 있습니다. 몇몇 사람들은 여전히 쌍둥이들을 싸우게 만드는 무엇인가가 있다고 믿는데, 이것이 쌍둥이 출산^{twinning}입니다. 가끔 제가 강의를 할 때는 쌍둥이에 대해 이야기 하는데 어머니들은 "오, 우리 애들도 쌍둥이에요"라고 말합니다. 전 이렇게 말합니다. "제가 말하는 건 진짜 쌍둥이가 아닙니다." 전 서로 닮고 동시에 태어나서 뭐가 뭔지 결정할 수 없는 것을 말하는 문화가 보여주는, 상상의 쌍둥이에 대해 말하는 겁니다.

5장 · 유대교 경전을 해석하기

SB: 야곱의 아들들의 이야기와 그 이야기가 갖는 중요성에 대해, 특히 요셉에

초점을 맞추어 보도록 하죠.

RG: 그 이야기에서는 12명의 아들이 나오는데요, 10명이 한 어머니에

게서 났습니다. 그러면 어린 두 아들, 요셉과 베냐민이 남습니다. 이들은

야곱이 더 좋아했던 라헬이라는 어머니가 낳은 아들입니다. 이 이야기는

12명의 형제들 사이의 관계, 특히 10명의 형들과 요셉 사이의 관계를 말

해주는, 아주 중요한 모방적 주제로 시작합니다. 요셉은 형제들보다 훨

씬 믿을 수 없을 정도로 재능을 타고났습니다. 야곱은 요셉을 제일 좋아

했고, 인간의 무리에서는 불가피하듯 다른 형제들이 요셉을 시샘합니다.

어디에나 시샘이 많은 사람들이 그러는 것처럼, 이 형제들은 요셉에게 집

단폭력을 휘두르게 되지요. 고대의 신화나 종교에서는, 샘 많은 경쟁자들

이 자신들의 형제를 희생양으로 만들게 되고, 그에게 모든 죄가 있다고 따

지면서 그를 죽이고자 합니다. 요셉의 경우, 결국 그들은 요셉을 죽이지는

않습니다만, 그를 이집트로 가는 상인에게 노예로 팝니다. 요셉은 노예로

팔립니다. 그래서 요셉이 희생양이라고 말할 수 있겠습니다. 우리는 이것

을 희생양 현상으로 해석해야 합니다. 우리가 이것을 그냥 "가족"의 개념

으로 해석할 수 없기에 아주 중요한 것입니다. 이들은 아주 이상한 형제지

요. 10명의 형들이 자기 동생을 쫓아냅니다. 그렇지만 성서는, 특히나 요셉의 이야기는 주요한 문화적 이야기를 하고자 하는데, 그것은 어떤 무리 전체가 한 개인을 희생양으로 만드는 것입니다. 그래서 지금까지 우리가 이야기하고 있는 아주 좋은 사례가 되는 겁니다. 바로 그 무리 속에서 모든 이들에게 미움을 받는 개인의 추방인 것이죠. 이런 미움은 전염성이 강하지만, 분명히 근거는 없습니다. 아버지가 가장 좋아하는 아들 요셉 때문에 자신들이 찬밥신세를 면하지 못한다는 것 외에는 객관적인 이유가 없습니다.

SB: 그렇지만 요셉은 거만하고 자만하지 않았나요? 형제들이 자신에게 절을 하는 꿈을 꾸었습니다.

RG: 그렇습니다. 그런데 그 꿈은 사실입니다. 그 꿈은 앞으로 일어날 일이죠. 그러니까 요셉은 아무 것도 지어내지 않은 셈입니다. 요셉은 순전히 알지도 못한 채 이야기 한다는 의미에서 거만하지는 않습니다. 요셉은 자신의 미래가 더 우월하다는 것을 이야기합니다. 이 본문에 대해 아주 몇 명의 주석가들이 요셉을 향한 형제들의 불만은 정당했다는 생각을 진지하게 받아들이지만, 전 그렇게 생각하지 않습니다. 요셉에 대한 그들의 불만은 정당한 것이 아닙니다. 요셉은 그들에게 아무 것도 하지 않았습니다. 그는 아버지를 힘입어 형제들에게 자신의 영향력을 행사하려 들지 않았습니다. 요셉은 모든 일을 올바르게 합니다. 그러므로 그는 분명 집단적인 폭력을 당해야 마땅한 사람이 아니며, 희생양만들기라고 부르는 것이 바로 이겁니다. 우리는 무슨 일이 일어나는지 압니다. 그렇지만 형제들은 이해하지 못합니다. 그들은 정말 자신들의 불만을 믿습니다. 그들은 요셉이 마땅히 그런 일을 당해야 한다고 믿죠. 조금 복잡하지만, 마지막에 그들은 평소 원하던 대로 요셉을 죽이지는 않습니다. 그들은 그를 노예로 팔아 버립니다. 이것은 사형선고나 추방선고보다는 덜한 형태입니다.

요셉이 이집트에 도착하고 얼마 되지 않아 보디발이라는 사람이 그를 삽니다. 보디발은 아주 좋은 사람이고 요셉의 재능과 그가 양심껏 일하는 것을 알아봅니다. 요셉의 양아버지라고 할 수 있는 보디발은 금세 부를 얻습니다. 그는 모든 것을 요셉에게 위임합니다. 보디발은 요셉을 자신의 감독관우리가 무엇이라고 부르건으로 삼아 여행을 떠납니다. 보디발의 아내가 요셉의 성품을 알아보고 재앙이 일어나게 됩니다. 요셉과 사랑을 나누고 싶어 합니다.

그녀가 요셉에게 격렬하게 다가가자 요셉은 그의 옷을 그녀의 손에 둔 채 벗어나야만 했습니다. 기막힌 신비의 이야기들이 다 그렇듯, 그녀가 요셉에게 복수를 하고 싶어 하여 요셉의 옷을 보여주며 이렇게 말합니다. "제 손에 이 옷이 들려있습니다. 요셉이 정말로 나와 사랑을 나누고 싶어 했던 증거입니다." 요셉의 이야기와 아주 비슷한 그리스 이야기가 있습니다. 파이드라Phaedra의 이야기로서, 그녀는 자신의 의붓아들과 사랑을 나누고 싶어 합니다. 그렇지만 그리스의 이야기는 아주 다르게 진행됩니다. 그것은 신화에서 아주 빈번하게 나타나는 주제입니다. 그렇지만 성서가 다루는 방식은 신화적이지는 않습니다. 요셉이 보디말의 아내를 거부하자 그녀는 아주 화가 나서 자신의 고향사람들을 부릅니다. 그녀는 요셉이 자신을 겁탈하려 했다고 말하여 그들이 요셉을 감옥에 넣습니다. 감옥에는 이미 투옥되어 있던 중요한 바로의 부하 두 명이 있습니다. 한 명은 빵을 굽는 자이며 다른 한 명은 포도주를 만드는 사람입니다. 요셉이 자신들의 꿈을 해석하자 그들은 곧 친구가 됩니다. 오이디푸스가 신탁의 해석자인 것처럼 요셉은 꿈해몽가입니다. 꿈해몽가 요셉은 한 명이 사형선고를 받아 죽게 될 것이고 다른 한 명은 용서를 받아 바로에게 복귀될 것이라고 말합니다. 그의 말이 그대로 일어납니다!

아무튼 다시 복귀된 사람은 "요셉은 꿈으로 미래를 볼 수 있는 대단한 사람이므로 어서 감옥에서 나오게 해 주셔야 합니다"라고 말하지 않고 완전히 잊어버립니다. 요셉은 감옥에 남게 되는데 드디어 세 번째 등장인물이 나타납니다. 요셉은 그의 꿈을 해석해 주고, 이번에는 그가 요셉을 감옥에서 꺼내 줍니다. 그 후에 바로가 꿈을 꾸게 되고, 요셉의 도움을 얻은 세 번째 등장인물이 바로에게 이렇게 말합니다. "이 사람에게 꿈을 해석해 보라고 하십시오." 바로는 일곱 마리의 뚱뚱한 소와 일곱 마리의 야윈 소가 나온 자신의 꿈을 이야기합니다. 일곱 마리의 뚱뚱한 소는 칠년에 걸쳐 풍년이 있을 것이며, 일곱 마리의 야윈 소는 그 이후 칠년 동안 기근에 시달리게 될 것을 뜻합니다. 그러니까 뭘 해야 하냐면 풍년일 때 되도록 식량을 많이 저장해 두어야 하는 거죠. 쌓아둔 곡식은 이어지는 칠 년 동안의 기근에 사용하게 될 것으로, 이 모든 것이 요셉이 내다본 대로 일어납니다. 그들은 칠년 동안 풍부한 곡식을 저장해 두었다가, 이집트에서만이 아니라 근동 전체를 뒤덮는 기근이 시작되자 요청하는 사람들에게 곡식을 줄 수 있게 됩니다. 그런데, 이게 웬일입니까. 자신들이 무엇을 하고 있는지도 모르는 요셉의 형제들이 나타난 겁니다. 요셉은 그들을 알아보지만, 그들은 요셉을 알아보지 못합니다. 왜냐하면 그 당시에 요셉은 총리, 바로의 명령을 수행하는 2인자가 되어 있었기 때문이죠. 요셉은 바로의 경제업무를 모두 도맡아 합니다. 형제들은 곡식을 얻고 떠나가지만, 막내 형제, 베냐민을 데려오지 않았습니다.

막내인 베냐민을 알고 있는 요셉이 그들에게 이것을 묻습니다. 그들은 아버지 야곱이 아주 나이가 들었으며 막내 형제를 사랑한다고 대답합니다. 왜냐하면 불행한 일로 베냐민 위의 형요셉이 죽었기 때문에 아버지는 그를 더욱 사랑하게 된 것이죠. 야곱은 요셉을 곁에 두었으며 형제들은 만일 베냐민에게 무슨 일이 일어나면 아버지가 돌아가실 것이라고 두려워합니다. 그러자 요셉이 그들에게 이렇게 말합니다. "만일 다시 곡식이 필요하면 꼭 베냐민을 데리고 오시오. 그렇지 않으면 아무 것도 얻지 못할 것이오." 그리고 그 형제들은 팔레스타인으로 돌아가서 곡식을 먹습니다.

기근이 칠 년 동안 이어지자 그들의 곡식이 다 떨어지게 되고, 이집트로 다시 가기로 하죠. 물론 이번에는 베냐민을 데리고 갑니다. 요셉은 그들을 맞으며 다시금 그들을 알아보지만, 그들은 역시나 요셉을 알아보지 못합니다. 요셉은 그들을 환대하고 그들과 저녁식사를 함께 하며 그들에게 모든 것을 줍니다. 그들에게는 곡식을 가득 채울 가방 같은 것이 있었고 그들 모두 떠나게 됩니다. 그렇지만 요셉은 베냐민의 가방에 아주 값비싼 잔을 넣어 둡니다. 그리하여 형제들이 떠나 국경에 다다랐을 무렵, 모두 체포되고 수색을 당합니다. 물론 그들을 수색해보니 베냐민의 가방에서 그 잔이 발견되었죠. 수색자들이 형제들을 요셉에게로 데려왔습니다. 요셉은 무슨 일이 일어났는지 알고 있어서 그리 놀라지 않습니다. 왜냐하면 요셉이 처음부터 모든 것을 계획했거든요. 요셉은 이렇게 말합니다. "범죄자 베냐민을 제가 잡고 있을 테니 당신들은 떠나도 좋소. 제가 그를 알아서 처벌할 것이오." 다른 형제들은 이 제안을 받아들이지만, 유다는 아닙니다. 그는 일어나서 이렇게 말합니다. "그렇게는 안 됩니다. 베냐민이 죽기라도 하면 아버지께서 돌아가시게 됩니다. 동생 대신 저를 대신 붙잡아 가십시오." 유다는 베냐민의 희생을 대신하는 사람으로 자원합니다. 그때 요셉의 마음이 움직여서 형제들에게 자신의 정체를 드러내고 요셉이 형제들을 알고 있음을 이야기합니다. 요셉은 유다 때문에 열한 명의 형제들을 용서합니다. 유다는 그 상황을 모면하려는 유혹과 모든 형제들이 예상하는 요셉의 보복을 피하려는 유혹을 거부합니다.

이 이야기는 아주 강력합니다. 왜냐하면 요셉이 형제들을 일깨우는 것은 희생의 어떤 반전 같은 것이기 때문입니다. 그는 스스로의 목숨을 내어주고 무고한 사람의 희생과 아버지의 희생을 피하기 위해 희생을 당하고자 합니다. 그런데 모든 그리스도인들은 이 이야기를 그리스도를 예언한 것으로 봅니다. 물론 유다는 열두 형제들, 이스라엘의 열두 지파에 속한 그리스도의 직접적인 조상입니다. 유다는 유대 땅을 상징하는데, 이 땅은 그리스도가 태어나고 죽는 장소가 될 것입니다. 이 이야기는 아주 아름답습니다. 복수를 거부하고 희생을 포기하며, 희생을 하지 않도록 스스로를 희생시키는 것으로 바뀌기 때문입니다. 그리하여 나중에 일어나는 많은 주제들은 여기서 나타나는 기독교 속에서 굉장히 발전될 것입니다. 이 이야기는 희생에 맞서고 보복에 맞서며, 신화학 속에서 우리가 갖는 보복을 통한 화해라는 형태에 맞선 또 하나의 반신화counter-myth가 분명합니다. 이것은 폭력의 거부를 이해함을 통한 화해이며, 주로 유다가 이를 예표하고 있습니다.

유다는 폭력의 순환을 중단시킵니다. 그는 그것을 깨뜨리고 형제들 사이의 연합을 가져옵니다. 이전에는 한 번도 일어나지 않았던 일입니다. 그리하여 이 이야기의 처음부분에서 우리에게는 초석적 살해, 고대 사회의 창립적 살인이 있습니다. 이것은 모든 것을 희생시키는 세상의 창립인 것입니다. 결국 우리에게는 죽고자 하는 그리스도와 같은 인물이 있는데, 폭력의 끝없는 순환을 중단시키기 위해서 그는 실제로 죽지는 않지만 죽기를 불사합니다. 그리하여 어떤 면에서는 이 이야기가 성서 전체의 상징, 고대의 희생에서 기독교로 진화하는 상징이라고 말할 수 있습니다.

이것은 진정으로 복음입니다. 동시에 이것은 정말 신비로운 이야기입니다. 이 주제들이 예언의 세계 속에서 있다는 뜻입니다. 학자들은 이 이야기가 성서의 연대기 속의 상당히 후반부에 만들어졌다고 생각합니다. 그러므로 이것은 예언적이라고 이름붙일 수 있게 되며 위대한 예언자들의 정신에 속하게 됩니다. 그 정신이란 반(反)희생적인 것, 분명히 반(反)희생적인 것입니다. 희생이라는 개념은 변화하고 있습니다. 하나님은 연민과 동정을 원하시지 인간이나 동물의 희생을 원하지 않습니다. 이것을 호세아, 예레미야, 아모스, 미가 및 유대교 성서의 위대한 예언적 전통 속에서 찾아 볼 수 있습니다.

SB: 우리는 그것을 성서의 다른 이야기들에서도 봅니다. 욥은 정말로 반희생적인 이야기라고 보는데, 아닌가요?

RG: 욥기를 고대, 그리고 현대적으로 읽는다면 주로 욥기의 처음 두 장인 서론부분이, 주로 하나님이 사탄에게 욥에게 손을 대는 것을 허락하는 것에 대한 것임을 볼 수 있습니다. 그렇지만 욥기의 상당 부분은 세 친구들과의 대화입니다. 제가 보기에 그들은 친구가 아닙니다. 그들은 불행한 욥에게 집단적 폭력을 가하려고 하는 폭력집단의 시작입니다. 우리는 욥이 자신의 공동체 속에서 예외적인 역할을 하고 있는 몇몇 장들을 말할 수 있습니다. 욥은 실제로 오이디푸스처럼 그리스인들이 말하는 비공식적인 리더, 폭군이었습니다. 갑자기 공동체 전체가-아무런 이유도 없이-모방적으로 그에게 등을 돌리고서는 그를 희생양으로 삼습니다. 그는 그전날까지도 칭송받고 있었습니다. 그런데 이튿날 그들은 그에게서 등을 돌립니다. 이런 일이 예수에게도, 그리고 대부분의 히브리 예언자들에게도 일어났습니다. 고대 세계에서는 상당한 집단적 폭력이 있었습니다. 제의들이 이렇게 생깁니다. 그렇지만 성서는, 이런 일들을 신화적인 시각으로 보는 대신, 그 희생자의 유죄를 단언하는 대신, 그에게 죄가 없음을 말하고 있습니다. 욥기에서 욥의 친구들은 이렇게 말합니다. "당신에게 죄가 있소. 그러니 고백하시오. 당신의 죄를 고백하면 아마도 당신의 삶을 구원할 기회를 얻을지도 모르오." 오이디푸스와는 달리, 욥은 끝까지 자신을 공격하는 자들과 싸웁니다. 전 욥기를 요셉의 이야기처럼 반오이디푸스anti-Oedipus 본문이라고 말하고 싶습니다. 욥기는 희생을 해체하는 쪽으로 움직이며, 더욱 더 많은 사람들에게 쫓김을 당하는 희생자에게 죄가 없다는 암시를 항상 주고 있거나 분명히 말하고 있습니다. 그렇지만 이렇다고 사람들이 그 희생자에게 적대적으로 구는 것을 막지는 못합니다. 사람들은 희생양을 원합니다.

SB: 여기에 또 다른 이야기가 있습니다. 솔로몬 왕에 대하여 이야기해 봅시다. 솔로몬, 쌍둥이, 희생과 관련된 기가 막힌 이야기가 있습니다.* 모방이론의 전부가 거기에 있지 않을까요?

RG: 솔로몬이 막 보위에 올랐습니다. 두 명의 창녀가 나타나자 그가 정의를 실현합니다. 이들 창녀들은 모두 똑같은 이야기를 합니다. 각각 "나에게는 아이가 있는데 나랑 같이 사는 이 창녀도 아이가 있었습니다. 그녀의 아이가 죽은 날, 전 아이와 같이 자고 있었는데 이 여자가 오더니 죽은 아이와 산 아이를 바꿔치기 했습니다. 그래서 제가 죽은 아이를 갖게 되었고 그녀가 산 아이를 갖게 된 겁니다." 양쪽은 똑같은 이야기를 합니다. 유사점을 강조하기 위해, 솔로몬은 첫 번째 창녀뿐만 아니라 두 번째 창녀가 한 말을 반복합니다. 그리하여 우리에게는 네 번에 걸친 똑같은 본

---

* 열왕기상 3:16-28

문이 있습니다. 양쪽 입장에서 상황이 똑같다는 것은 의심의 여지가 없습니다. 솔로몬은 시종들에게 "칼을 가져오라"고 합니다. 그들이 칼을 가져오자 솔로몬이 이렇게 말합니다. "이 아이들 둘로 자를 것이다. 아이의 절반을 한 창녀에게, 나머지 절반을 다른 창녀에게 주는 것으로 너희를 화해시키도록 하마." 그러자 두 창녀 가운데 하나는 솔로몬에게 맞장구를 칩니다. "이것으로 제 경쟁자가 살아 있는 아이를 가질 수 없게 되었구나"가 그 이유입니다. 다른 창녀는 완전히 다른 반응을 보입니다. 이렇게 말합니다. "저 창녀에게 그 아이를 주세요. 전 그 아이가 사는 것을 바랍니다." 그녀의 첫 열망은 그 아이가 반으로 쪼개지지 않는 것을 보는 것입니다. 그녀는 아이의 목숨을 살리기 위해 아이를 잃고자 합니다. 그러자 솔로몬이 말합니다. "그 아이를 그녀에게 주어라. 그녀가 진짜 엄마다."

이 이야기는 정말로 심오합니다. 왜냐하면 우리는 진짜 엄마를 다른 관점으로 해석할 수 있기 때문이죠. 예를 들면 두 창녀가 밤새 살아 있는 아이를 뒤바꾸고 있었고, 근본적으로 누구의 아이가 살아 있는 아이인지조차 모른다고 가정할 수 있습니다. 그렇지만 그 아이를 마땅히 차지할 사람은 아이의 생명을 지키고자 하는 사람으로, 그녀는 아이에 대해 생각하지 그녀의 소유물로 생각하지 않습니다. 이것은 모방적 욕구의 이야기입니다. 그들 모두 똑같은 것을 원하고 있으며, 솔로몬은 어떤 어머니가 자신의 소유가 아니라 아이 자체에 관심이 있는지를 보는 방법을 찾은 것입니다. 이 이야기는 대단한 것입니다. 왜냐하면 우리에게 모방적 경쟁에 대한 모든 것을 이야기해 주고 있기 때문입니다. 이 이야기는 아주 놀라운 방식으로 그런 경쟁에 맞선 입장을 취하며 어머니의 사랑이 모방적 경쟁과는 정반대되는 것임을 보여줍니다. 이 이야기는 낭만적인 사랑의 소유보다는 아이에 대한 헌신의 이야기입니다.

이것은 무궁무진한 이야기들 가운데 하나입니다. 솔로몬의 심판이 제가 이해하는 모방적 욕구에 있어서 아주 큰 역할을 했다는 것을 기억해 보세요. 무엇이 똑같습니까? 두 여성입니까? 다른 점은 무엇입니까? 어떻게 그 아이를 향한 나쁜 창녀의 욕망을 특징지을 수 있을까요? 그녀는 그 아이를 원하는 것처럼 보이지만 언뜻 보기에는 그녀나 다른 여성에 반反하는 결정을 내릴 이유가 없습니다. 자신의 아이에 대한 어머니의 진정한 감정을 드러내게 될 어떤 시험을 찾아내어야 합니다. 그래서 이 이야기는 굉장합니다. 아주 대단한 것입니다. 이 이야기는 우리에게 모방적 욕구에 대한 모든 것을 말해주고 있습니다. 이 이야기의 끝은 그 날부터 계속해서 솔로몬의 조신들은 솔로몬이 인간을 넘어서는 지혜를 가졌음을 실감하게 됩니다. 이것이 그의 통치 초기에 있었던 일이었으므로 그들은 솔로몬에 대한 큰 존경심을 가지게 됩니다. 이 일은 솔로몬의 훌륭한 통치의 맨 처음이었지만 모방이론의 시각에서는 그것이 모든 것을 의미한다고 말하고 싶습니다.『태초부터 감추어져 온 것들』에서, 이 이야기는 중심에 놓여 있습니다. 제 좋은 친구는 이 이야기가 모든 책의 핵심이라고 유일하게 말해주었습니다. 실제로 그렇습니다. 그것은 기원이며 성서에 대한 제 응답의 시작이자 성서가 모방이론, 경쟁, 그리고 인간 속의 선과 악에 대해 독특한 것을 말해주고 있다는 제 생각의 시작입니다.

SB: 교수님은 여전히 이것을 인류학자로서 보고 있는 것이죠?

RG: 여전히 인류학자로서 보고 있습니다. 개입하고 있는 신은 없습니다. 데우스 엑스 마시나*deus ex machina**는 없습니다. 우리는 순전히 인간적인 지혜에 대해 이야기하고 있습니다. 같은 방식으로, 요셉의 이야기는 그

---

* 고전 그리스의 극적 연출에서, 신은 광주리 속으로 낮추어 내려와서 곤경을 면하게 하는데, 여기에서 이 *deux ex machina*란 용어가 생겼다("machine"에서 나온 신).

리스도를 예언하는 것이라서, 유다가 일신을 바치고 아주 놀라운 사람의 손에 떨어질 때 그리스도의 수난의 자리를 선언함으로 우리의 숨을 멎게 만듭니다. 그것은 또 다른 시험입니다. 두 본문의 유사점은 두 본문 모두 사람들을 시험에 두어 그들이 선한지 악한지를 보려는 것입니다. 이것은 아주 성서적입니다. 그것은 어떤 이들이 이것이 그리스의 지혜이거나 고대의 지혜와 같다고 말하는 곳에서 펼쳐집니다. 이런 것은 어디에도 없다고 봅니다. 왜냐하면 성서에서는, 인간관계의 기본적 폭력이 이해되고 다른 어느 곳에서도 찾아 볼 수 없는, 헤아릴 수 없는 방식으로 습득되기 때문입니다. 제가 보기엔 그렇습니다.

SB: 폭력으로 조금 돌아가 볼까요? 교수님께서 향하는 방향도 알겠고 어려운 본문들을 우리가 이해할 때 그것이 얼마나 중요하고도 필수적인 것인지도 알겠습니다. 그렇지만 하나님께서는 제멋대로인 인간에게 폭력적인 행동을 수반하는 분노의 하나님이라고 말하는 사람들이 수년 동안 있어 왔습니다. 그들은 성서에서 읽은 내용을 가지고 하나님께서 폭력적이라고 생각합니다.

RG: 이런 사람들은 성서를 잘못 읽고 있습니다. 우리는 역사적이고 유전적으로 성서를 읽어야 해요. 그들은 성서를 단일한 단원으로 여깁니다. 출애굽기의 하나님, 창세기의 하나님은 분명 위대한 예언자들의 하나님, 이사야의 하나님, 예레미야의 하나님과 같은 하나님은 아니거든요. 그래서 하나님을 어떻게 이해해야 하는지에 대해 변화가 있습니다. 그렇지만 성서를 흥미롭게 만드는 것은 이런 변화가 신화적인 정신, 고대 종교의 정신에서 성숙한 성서의 정신으로 변화한다는 겁니다. 성숙한 성서의 정신이란 유대교 성서에서 예언적 정신이라고 불리는 겁니다. 요셉의 이야기는 창세기에 있기는 하지만, 예언적 정신에 속한 것입니다. 성서에 관해 우리가 잘 모르는 아주 이상한 것들이 있을 수 있습니다. 학자들은 확신하지는 못하지만, 요셉의 이야기가 아주 후대의 본문일 것이라고 말하는 경향이 있지요. 이 본문은 창세기의 다른 본문들보다도 개념, 심리학 및 다른 차원들에 있어서 훨씬 세련되어 있습니다.

SB: 성서에서 하나님이 변하신 것인가요, 아니면 인간을 보는 하나님의 시각이 변했나요?

RG: 아닙니다. 변한 건 하나님이 아니에요. 진정한 하나님에 대해 배운 것은 인간이지만, 그보다 먼저 인간에게 희생들과 가짜 신들이 있었다면 진정한 하나님에 대해서 배우기만 한 것입니다. 하나님에 대한 잘못된 시각들이 있다고도 말할 수 있어요. 성서가 진정으로 종교의 역사라는 것에는 의심의 여지가 없습니다. 이 종교를 가짜 종교라고 말하긴 싫지만, 거짓 종교의 역사이자 희생의 종교의 역사입니다. 거짓이라는 것은 희생양을 선택하는 것, 희생자들이지만, 이런 희생들이 우리가 인간이라고 부르는 종이 살아남는데 있어 결정적인 역할을 했기에 우리는 이런 희생들에 반대할 수가 없습니다. 오늘날 우리가 살아 있는 것은 우리 조상들이 희생을 실천했다는 사실에 빚을 지고 있는 겁니다. 인간은 희생이 없었으면 스스로를 멸망시켰을 거예요.

SB: 이 내용을 젊은 남녀를 전쟁터로 보내어 우리를 자유롭게 해주기 위한 "희생을 한다"는 오늘날의 이야기로 가져와 봅시다.

RG: 여기서 두 가지 의미의 희생이 혼합되어 있습니다. 그들은 희생을 자기-희생self-sacrifce으로 사용하기 때문인데, 이것은 기독교에서 온 것이지요. 그렇지만 그들이 실제로 의미하는 것은 역시 적을 죽이는 것으로서, 이것은 옛 의미의 희생인 것입니다. 그러니까 거기에는 융합이 있는 것입니다. 우리는 그 요소들을 따로 떼어 내어 별도로 논의해야만 하며, 그런 다음 그들을 함께 묶어서 이 사람들이 말하고 있는 것과 행하고 있는 것이 고대 종교에 뿌리박혀 있다는 것을 깨달아야 합니다. 근본적으로 그것은 기독교적인 것이 아닙니다. 저는 나라를 위해 목숨을 버릴 때 "희생"이라는 단어를 사용하는 모든 부분이 나쁘다고 이야기하는 것은 아닙니다. 전 평화주의자는 아니에요. 나라를 사랑하는 것에 반대하지는 않습니다. 어떤 경우에서는, 외부의 침입이 있을 경우 나라를 위해 죽어야 할 수도 있습니다. 그렇지만 근본적으로 정치적인 경쟁이나 그런 성격을 띠는 전쟁과 기독교를 연관시킬 때는 아주 조심해야 합니다. 구체적인 용어로 모든 경우를 따져봐야만 하고 거기서 무엇이 중요한 것인지 보아야 합니다. 제가 판단할 수 있다고 말하는 건 아니지만요.

SB: 히브리 성서에서는, 레이번드 슈바거Raymund Schwager가 지적했듯이 국가, 왕 혹은 개인들이 공격하고 파괴하고 다른 이들을 죽이는 것에 대해 분명히 말하고 있는 구절이 무려 600개가 넘습니다.* 성서 기자들은 무제한적인 폭력에 대해 주저하지 않고 말합니다. 무제한적인 폭력만큼이나 성서에서 자주 언급되는 인간의 행동은 없습니다.

RG: 예를 들어 볼게요. 사사기는 아주 다르다는 것이 맞습니다. 글쎄요, 거기에 모든 것을 위한 여지가 있지요. 앞서 말한 것으로 돌아가 보겠습니다. 이들은 아마도 초기 본문들 가운데 일부일 것이라는 뜻입니다. 어떤 면에서 성서의 업적은 예언전승 이전에 최악의 근본주의자들이 살고

---

* *Must There Be Scapegoats?* (New York: Harper, 1987).

있었다는 것을 깨달을 때 가장 위대한 것이지요. 왜냐하면 성서는 회심의 지속적인 과정이니까요. 이 회심은 하나의 소리가 아니라 커다란 다수의 목소리를 갖습니다. 만일 그것이 성서에서 당연한 것이었다면, 성서는 성령께서, 하나님께서 가르치시는 인간 정신의 역사가 아니었다면, 만일 그것이 이야기를 말하는 것뿐만이 아니라 역사의 형태가 아니었다면, 만일 우리가 성서에서 그런 역사를 볼 수 없었다면, 성서는 지금보다 훨씬 가치가 떨어질 겁니다. 제 말을 아시겠어요? 모든 말씀을 계시되고 성스러운 것으로 여겨서 우리가 건드릴 수도 해석할 수도 없는 성서로 보는 시각으로 우리는 돌아갈 수 없습니다. 전 그런 것에 반대합니다. 아무튼 가톨릭 교회는 유대교 성서를 그런 의미에서 기록되었다고 여기지 않습니다. 가톨릭의 시각은 성서를 역사적으로 보는 것이며, 그래서 전 그들의 태도가 개신교 근본주의자들보다는 훨씬 현대적인 입장이라고 보는 겁니다. 교황 요한 바오로 2세는 진화이론과 성서 간에는 어떤 실제적인 갈등도 없다고 말했습니다. 갈등을 찾으려면 아담과 이브의 이야기를 완전히 문자적으로 해석해야만 하는데, 이것은 말도 안 되는 것이지요. 그게 웃긴 이야기라는 것 말고는 달리 할 말이 없어요.

지금 이것은 일반적으로 종교와의 문제는 아닙니다. 이것은 개신교 근본주의와의 문제이죠. 보세요, 아담과 이브의 서사는 상징적인 이야기이고 아주 강렬한 이야기입니다. 왜냐하면 그 이야기에는 모방적 욕망, 경쟁과 같은 것들이 있으니까요. 그렇지만 그것은 문자적으로 받아들여서는 안 됩니다. 모방적으로 읽을 때 더 문자적으로 가깝게 이해될 수도 있지만 말입니다. 제가 보는 것은 인간화 hominization*의 문턱이 틀림없이 있다는 겁니다. 제가 진화를 믿는 것은 종교적으로 진화를 믿기 때문이 아님

---

* 인류의 조상이 유인원에서 분기하여 직립 이족보행을 하는 진화적 과정을 말함. 역자 주

니다. 언젠가 이 이론이 폐기될 수도 있을지 전 신경 쓰지도 않습니다. 그렇지만 오늘날 우리는 인간의 모방적 힘이 커져서 이웃들과의 다툼을 갖게 될 때 인간화가 시작된다고 말함으로써 진화와 기독교를 쉽게 제휴시킬 수 있습니다. 다른 말로 하면, 인간의 공동체는 더 이상 자연스러운 것이 아닙니다. 인간의 공동체는 희생양 체계와 희생들에 기초한 종교적인 것이 되어야 합니다. 아마도 근본주의자들이 깨달아야 할 것은 근본주의를 비판하는 것은 기독교 그 자신이라는 것입니다.

SB: 다시 성서에 주목해 보죠. 제2이사야는 히브리 본문으로 우리가 가지고 있는 가장 중요한 저작들 가운데 하나입니다. 제2이사야에서는 네 장 혹은 다섯 장이 이것에 헌정되어 있는데요, 우리가 뭐라고 부르냐 하면—

RG: 종의 노래들이지요.*

SB: 모방이론에 대해서, 희생과 그 이야기에 대해 말씀을 부탁드릴게요.

RG: 고난 받는 종은 아주 선한 예언자입니다. 온화하고 겸손하고 모든 이들을 사랑합니다. 그는 아무런 이유도 없이 희생양으로 선택됩니다. 이것이 아주 흥미로운 이유는 여기서 성서본문이 우리에게 고대 종교에 대한 어떤 것을 가르쳐주기 때문입니다. 본문은 그가 사람들이 좋아할 만한 사람이 아니라고 말합니다. 그를 나타내는 표시들을 보면, 어떤 면에서 그는 사람들이 희생양으로 선택할 만한 성격을 가지고 있습니다 이것은 희생양이 완전히 임의로 선택되지는 않는다는 것을 보여주죠. 신화를 보게 되면 이 말이 맞다는 걸 알게 됩니다. 왜냐하면 오이디푸스는 다리를 절거든요. 다리를 저는 신화 속 영웅들의 숫자는 어마어마합니다. 신

---

* 이사야 40-53에서 학자들은 네 개의 종의 노래를 인식하고 있다. 이들은 이사야 42:1-9, 49:1-6, 50:4-9, 52:13-53:12이다.

체적으로 결함이 있다거나 불명예스러운 면을 가지고 있는 신화의 영웅들을 보세요. 이들은 겉모습이 다릅니다. 이것은 우리가 동물의 세계와 연결 지을 수 있는 진화적 시각에서 보면 굉장히 재미있는 것입니다. 동물학자들은 포식자들이 동물의 무리를 좇을 때에는 결함이 있는 동물을 공격한다고 말해줍니다. 이들은 잡기 쉬운 동물을 선택하는 겁니다. 그들은 학습을 한 것입니다. 진화가 그들에게 이렇게 하라고 가르칩니다. 사실일 수도 있지만, 인간에게로 적용시켜보면 희생양이 있는 곳이 여기입니다.

사람들은 우리가 그들을 볼 때 신화의 영웅들이 아주 놀랍다는 것을 봅니다. 그들 중 어떤 이들은 다리를 절고, 어떤 이들은 꼽추, 어떤 이들은 팔 하나가 없고, 어떤 이들은 이렇게 저렇게 뒤틀렸습니다. 그들 대부분은 아주 추하죠. 그렇지만 아폴로처럼 굉장한 아름다움을 가지기도 합니다. 철을 다루는 신, 그리스의 벌칸Vulcan이나 헤파이스토스Hephaestus같은 대장장이 신들이 자주 나타납니다. 대부분의 고대 사회에서 처음으로 철을 다룰 때에는 대장장이가 어느정도는 희생양이었다는 것을 우리는 압니다. 사람들은 그가 마을에서 살도록 허락하지 않으며, 그는 항상 바깥에 있어야 합니다. 사람들은 그를 두려워합니다. 왜일까요? 그는 무기로 사용될 수 있는 도구를 제공하고 있기 때문이죠. 어떤 점에서 그는 공동체의 폭력을 변화시키고 있습니다. 그는 폭력을 더욱 쉽게 만들죠. 그는 이웃을 더 쉽게 죽이도록 해줍니다. 그래서 누군가가 화가 나서 이웃을 죽이면, 그게 대장장이의 잘못이라고 말할 수도 있게 됩니다. 그가 저에게 그 도구를 주었단 말이오. 아마도 그건 무기가 아닐 수도 있습니다. 아마 그 것은 땅을 갈기 위한 것일 수도 있지만 그가 그것을 했다고 말할 수는 없습니다. 무슨 말인지 아시겠어요? 그렇게 희생양을 갖게 되는 겁니다. 철을 다루는 많은 신들을 갖는 이유가 그것인데요, 그들이 희생양이기 때문입니다. 아주 흔한 사실들과 관찰들을 함께 놓고 보면 고대 문화에서 온갖 종류의 실마리들이 있습니다. 이들은 항상 몇몇 문화들에 걸쳐 자주 반복되고 있습니다. 상처 입은 자들, 정상이 아닌 사람들 혹은 경우에 따라 사시인 사람들이 왜 그리도 자주 신화의 영웅인지를 알 수 있게 됩니다. 그들은 어떤 이유에서는 무섭습니다.

그들은 또한 많은 경우 이방인들이며 그 이유는 명백합니다. 고대의 공동체에서는 사람들이 여행을 하지 않습니다. 여행을 한다는 것은 굉장히 호화로운 일이었습니다. 그렇기에 이방인을 아주 호기심어린 눈으로 보게 됩니다. 하지만, 공동체에서 사람들은 최소한의 몸짓을 하는 것이 아니어서, 그들은 모두 그에게 뛰어들어 그를 죽이려 듭니다. 그런 후에는, 카타르시스적인 평화의 결과로, 그 희생자는 신격화될 것입니다. 그리도 많은 신들이 공동체 속에서 이방인들인 이유가 이것입니다. 그러므로 이모든 것들을 생각하게 되면, 이 모든 것들이 이해가 됩니다.

SB: 희생양이 죽임을 당하면 그 희생양이 신이 된다고 말씀하셨습니다. 현대, 혹은 포스트모던적인 사람에게 이것을 어떻게 설명하시겠습니까?

RG: 저는 공동체 전체를 죽음에 빠뜨리지 않도록 하는 죽임의 감정, 카타르시스를 말씀드리고자 합니다. 이 사람들은 범죄자들이 아닙니다. 그들은 서로 그렇게 죽이지 않으며 그들이 이런 방식으로 누군가를 죽일 때는, 그것은 극단적인 감정에서 나온 것이지만 앞서 언급했듯이 오래가지는 않습니다. 그들이 항상 그것을 되풀이하는 이유가 이것이에요.

SB: 제2이사야가 그 사례입니까?

RG: 제2이사야는 희생양으로 선택된 아주 선한 사람을 보여줍니다.

보세요, 그의 집단적인 부채, 집단부채collective debt의 어마어마함을 묘사하고 있습니다. 성서에서 이것은 아주 커서 사회학자들이 성서를 읽는다면, 이것이 계속적으로 진화하고 있는 세상을 말할 것입니다. 왜냐하면 죽음은 그 예언자들에게도 일어날 것이거든요. 사람들이 시편에서 거의 알아채지 못하는 또 한 가지, 아주 재미있는 것은 그의 주위에 있는 이들이 살금살금 움직여 그에게 집단폭행을 가하기 위해 그를 둘러싸는 것을 보는 상황 속에 서술자가 아주 자주 나타난다는 사실입니다. 이런 본문들이 왜 그리도 많을까요? 150편 중에서 100여 편이 적들, 목숨을 노리는 수많은 적들에 대한 것으로 봅니다. 150편 가운데 100편이에요! 얼마나 큰 숫자입니까! 우리는 이것을 두고는 잘 이야기하지 않는 편입니다. 왜냐하면 이런 주제는 우리가 사는 세상에서는 그리 중요하지 않거든요. 우리에게는 이런 문제를 해결해 주는 경찰들이 있습니다. 그렇지만 만일 굉장한 정치적 살인들의 묘사를 읽게 된다면, 심지어 16세기에서, 그들은 여전히 폭동과 고대의 집단폭행을 닮고 있는 것입니다.

SB: 시편 118편은 55편처럼 적들이 한데 뭉치고 있다는 것을 묘사합니다. 다른 시편들은 친구들이 친구에게 등을 돌린다는 것을 보여줍니다. 그렇기에 우리는 이들 본문에서 무슨 일이 일어나고 있는지를 듣습니다.

RG: 제가 말하고 있는 것은 이 본문 속에서, 우리가 신화 속에서 한 마디도 하지 않는 사람의 시각, 즉 희생자의 시각에서 처음으로 이런 상황을 본다는 겁니다. 그래서 우리가 보고 있는 것이 집단적 살인이라는 것을 깨닫습니다. 신화에서 우리는 심지어 이런 것을 깨닫지도 못합니다. 성서에서 우리는 그 사람이 희생양이라는 것을 알게 됩니다. 우리는 우리가 보고 있는 것이 집단적 살인이라는 것을 알게 됩니다. 우리는 그들의 사회에

무질서와 폭력이 있음을 압니다. 이 모든 사람들이 성서에서 그리 많은 폭력들이 있다고 말하는 이유가 이것입니다. 그들은 신화는 덜 폭력적이라고 생각합니다. 그렇지 않습니다. 폭력을 저지르는 사람들의 시각에서 폭력의 이야기를 말한다면 절대로 그 희생자에게 폭력이 행해졌다고 말하지 않을 겁니다. 신화는 마땅한 이유로 징벌을 받는 "죄가 있는 사람"을 말합니다. 그게 전부입니다. 우리에게는 완전한 질서가 있습니다. 우리는 결코 고대 사회 속의 무질서를 보지 않습니다. 그것은 그리스가 학자들에게 그리 좋아 보이는 이유 가운데 하나입니다. ⋯ 그렇지만 그 신화의 배후를 보게 되면 좀 다른 것을 찾을 수 있습니다.

어떤 면에서 이것은 처음으로 희생자의 시각에서 폭력을 보는 겁니다. 이런 성서 본문들은 신화라고 말할 수 없습니다. 오히려 이 본문들은 신화를 설명하는 것입니다. 물론 그 희생자가 여전히 살아 있어야 말할 수 있습니다. 그래서 많은 시편들 속에서, 예를 들어, 희생자들은 집단으로 폭력을 휘두르는 사람들이 다가오는 것을 보지만 우리는 그 살인을 볼 수 없습니다. 우리는 그 집단폭력 앞에 선 희생자들을 봅니다.

SB: 맞습니다. 시편 118편은 한 시편 속에 있는 적들과 신실한 자들 모두의 관점 사이의 차이점을 분명히 말해주고 있습니다. 그 시편의 일부는 이렇게 말합니다. "건축자들이 버린 돌이 주춧돌이 된다." 이것은 아주 기이한 언급입니다.

RG: 이 언급은 아주 중요합니다. 왜냐하면 예수가 죽음을 앞둔 바로 직전에 선택하여 한 말이기 때문입니다. 예수는 청중들에게 이 본문을 자신에게 설명해보라고 합니다. 이천년 후에 신학자들은 신중한 나머지 이 본문을 언급하지 않습니다. 그 이유는 그들도 예수가 그들에게 설명해달라고 한 그 말을 해야 하기 때문이죠. 그들은 절대로 그러지 않습니다. 모방이론에 비추어서만 그것을 해석할 수 있기 때문입니다. 그것은 문화의 기초에 대한 정의입니다. 건축가들이 버린 그 돌은 머릿돌^{keystone}이 됩니다. 이것은 최초의 문화가 기초를 놓을 때 창세기에서 가인과 아벨 사이에서 벌어진 일을 정의한 것입니다. 그러므로 그들이 살인의 기원은 성서 속에 있지 않냐고 제게 묻는다면, 저는 맞다고 합니다. 건축자들이 버린 그 돌은 이맛돌이 됩니다. 이 말이 그것 말고 또 무엇을 의미할 수 있겠습니까? 그렇지만 이 말은 수수께끼로 나타납니다. 왜냐하면 그 본문, 그 본문의 저자는 아무도 이해하지 못할 것이라는 것을 아주 잘 알기 때문입니다. 예수가 "그것이 의미하는 바를 내게 말해 보라. 저를 비판하는, 그리도 똑똑한 너희들이"라고 말한 이유가 이것입니다. 우리는 여전히 그 답을 주어야 합니다. 제가 하는 모든 연구가 이 질문에 답하는 것으로 이어진다고 말할 수도 있겠습니다. 이것은 그것을 말하는 또 다른 방식일 수 있습니다. 역사가들이 복음서를 제자들이 만들어낸 어떤 신비함으로 말하는데, 전 그것이 어떻게 신비가 될 수 있는지 의문이 듭니다. 왜냐하면 복음서 바로 한가운데에 우리에게는 오늘날 아직도 이해하지 못하는 이 특별한 본문이 있기 때문입니다. 이들 회의론자들은 "건축자들이 버린 돌"이 무엇을 의미하는지 묻습니다. 그들은 이해할 수 없어서 우리에게 넌센스라고 말합니다. 물론 이것은 넌센스가 아닙니다. 그것은 성서에서 모든 것에 대해 우리에게 말하고 있습니다. 우리는 오로지 그것만을 이야기해 오고 있습니다.

SB: 그리스도인들은 오랫동안 시편을 비유적으로 읽어 왔으며, 예수가 스스로에 대해 말하고 있는 것이라고 합니다. 교수님은 이것을 어떻게 보시나요?

RG: 그것도 맞습니다. 예수는 자신에 대해 말하고 있는 것이지만 예수에 대해 말하는 것은 모든 것에 대해 말하는 것이며, 성서에 있는 모든 것을 설명하는 것입니다. 그건 같은 것이에요. "너희 바보들아, 이 희생양 체계를 이해하지도 못하는구나. 전 너희에게 너희가 무엇인지 보여주겠다. 너희는 나를 죽일 것이다. 나는 너희에게 선한 일만을 해왔건만, 진리가 어디에 있는지 너희에게 설명하고자 이런 죽음을 받아들일 것이다"라고 말하는 잠재적인 희생자가 있는 것입니다. 이것이 바로 그 수난이 기독교인들이 말하는 모든 것인 이유입니다. 일단 이것을 보게 되면, 그것은 인류학적인 시각에서 볼 때 맞다는 것을 보고 놀라 곤혹스러워하게 될 것입니다. 우리가 진정으로 마지막까지 다가가야 하는 근거는, 우리가 더 이상 지금까지 유일한 하나님의 진리가 되어 온 그 진리를 이해하기 위해 하나님을 필요로 하지 않는다는 것입니다. 그렇지만 이제 우리는 하나님께서 우리에게 그것을 내내 설명하신다는 것을 압니다. 그러나 우리는 그것을 이해하려 들지 않았습니다. 하지만 동시에 역사는 그것을 우리에게 가르치고 있습니다. 왜냐하면 폭력이 우리 세상 속에서 있으면 있을수록, 우리는 폭력을 이해해야 하기 때문입니다. 우리는 이런 어리석은 희생들이 그것을 감추어 버리도록 하지 않습니다.

SB: 예수는 시편 22편을 인용합니다. 십자가에서 그는 시편 22편을 암송합니다.

RG: 그것은 수난의 마지막 부분, 혹은 마지막에 가장 임박한 순간입니다. "왜 저를 버리십니까?" 이것은 마가와 마태에서 나타납니다.* 이제는

희생양에 대해 생각해 보세요. 희생양보다 더 버림받음을 느낄 수 있는 사람이 누구일까요? 희생양은 진정으로 하나님께도 버림을 받습니다. 왜냐하면 하나님은 인간을 구하시기 위해, 사람됨을 가능케 하기 위해 이 일을 허락하시기 때문입니다. 그래서 우리가 희생양에 대한 완전한 진리의 계시를 읽을 때, 우리는 이 시편을 포함시켜야만 하는 겁니다.

6장 · 하나님과 사탄

SB: 십계명은 인간이 어떻게 살아야 할 것인가에 대한 규칙들과 규제들을 아주 분명히 설정해 두었습니다. 십계명에서 제일 중요한 것은 무엇이라고 보십니까?*

RG: 모방이론의 시각에서 본다면, 가장 중요한 것은 열 번째, 제일 마지막 계명입니다. 마지막 계명은 욕망에 대해 말하는 유일한 계명이며, 영어로는 '탐욕스러움covetousness'으로 번역되는 단어를 사용합니다. 프랑스어에서는 욕망과는 다른, 특별한 단어가 있습니다. 그래서 전 제 책의 이탈리아 번역판이 완성될 때 제가 아는 그 번역자에게 번역에서 별다른 문제가 없는지 물어보았던 기억이 납니다. 그는 이렇게 말하더군요. "문제는 없습니다. 왜냐하면 이탈리아어 십계명에서는 '욕망'이라는 단어는 흔히 쓰이는 그 단어와 차이가 없거든요. 그 특별한 단어에 대해 그리 염려하지 않으셔도 됩니다." 특별한 단어는 우리가 특별한 욕망을 다루고 있다고 느끼게 해줍니다. 그렇지만 우리가 욕망이라는 단어를 사용하게 되면 열 번째 계명은 실제로 이렇게 말하는 것입니다. "이웃의 아내나 이웃의 나귀를 욕망하지 말라." 이웃의 나귀는 이웃의 벤츠와 같습니다. 그렇다면 그것은 이웃에게 속한 모든 것을 통칭하고 있습니다. 최근에 나온 제

---

* 출애굽기 20장.

책 가운데 하나에서 이것을 언급했습니다.* 오랫동안 저는 모방적 욕망을 금지하는 것이, 모든 사람이 볼 수 있었던 십계명에 그렇게 있었다는 것을 보지 못했습니다. 십계명에서 금지된 그 욕망은 모방적 욕망입니다. 제가 그걸 미리 알았더라면 제 첫 번째 책**을 성서에 대해서 말한 그 첫 번째 책 이런 내용으로 시작했을 텐데, 그렇게 생각하니 정말 놀랍네요. 그 책은 정말 핵심적인 것이거든요.

십계명을 읽을 때에는 성서 속에 모방적 욕망이 있음을 증명할 필요는 없습니다. 이웃이라는 단어가 반복되고 있어서 십계명을 쓴 사람이 누구든, 그는 우리가 욕망해서는 안 되는 대상들을 열거하려 했고 결국에는 그가 그 대상들을 열거하려는 뜻을 이루지 못했음을 보게 됩니다. 십계명은 "네 이웃에 속한 모든 것"으로 끝맺고 있습니다. 다른 말로 하면, 그 이웃은 그 대상보다 더 중요합니다. 왜냐하면 이웃이 가지고 있는 모든 대상들은 이웃에 속해 있기에 욕망할 수 있는 것이기 때문입니다. 그래서 그 표현 자체는 모방적 욕망이 발견되는 역사와 같습니다. 우리는 그 대상으로 시작하여 그 모델로 끝납니다. 우리의 이웃에게 속한 것인 무엇이든, 심지어 그 표현조차도 그 계시의 일부입니다. 그래서 우리는 오랫동안 이것을 묵상해왔습니다. 신학자들이나 심리학자들이 절대로 알아채지 못한 그 사실은 실로 굉장한 것입니다.

우리가 왜 이것을 이제야 보는지, 그것이 얼마나 중요한지에 대해서는 아마도 역사적인 이유가 있을 겁니다. 이웃에게 속한 것이 무엇이든 우리의 이웃은 싸우려 들 것입니다. 만일 사람들이 일반적으로 이웃에게 속한 것들을 특히나 욕망한다면, 이들에게는 심각한 사회적 문제가 생깁니다.

---

* 『나는 사탄이 번개처럼 떨어지는 것을 본다』 김진식 역, 문학과 지성사. *I See Satan Fall Like Lightning* (Maryknoll: Orbis, 2001).
** 『태초부터 감추어져 온 것들』

그들에게는 지속적이고, 영구적인 사회문제가 있는 것입니다. 그렇지만 우리가 십계명이 아주 오래된 것임을 안다고 해도, 희생은 십계명 속에 있는 것이 아닙니다. 그렇기에 그리스도가 그것이 하나님께서 원하시는 희생이 아니라고 말한 이유가 이것입니다. 하나님께서 원하시는 것은 희생이 아니라 연민인 것입니다. 만일 이웃이 우리와 불화하면, 단순히 우리가 그 이웃과 불화하는 것이 아니라면, 먼저 이웃과 화해해야 합니다. 그 이후에 우리가 희생을 하든 하지 않든, 그것은 문제가 아닙니다.* 아무튼, 희생성전의 동물제사은 더 이상 그리 중요하지 않습니다. 희생이 너무 오래되면 일상적인 관습이 되어 버립니다. 우리가 희생의 의미를 발견하지 못하는 한 가지 이유는, 성서에서처럼 희생이 완전히 일상적인 것이 되어 버린 다음에 그것이 수명의 마지막 단계에 왔을 때 우리가 그것을 항상 깨닫는다는 것입니다. 그렇다고 그것이 예수가 희생을 비판하는 것을 막지도 못했지만요. 로버트 해머튼 켈리Robert Hamerton-Kelly는 성전에서 동물을 파는 상인들에 맞서 예수의 폭력이 나오는 장면을 반희생적 순간으로 봅니다.**

SB: 교수님은 복음서가 지성적 돌파구이자 지식으로 가는 열쇠, 그리고 세상의 기초가 놓인 이래로 숨겨진 것들의 계시라고 말하셨습니다.

RG: 맞습니다. 수난이야기는 희생양을 만드는 희생의 아랫부분입니다. 그것은 모든 것을 드러냅니다. 말을 바꾸면, 그것은 히브리 성서 속에 이미 있는 완전함으로 이끕니다. 그것은 희생이 그릇된 예배라는 것을 계시하는 것입니다. 그것은 희생자를 거짓으로 기소하는 결과일 뿐입니다. 그것은 폭로해 버립니다. 다른 말로 하면, 우리가 제도, 희생의 제도들과

---

* 마태복음 5:23-24
** Robert Hamerton-Kelly, *The Gospel and the Sacred* (Minneapolis: Fortress, 1994).

대면하게 될 때는, 그 제도들을 이해하기 위해서는 그 아래에 있는 수난본문에 빠져들어 그 희생을 그리스도로 대체시켜야 합니다. 그리스도는 모든 희생자들을 대신합니다. 왜냐하면 세상의 기초, 즉 모든 희생당한 제물들이 자신들의 무고함을 드러내기 때문입니다. 종교가 오랜 기간 동안 인간의 폭력이 신의 허락을 받았다고 면죄부를 주어 공범 노릇자발적인 공범을 해 왔다는 것을 우리가 알게 된 것은 사실입니다. 우리가 복음서를 더하게 된다면, 성서에서 우리는 궁극적으로 모든 것을 가지게 되는 이유가 바로 이것이지요. 우리에게는 역사, 즉 종교의 역사 전체가 있으며, 바로 이점이야 말로 성서가 고대 종교로 시작해야만 하는 이유인 것입니다. 우리는 성서를 첫줄에서 마지막까지 절대적으로 신성으로 영감을 받은 본문으로 여겨서는 안 됩니다. 왜냐하면 성서는 고대 종교에 뿌리를 박고 있기 때문입니다. 환언하면, 희생적 속임수에 있어서, 이런 속임수는 천천히 단계별로 드러나므로 우리는 다양한 단계들을 볼 수 있는 것입니다.

유월절 의식, 유월절을 예로 들어봅시다. 다 같이 양을 먹는 것은 더 이상 희생으로 정의되지 않습니다. 그것은 양을 먹는 것이지, 양을 죽이는 것은 아니지요. 그 점이 중요합니다. 그래서 전 그것이 이삭을 희생시키지 않는 것을 넘어선 단계라고 봅니다. 동물의 희생을 넘어선 것이지요. 그것은 여전히 기독교의 교리인 성만찬으로 가는 과정입니다.

SB: 이것은 유대교의 문화적 발전에 있어서 중요합니다. 모방이론은 문화에 대한 설명, 즉 문화의 기원과 발전을 설명하는 것입니다. 다시 한 번 문화를, 문화가 무엇으로 이루어져 있는지 설명을 해주시겠습니까?

RG: 문화는 인간이 함께 사는 방식입니다. 앞서 우리는 동물 문화를 이루는 구성요소는 오늘날 전문가들이 우성패턴dominance patterns이라고 부르는 것임을 이야기했습니다. 이 패턴들은 물리적 충돌에서, 예를 들면 야생 늑대들 사이에서 볼 수 있습니다. 수컷 야생 늑대들은 한 암컷을 두고 겨루지만 죽는 일이 발생되지는 않습니다. 항복이 있을 뿐이죠. 늑대들이 이런 싸움을 벌일 때 패배한 늑대가 등을 대고 누워서 승리한 늑대에게 자신의 목을 보여줍니다. 승리한 늑대는 패배한 늑대를 죽이지는 않고 지배의 동물이 됩니다. 그래서 인간화로 넘어오는 문턱은 이런 일이 더 이상 일어나지 않고 복종하는 경쟁자가 죽는 경우라고 추정할 수 있습니다. 인간의 문화에서는, 우성패턴이 자리 잡을 수 없을 때, 이런 죽임이 집단적으로 어떤 지점에서 일어납니다. 왜냐하면 전염, 모방적 전염mimetic contamination 때문인데, 이것이 수많은 사람들로 하여금 하나의 희생자에 맞서도록 만듭니다. 최초의 공동체가 되고, 자신들의 희생자 때문에 연합하게 되고, 희생을 위한 최초의 모델이 되는 것이 바로 이 사람들입니다. 문화는 항상 본질적으로 이런 희생을 되풀이 하고 있습니다. 최초의 희생자를 기리면서 말이지요. 그렇지만 영어에서 "기리다remember"라는 단어가 재미있습니다. 어떤 희생자를 찢어발긴 구성원들members이 다시 하나가 되기 위하여, 그들은 그 희생자를 다시금 자신들의 일원이 되게끔re-member 합니다. 그런 다음에는, 희생을 하면서 다시금 일원으로 만듭니다. 따라서 문화는 본질적으로 추모remembrance입니다. 그래서 우리는 현대의 언어에서도 그것을 볼 수가 있는 것입니다. 우리가 제대로 단어들을 사용한다면, 단어 배후에 있는 것을 배우기에 딱 좋습니다.

SB: 예수도 이것을 보았습니다. "그가 배신당한 그날 밤에, 예수는 빵을 취하여 축사한 후에 그 빵을 자신의 친구들에게 주면서 이렇게 말합니다."

RG: "이것으로 나를 기념하라." 구성원들을 한데로 모읍니다. 맞습니다. 그렇지만 예수의 죽음은 조금 다릅니다. 이것은 인류학자들에게 있어서는 큰 문제입니다. 그들은 이렇게 말하고 싶어 합니다. "보세요, 성만찬은 희생과 완전히 똑같습니다." 의심할 여지는 없지만 피는 없습니다. 포도주 조금하고 약간의 빵만 있죠. 인류가 가지는 모든 희생의 역사를 회상하는 것에는 의심의 여지가 없습니다. 몇몇 사람들이 예수의 죽음을 가리켜 자발적 희생이라고 부르는 것이 맞습니다. 거기에는 문제가 없습니다. 어떤 면에서 희생의 연합은 우리가 이야기해 온 많은 본문 속에 단언되어 있기 때문이니까요. 잠깐만 솔로몬의 판결로 돌아가 봅시다. 제가 처음 이 부분을 읽었을 때는 대체로 뚜렷하게 보이는 것을 보았어요. 그것은 아주 중요한 것으로, 두 창녀들이 하는 행동의 차이점입니다. 그런데 한 가지를 더 물어야 합니다. 이 두 창녀들은 서로 아주 다른데, 왜 그들이 같은 본문 속에 있는 것인가? 아이를 잠재적으로 희생시키려 하는 것과 그 아이를 살려 주는 것이 왜 같은 본문 속에 있는가? 그 이유는 바로 의식의 전환이 있기 때문입니다. 우리가 양쪽을 같은 단어로 사용하고 있다는 것은 수수께끼이지만,* 어떤 면에서 우리는 양쪽의 결속을 강조하고 있습니다. 왜냐하면 우리는 희생이라는 용어를 찾을 때마다 그 용어를 비난하는 사법적인 세상 속에서만 있는 것은 아니기 때문입니다. 아쉽게도 전 이런 일을 기독교에 대한 제 첫 번째 책에서 조금 했습니다.** 그렇지만 우리는 인간의 전체 역사를 하나로 보게 되며, 그 역사를 통해 인간은 자신들의 희생을 뉘우쳐야만 합니다. 그러나 동시에, 만일 그들이 이런 희생들을 행하지 않았다면, 인간도, 구원도, 그리스도도 없었을 것입니다.

---

* 지라르는 "희생"이라는 용어가 두 가지로 사용될 수 있음을 말하고 있는데, 첫 번째는 다른 이의 희생이며 두 번째는 자기희생이다. 이것은 헬라어로 thuo와 그 어원 및 fero와 그 언어 사이의 차이를 반영하는 것이다.

** 세상의 기초로부터 감추어온 것들. 다음의 책에서 지라르가 희생의 개념을 재평가하는 것을 보라. *Evolution and Conversion* (New York: T&T Clark, 2007), 214ff.

SB: 모방적 폭력의 결과로 말미암아 모든 이들이 이미 파괴되었기 때문인가요?

RG: 그래요, 모든 것들이 파괴되었을 겁니다. 다른 말로 하면, 우리가 계시의 역사를 다루고 있다는 것을 인식하는 것이 아주 중요합니다. 계시는 한 번 만에 찾아오지 않습니다. 계시는 시간이 좀 걸려요. 바울이 특별히 이렇게 말하고 있는 본문을 보세요. "이제 우리는 여러분들에게 진정으로 단단한 음식을 줄 것입니다. 더 이상 이유식은 없습니다."* 희생은 이유식입니다. 우리는 어떤 것을 죽이기 좋아하며 죄책감을 갖지 않습니다. 그래서 그 반대의 것은 파괴적이고 폭력적인 의미의 희생이 여전히 허용되는 세상으로 비견되는 이유식과, 이웃을 희생시키지 않기 위하여 스스로를 희생하는 성인이 먹는 음식 사이의 차이인 것입니다. 만일 이것을 이해하지 못하면, 우리는 하나님의 나라도 이해하지 못할 것입니다. 그 이유는 하나님의 나라는 제가 원하지 않음에도 남들이 저에게 행하는 것을 다른 이들에게도 하지 말라고 말하기 때문이죠. 사람들이 제게 해를 입히거나 폭력을 행한다고 해도요. 보복이 있어서는 안 됩니다. 용서는 우리가 적대감을 다루는 새로운 방식입니다.

그러니까 다른 말로 하면, 이런 선한 상호작용이 인간관계들 속에서 일반적으로 존재하는 나쁜 상호작용을 대체하게 될 때만 세상이 기독교적이 될 수 있다는 것입니다. 놀라운 것은 모든 관계가 모방적이라는 겁니다. 우리는 모두 서로를 흉내 냅니다. 제가 당신을 보고, 당신은 저를 봅니다. 만일 동물을 함께 본다면, 그들이 싸울 때에도, 그들은 서로를 쳐다보지 않으며 우리가 하는 똑같은 방식으로 서로를 쳐다보지 않습니다. 그들은 서로의 냄새를 맡고 아주 균형 잡힌 방식으로 싸웁니다. 사람들과 균형

---

* 고린도전서 3:1–2

잡힌 관계를 갖는다는 것은 거의 불가능에 가깝습니다. 그들은 우리가 갖는 가장 중요한 관계들을 가지고 있습니다. 당신이 교회에서 목사고 전 은퇴한 교수이기 때문에 우리가 다를 수 있을지라도, 근본적으로는 위의 관계가 상호적입니다. 당신이 손을 내밀면 제가 그 손을 잡고 흔듭니다. 우리가 그들을 상호적이지 않게 만들고자 한다면, 당신이 제게 손을 내밀었을 때 제가 그 손을 거부하게 되고, 제가 제 손을 제 등 뒤로 숨기면 당신도 곧바로 손을 등 뒤로 숨깁니다. 그 이유는 제가 당신과 악수하고 싶지 않다면 당신도 금세 저와 악수하고 싶지 않게 되기 때문입니다. 환언하면, 좋은 관계는 상호적이지만 나쁜 관계도 역시 상호적이라는 겁니다.

관계는 항상 상호적이며, 이 말은 단순히 우리가 서로를 모방한다는 것을 의미합니다. 당신이 제게 아주 더러운 속임수를 쓴다고 생각하면 저는 이렇게 말하게 되겠죠. "이런, 전 고귀하고 관대하니까, 절대로 더러운 속임수를 쓰지 않을 거야. 그렇지만 그가 나를 어떻게 대했는지 내가 알고 있다는 것을 그에게 보여주고 말거야." 그렇게 되면 아주 작은 구분이 생기게 되는데, 제가 당신과 함께 행동하려는 방식에 있어서의 차이입니다. 제게 더러운 속임수를 썼다는 것을 당신이 모르기에, 전 그것을 부정적으로 해석할 것입니다. 당신은 제가 당신에게 더러운 속임수를 쓰고 있음을 보게 될 것이고 이렇게 말하겠죠. "이 사람이 왜 나에게 더러운 속임수를 쓰는 것일까? 나는 고귀하고 관대하니까 그에게 그런 짓을 하지는 않겠지만 내가 그의 행동을 알고 있다는 것은 보여주고 말겠어." 그렇게 되면 당신은 더 차가워지고 점차적으로 우리의 관계는 모방적 적대감 속에 놓이고 말겠죠. 좋은 상호관계를 나쁜 상호관계로 뒤바꾸는 것은 아주 쉽지만 나쁜 상호관계를 좋은 것으로 바꾸는 것은 아주, 아주 어렵습니다. 그것이 바로 인간의 문제입니다. 어떤 면에서 하나님의 나라의 법칙은—전혀 보복적이지 않습니다—아주 좋은 상호성을 갖는 것입니다. 만일 우리가 좋은 상호성을 가지고 있다면 희생이 필요하지 않습니다. 선한 상호성입니다. 만일 그것이 영구적인 방식으로 자리를 잡을 수 있다면, 우리는 하나님의 나라를 갖게 될 것입니다. 그렇지만 제가 말씀드린 대로, 그것은 아주, 아주 어렵습니다.

SB: 성만찬과 "이것으로 저를 기념하라"*라고 한 예수의 말로 되돌아 가 봅시다.

RG: 성만찬은 정말로 희생과 관련이 되지만 희생자를 향한 폭력을 보여준다기보다는, 우리가 먹는 희생자가 됨으로, 우리는 전적인 폭력의 거부를 먹게 됩니다. 그게 바로 그리스도입니다. 그것은 반전이지만 여전히 동일한 상징입니다. 인류학자들이 그것을 제대로 지적하고 있습니다. 그것이 같은 것을 의미한다는 것을 뜻하지는 않습니다만, 그들이 보는 것은 그것이 똑같은 것이라는 겁니다. 그래서 그들은 살인이 오직 상징적일 뿐이라고 생각하기에, 성만찬과 희생은 아주 완전히 같다고 생각합니다. 그렇지만 그렇지 않습니다. 왜냐하면 희생 속에서는 피 흘림, 폭력이 필수적이거든요.

SB: 성직자들이 꼭 그렇게 가르치는 것은 아닙니다. 즉, 그들이 일어서서 그 제도의 말씀을 이렇게 암송할 때, "이것은 내 몸이다. 이것은 내 피다. … 이것으로 나를 기념하라," 그 빵과 잔을 받아드는 사람들에게 이것이 폭력의 종말이라는 것을 뜻한다고 설명하지는 않습니다.

RG: 그것은 폭력의 종말을 의미하지만, 동시에 종교사 전체와 함께 하

---

* 누가복음 22:19ff 및 관련 구절.

는 연속성을 보여줍니다. 그리하여 인류학자들이 당신에게 "이것 보시오, 그건 식인풍습이잖소."라고 말하면 당신은 이렇게 대답해야 합니다. "예, 물론 식인풍습은 인간의 역사의 한 부분이고 성만찬은 그것을 모두 비폭력으로 정리하고 있습니다." 그러니까, 식인풍습이 거기에 왜 없겠습니까? 식인풍습은 희생의 본질입니다. 식인풍습은 우리가 우리의 제물이 되기 위하여 희생제물을 먹는 것을 뜻합니다. 왜냐하면 우리는 그 제물을 먹고 싶어 하기 때문입니다. 우리가 그녀를 죽였던 이유는 우리가 그녀가 되고자 해서입니다. 그러니까 만일 우리가 그녀의 살을 섭취한다면 그들이 되는 것입니다. 마치 그리스도의 살을 먹으면 조금이라도 예전의 우리보다 더 비폭력적이 되어야 하는 것처럼 말이죠. 만일 우리가 이 본문을 이해한다면, 우리는 또한 우리를 조롱하는 사람들이 이 본문을 가져다 놓았을 리가 없다는 것을 아는 것입니다. 우리는 이런 말 속에서 그 누구도 기독교적 의미에 맞는 것을 아직 발견하지 못했던 무시무시한 관점을 찾을 수 있습니다. 건축자들이 버린 돌처럼요. 그러므로 신앙은 그 본문에 깊게 연결되어 있습니다. 그것은 제 안에 조금 들어 있는 개신교적인 그 무엇입니다. "나에게 설명해 보라. 나와의 관계를 설명해 보라"며 그 시편*을 인용하는 책임을 떠맡는 사람은 바로 그리스도 자신입니다. 우리는 그것을 아직 풀지 못했습니다. 기독교는, 진리의 한쪽 부분이 여전히 숨겨져 있지만 풀 수 있는 다른 본문과 같지는 않은 본문이라는 것을 모든 이들이 이해하는 것으로 충분하면 됩니다. 이것은 우리 시대의 상처 입은 신앙을 회복시킬 수 있는 방법입니다.

우리는 두 가지 형태의 종교에 대해 이야기하고 있습니다. 하나는 근본적으로 희생양만들기를 신격화시킵니다. 그러므로 그것은 궁극적으로 폭

---

* 시편 118:22

력 그 자체를 신격화시킵니다. 제 두 번째 책을『폭력과 성스러움』이라고 이름 지었을 때에는, 성스러움이 폭력에 다름없다는 것을 뜻합니다. 그것은 우리가 폭력이 성스러운 것이라는 보지 못한다는 점에서 그렇습니다. 진정한 성스러움혹은 거룩함으로 부릅시다. 똑같은 단어를 쓰지 않도록 합시다은 사랑, 신의 사랑입니다. 신의 사랑을 보잘것없이 흉내 내는 인간의 사랑이 아니라, 진정한 신의 사랑입니다. 기이하게도, 하나님은 우리가 인간에게 사랑을 가르치는 그 단계에 이르도록 인간이라는 동물을 이끌고자 인간의 폭력을 사용합니다. 그러므로 인간은 폭력적인 단계를 거쳐 가고 있으며, 이것은 고대 종교입니다. 제일 밑바닥에는 동물이 있으며, 폭력적인 종교들이 있고, 그 다음에는 사랑의 종교가 있습니다. 우리가 그것을 알게 될까요, 아닐까요? 어떤 면에서, 저는 오직 어떤 면에서만 말씀드립니다만, 폭력의 상징, 성스러움은 다른 어떤 것보다 우리의 약함, 우리의 폭력 속에 있는 우리를 향한 하나님의 사랑과 같아 보입니다. 우리가 고대 종교 속에서 나타내는 방식으로 그런 전폭적인 폭력에 다다르지는 않습니다. 그렇지만 어떤 점에서 고대 종교는 특징, 진정한 신성의 특징들을 가집니다. 왜냐하면 고대 종교는 어떤 컨텍스트 속에서 화해를 시키기 때문이죠. 이 말은 무시무시하게 들리지만 우리는 폭력을 숭배하고자 하지는 않습니다. 그리스도는 우리에게 오직 사랑만을 숭배해야 한다고 가르칩니다만 우리는 폭력을 숭배하는 것이 사랑으로 가는 일련의 과정이라는 것을 이해해야만 합니다. 이것이 바로 계시가 인간 종교의 전체 역사를 고려하고 있다고 제가 말하는 이유입니다.

SB: 전 이것이 어떤 심오한 것이 일어난다는 인식이라고 봅니다. 새로운 의식
   이 출현해 왔습니다.

RG: 의식이 새롭게 태어나지요, 맞습니다. 폭력이 있어도 인간의 의식
은 폭력 속에서 태어나니까요.

SB: 그래서 요셉은 이렇게 말하지요. "당신들은 악한 일을 꾸몄지만 하나님은
   그것을 선하게 바꾸셨소."*

RG: "하나님께서 그것을 선하게 바꾸셨습니다." 그러니까 다른 말로
하면, 요셉의 이야기는 어떤 면에서 두 개의 종교를 나타내고 있는 것입니
다. 결국에는 요셉이 말하는 것이 그런 변화인데, 그런 변화는 꼭 구약에
서 나타납니다. 구약성서가 그리도 힘이 있는 이유가 이것인데요, 구약성
서는 꾸준히 그런 변화를 위대한 이야기들 속에서 보여주고 있기 때문입
니다. 당신이 요셉의 이야기 속에서 아주 깊이 있는 것을 말씀하셨다고 봅
니다. "당신들은 악한 짓을 꾸몄지만 하나님께서 그것을 선하게 바꾸셨습
니다." 다른 말로 하면, 당신들의 모든 폭력이 당신들을 인간의 가장 높은
수준에 이르게 했다는 겁니다. 그리하여 어떤 면에서, 그것은 왜 요셉의
이야기가 문학적으로는 후대의 이야기 임에도 성서에서 아주 초반에 자
리하고 있는 이유가 되는지를 설명해 주는 이유가 될 수 있습니다. 요셉의
이야기는 성서가 무엇에 관한 것인지를 선언하고 있기 때문이죠.

---

* 창세기 50:20

SB: 이런 이야기들이 지닌 또 다른 점은 성서에 나오는 사람들 가운데 완벽한 사람은 없기에 그들이 희망을 준다는 것을 우리가 알게 되는 겁니다. 만일 그들이 완벽했다면 우리는 그 사람들과 동일시할 수 없었을 겁니다.

RG: 분명히 그들은 모두 인간이었습니다. 그들이 요셉이 장례식에서 가장 중요한 사람으로 옷을 차려입었다는 것을 알았을 때, 우리도 그것을 요셉 이야기에서 느끼기 때문입니다. 그들은 분명히 요셉을 그곳의 신으로 바꾸어, 그를 신으로 보려는 유혹을 받았습니다. 그는 총리일 뿐만 아니라 그들에게는 없는 식량을 가진 자이기도 했습니다. 그리하여 그는 초월적인 요셉과 같았지만 여기서 유대교의 세계 속에 있으므로 그들은 자신들의 형제를 신격화시키지 않습니다.

SB: 우상은 안 되죠.

RG: 우상은 안 됩니다. 맞아요.

SB: 이 이야기는 그리스에서는 들을 수 없던 것이네요.

RG: 그리스에서는 들을 수 없던 이야기이죠. 분명합니다.

SB: 고대의 사회 속에서 종교는 문화와 구분될 수 없습니다. 우리는 그것에서 발을 빼고 있지요. 전통적인 성스러움의 중심 속에 있는 폭력은 그리하여 이중적입니다. 신이나 영웅이 가지는 위험한 측면들과 연관된 집단적 폭력이 지닌 부정적인 성스러움은 악마나 악령 혹은 사기꾼으로 나뉠 수 있습니다. 그리고 긍정적인 성스러움은 질서를 형성하고 유지하는 것과 관련됩니다. 저는 마귀, 악령, 사기꾼, 사탄을 다루는데 시간을 쓰고 싶습니다. 왜냐하면 저에게는 그것이 성서 속에서 계속되고 있는 모든 것에 있어 그리도 본질적인 것으로 보이기 때문입니다. 가장 최초의 이야기로부터 가장 마지막의 이야기까지, 모든 것은 사탄에게 영향을 받게 됩니다.

RG: 사탄에 대해 이야기한다면, 사탄은 성령과 대조되어야한 한다고 봅니다. 왜냐하면 '사탄'은 고소자를 의미하는 페르시아의 단어에서 나왔기 때문입니다. 요한복음의 성령은 보혜사*Paraclete*로 불립니다. 이 말은 법정에서 변호를 맡은 조언가, 즉 변호자를 의미하죠. 성령은 보호자이며 변호자입니다. 많은 번역들이 그 당시의 대중적인 그리스어가 지닌 주된 의미를 잡아채지 못하고 있습니다. 그 의미는 단순하게도 어느 법정에서나 있는 변호사입니다. 변호를 위한 변호사인 성령과, 기소자인 사탄은 서로 반대입니다. 신화는 거짓된 기소자의 산물이지만 수난은 성령의 산물입니다. 성령은 기소당한 이를 보호하고 있습니다. 그러니까 이쪽이든 저쪽이든 제가 말씀드리는 모든 것이 포함되는 겁니다. 동시에 역사적인 시각에서 보면 우리는 신화와 고대 종교들 전체가 사탄과 같다고 선언되어야 한다는 시각을 거부해야 합니다. 이들은 성서가 지배하는 맥락 속에서만 사탄적이 될 수 있습니다. 그들을 다시 되돌리려는 노력이 있는 곳에서는, 오늘날 어떤 이들이 그러고 있던데요, 우리가 또 다른 형태의 근본주의로 떨어지게 되며 역사를 잊게 됩니다.

SB: 그렇지만 그것은 역사에서의 진보입니다. 창세기 3장과 같은 몇몇 본문에서 사탄은 뱀입니다. 욥기와 같은 다른 본문에서 사탄은 천상의 집체의 한 부분입니다. 그러면 사탄은 하나님과 같은 존재인가요?

RG: 욥기에서 사탄은 하나님의 조언자입니다. 사탄은 사람들을 시험하지만 엑소시스트라는 영화에서 우리가 보듯 가장 무시무시한 사탄은 아닙니다. 그렇지만 전 이런 성격상의 차이점들이 우리가 이야기하는 완전한 해석 속에 있는 차이에서 온다고 봅니다. 이 해석에서 성령이 기소자를 대신하는 동안 사랑은 점진적으로 폭력을 대신하며, 희생자들의 변호자가 먼저 오게 됩니다. 성서를 통틀어서 보면 사탄의 개념이 발전하고 있습니다.

　예수도 역시 보혜사로 정의됩니다. 왜냐하면 그는 본질상 희생자들의 변호자이기 때문입니다.* 수난은 십자가에 못 박힌 그리스도뿐만이 아니라 역사 속에 있었던 이 모든 희생양들의 무죄를 드러냅니다. 예수는 보혜사, 혹은 성령과 같지만, 물론 삼위일체의 모든 위격들은 서로 관계됩니다. 다른 말로 하면 굉장히 강하게 작용하면서 동시에 히브리 성서에서 점진적으로 스스로를 생성시키는 논리가 있는 것입니다. 사람들이 제게 "사탄이 진짜로 존재하나요?"라고 물을 때 전 대답을 잘 안합니다. 그런 질문이 유용하다고 보지 않아요. 제가 그런 질문에 대답을 하는 것이 무슨 의미가 있겠습니까? 저에게는 본문에 관한 시각이 있는 거죠. 저는 사탄을 의미하는 것이 변하고 있다고 보지만 사탄이 진짜 사람인지 아닌지는 저에게 구체적인 질문이 되지 못합니다. 그래야 할 수도 있겠지만, 전 모르겠어요. 하나님의 실재도 그렇고 그리스도의 실재도 그래요. 사탄은요, 확실히 모르겠네요. 신조 속에 사탄에 대한 항목은 없습니다. "사탄과 그의 통치를 믿는다."는 신조는 없습니다.

SB: 그래도 교수님은 『나는 사탄이 번개처럼 떨어지는falling 것을 본다』라는 제목으로 책을 쓰셨잖아요.

RG: 네, 그렇지만 정확하게는 떨어진fallen 입니다. 사탄은 떨어져서 여러 조각으로 흩어집니다. 마치 토기장이의 그릇처럼요. 전 기꺼이 상당수

---

* 요한일서 2:2

의 실재를 사탄적이라고 하고 싶습니다. 기소자는 어디에나 있기에 그것은 모두 신화학이기 때문입니다. 그렇지만 전 사탄을 초월적인 존재라고 단언하지는 않습니다. 그 이유는 이것이 유치한 영성주의나 가짜 같은 것으로 탈바꿈한다고 보기 때문입니다. 냄새가 좋지 않아요. 저는 인류학을 하고 있는데 인류학은 하나님의 실재에 대한 것들을 많이 내포하고 있습니다. 제 인류학은 하나님이 반드시 존재한다고 하는 것을 증명하고자 합니다. 왜냐하면 성서 본문에서 그의 실재에 대한 많은 표시가 있거든요. 그렇지만 우리가 "보세요, 하나님께서 이 일을 행하셨습니다."라고 할 수 있는 하나님의 존재를 상정하는 의미에서는 진정으로 종교적이라 할 수 있는 어떤 표시가 없습니다. 그러면 왜 그것이 사탄과 달라야 할까요? 궁극적으로는 이것이 인간의 감각 속에 사탄이 실제로 존재한다는 것을 추정하기 위한 제 반감을 말로 표현해야만 하는 방식입니다. 전 사탄의 어떤 초월성도 추정하지 않습니다.

그렇지만 전 모방이론이 성서 본문의 배후에 다른 인간과는 다른 몇 명의 저자가 있음에 틀림없다는 것을 "과학적으로 증명한다"고 봅니다. 그렇지만 그것을 넘어서지는 않습니다. 우리는 무신론의 세상에서 삽니다. 제가 사탄이라는 주제로 그 이상을 넘어서야만 할 이유가 없어요. 전 제 본능이 옳다고 봅니다. 왜냐하면 본능은 제 노력의 본성의 문제니까요. 그것은 종교 그 자체가 지닌 본성에 대한 문제가 아니라 제 노력의 본성에 대한 문제인데, 근본적으로 회의적인 것입니다. 전 시편 118:22로 되돌아옵니다. 이 본문을 대함에 있어 더욱 회의적일수록 우리는 더 의심이 많아지게 되며, 결국 "건축자가 버린 돌이 주춧돌이 되었다"라는 말은 단순히 의심으로 해석될 수는 없다는 것을, 초월성도 틀림없이 존재하고 있다는 것을 압니다. 그렇지만 전 그것을 결코 상정해 본적이 없습니다. 그 이유는 제가 그것을 불필요하게 상정하면, 우리가 말하듯이, 제 모든 추론이 수포로 돌아가게 될 것입니다. 제가 하고자 하는 것은 청중들이 "자, 시편의 그 인용 속에 삽입되어 있는 하나님이 틀림없이 계십니다." 혹은 "복음서에서 그런 인용을 넣어둔 것은 바로 인간을 넘어서는 영감입니다." 이렇게 말하도록 변화시키는 것입니다. 그러나 우리는 여전히 이것을 온전히 이해할 수 없지만, 지금은 그것을 이해할 수는 있습니다.

SB: 사탄이라는 개념은 그저 상상 속의 허구는 아닙니다. 사탄에게는 힘이 있지 않습니까?

RG: 무슨 말인지 알겠습니다. 만일 이 힘을 사탄에게 준다면 사탄은 여전히 인간 속에서 악을 행하는 것입니까, 아니면 그들이 사탄의 꼭두각시입니까? 그런 일들을 계획하는 독립적인 의식이 된다는 의미에서 사탄은 나쁜 모방입니까, 아니면 그저 우리 안에 있는 부정적인 모방의 놀이에 불과합니까? 전 그것이 외부적인 건지 내부적인 건지 모르겠어요. 우리는 그 질문에 답할 수 없습니다. 우리가 모방이론으로 그 문제에 답할 수 있다고 보지 않습니다. 제가 대답을 쉽게 못하는 이유는 기독교가 사탄이라는 존재를 믿는 기본적인 본문을 우리에게 준다고 보지 않기 때문이에요. 저에게는 사탄을 어떤 존재라고 인식하고 싶어 하지 않는 이유가 있는 것 같습니다. 제 인류학 전체가 중단되었기 때문이에요. 제 인류학은 사람들을 초월적인 것으로 이끌어 가지만 초월적인 것을 상정하고 싶어 하지는 않습니다. 그렇지만 전 사탄이 악을 꾸미고 있으며 구별된 의식을 가진 구별된 존재라는 것을 상정하지 않아도 됩니다. 그렇게 할 수 없는 이유는 제 추론이 가지고 있는 힘을 잃게 되니까요. 전 하나님과 사탄이라는 존재를 믿지 않는 사람들, 특히 하나님이나 사탄을 믿지 않는 사람들에게 이야기하고 있는 겁니다. 제 직업은 그들을 올바른 물을 마시도록 이끄는 것이지 억지로 마시게 하는 것이 아닙니다. 혹은 그 사람들로 하여금 상정하게 하고 그것이 거기에 있다고 억지로 인정하게끔 만드는 것도 아니에요. 저는 그것을 지어내는 것도 아니고 상정하는 것도 아닐뿐더러 초월적인 상정을 이용하고 어떤 것을 상정하고 있는 것이 아닙니다. 사람의 마음이라는 것이 모든 부정적인 모방적 효과를 발전시키기 마련이라서 우리는 사탄의 존재를 상정해야만 합니다. 전 하나님을 믿습니다. 결국엔 그것을 분명 보게 됩니다. 그렇지만 왜 사탄을 가정해야만 하고 그것이 아무것도 아닐 수도 있는데 그것이 어떤 존재라고 말해야 합니까? 헤아릴 수 없는 깊은 모방이 있다고 말할 수도 있지만 우리는 어떤 존재가 있음을 상정할 필요는 없습니다. 왜냐하면 신학도 사탄에게는 어떤 실재가 없음을 우리에게 말해주고 있기 때문입니다. 사탄은 이 세상의 통치자로 불리지만 토마스 아퀴나스는 사탄에게 실재가 없다고 말했습니다. 사탄에게 실재가 없다면 그가 존재한다고 말할 수 없습니다.

SB: 정사와 권세에 대해서 바울이 가진 개념은 어떨까요?

RG: 전 정사와 권세에 대해서 아주 관심이 있는데요. 왜냐하면 전세와 권세는 수난으로 말미암아 파괴되어질 것들이기 때문입니다. 왜 정사와 권세는 바울서신 속에서 마법처럼 보일까요? 그 이유는 바울에게 있어 정사와 권세는 로마 제국과 같은 이 세상의 국가들이기 때문입니다. 다시 말해, 이들은 모두 집단적 살인에 기초하고 있습니다. 그러므로 이들은 종교적 창립의 한 형태입니다. 그들은 단순히 인간의 창조가 아닙니다. 거기에는 종교적인 측면이 있어요. 그것은 악한 종교입니다. 바울은 이들을 꼭 존중되어야 할 실체로 봅니다. 당시 기독교는 아직 세상 문화의 중요한 부분이 되지 않았을 때니까요. 우리는 국가를 존중해야 합니다. 정사와 권세가 여전히 자리를 지키고 있기에 우리는 이 모든 것들을 존중해야 합니다. 만일 우리에게 그런 것들이 없었다면 혼돈이 왔겠죠. 동시에 우리는 그들을 위해서 어떤 것도 해서는 안 됩니다. 정사와 권세에 관한 바울의 가르침은 국가가 종교 위에, 궁극적으로 폭력의 종교 위에 세워져 있다는 것을 바울이 의미하는 것이라고 분명히 보여줍니다. 그러면 폭력은 어떤 존재인가요? 폭력이 사탄입니까? 전 그게 질문이자 제가 풀 수는 없다고 말하고 싶습니다. 기독교가 제게 이 질문에 답할 지침을 줄 수 있을지도 확실치 않습니다. 제가 틀렸을 수도 있지만, 저는 여러 가지 부분들에 있어서 틀릴 수 있지만, 이 부분에서 제가 좀 망설이는 것 같아요.

SB: 그렇지만 교수님은 예수가 실제로 존재했다는 것을 단언함에 있어서는 주저하지 않으시잖아요?

RG: 물론 주저하지 않습니다. 예수가 존재했다는 것을 우리는 압니다. 가장 회의적인 역사 비평들 대부분조차 예수의 존재를 믿습니다.

SB: 빌라도와 가야바도 존재했었고 그들은 예수를 십자가에 못 박는 것에 함께 결탁했습니다.

RG: 그것은 역사적으로도 엄밀하게 사실입니다. 만일 믿지 않는 사람들이 내기를 한다고 해도 이들이 존재했다는 것에 걸 거예요. 빌라도와 가야바는 자신들의 일을 하고 있었습니다. 그들에게는 예수를 없애야할 이유들이 있었습니다. 우리는 그들이 하던 일들을 설명하기 위해서 그들 뒤에 초월적인 사탄이 있었다고 말할 필요는 없습니다. 우리는 물론 모방이 필요하지만 모방은 가장 기본적인 인간의 일입니다. 선한 모방이 있는데요, 그것은 그리스도를 닮는 것입니다. 나쁜 모방이 있는데, 저는 그것을 인간 모델의 모방으로 봅니다. 전 사탄을 어떤 면에서 이런 나쁜 모방의 상징으로 여깁니다. 그렇지만 이것이 실재일까요? 사탄이라고 불리는 진짜 모델이 있습니까? 아니오, 항상 인간의 모델이 있을 뿐이었어요.

SB: 그 말씀은 사탄이라는 개념이 비신화론화^{demythologized}되어 왔다는 뜻인가요?

RG: 아마도 그럴 겁니다. 제가 말씀드리는 것은요, 의심의 여지없이 사탄이라는 종교는 오늘날 여러분을 그리 먼 곳으로 데려가지 못한다는 겁니다. 거리에서 만나는 옆 사람이 우리가 하려고 하는 것보다 훨씬 사탄적이기 때문이죠.

만일 나쁜 모방이 사탄이라고 부르고 싶으면 그렇게 하세요. 이것은 사탄에게 귀속되어 있지만 지금은 이 세상에서 가시화된 모든 형태의 악이 실재한다는 것을 아주 확실히 말해주고 있습니다. 그렇지만 저에게 있어서, 만일 우리가 형이상학에 대해 말한다면, 그 상정은 고대 종교의 신들이 실제로 존재했고 여전히 존재하고 있으며 그 신들이 사탄이라고 말하는 것과 같습니다. 전 그렇게 생각하지 않아요. 아마도 제가 너무 역사적으로 접근한 것일 수도 있습니다. 아마 이 부분이 제가 다니는 교회와 맞지 않을 수 있다는 것도 알고 있어요. 그렇지만 그것이 그 문제에 대한 그들의 입장인지는 모르겠네요.

7장 · 레이먼스 슈바거Raymund Schwager

SB: 르네 교수님, 레이먼스 슈바거라는 친구가 있으셨죠. 『희생양이 필요한 가?: 성경에 나타난 폭력과 구원』*Must There Be Scapegoats?: Violence and Redemption in the Bible* *이라는 책을 쓰신 분입니다. 슈바거 신부님과의 관계에 대해 말씀해 주세요.

RG: 레이먼드 슈바거는 저와 알고 지내던 대부분의 기간 동안 인스브룩Innsbruck 대학교의 신학과 학장으로 있었습니다. 그렇지만 그와 처음 만났을 때 슈바거는 아직 오스트리아로 가지 않았을 때입니다. 그가 나고 자랐던 쥬리히Zurich에 있었어요. 제 기억으로는 교구 신문의 이사로 있었습니다만 리옹Lyon의 예수회와 함께 프랑스에서 공부한 학자였습니다. 그는 독일과 프랑스에서 신학훈련을 받았어요. 1972년에 제 책 『폭력과 성스러움』이 출판되었을 때 프랑스어로 된 책을 읽고는 곧바로 제게 편지를 써서 저를 만나고 싶어 하더군요. 1973년 여름에 전 아비뇽에서 학부와 대학원생들을 위한 미국여름강좌에서 강의하고 있었는데 그가 저를 보러 왔어요. ** 그가 제 책 두 권에 완전히 익숙해 있었고 저와 아주 똑같은 선상에 서

---

* 『희생양이 필요한가?-성경에 나타난 폭력과 구원』 손희송 역, 가톨릭대학교출판부, 2009년.
** 니코라우스 워딩어(Nikolaus Wandinger)에 따르면(개인 이메일로 밝힘), 여기서 지라르가 잘못 기억하고 있다. 슈바거는 서면으로 대화를 시작했다. "첫 번째 편지는 1974년 3월 18일에 슈바거가 썼다. 그 전까지 그들은 연락하지 않다가 1975년에 한번 만났다." 비평적인 전기 작가가 이 문제를 풀도록 하기 위해 이 수수께끼를 남기는 바이다.

서 생각하고 있다는 것을 바로 알아챘죠. 앞서 말씀드린 것처럼, 처음에 저는 『폭력과 성스러움』에 기독교 부분이 있었으면 했습니다. 고대 종교에 대한 제 이론뿐만 아니라 그것과 관련된 시각에서 나온 기독교의 개념에 대한 이론을 넣고 싶었습니다. 박해자들에게 자신들의 신화와 함께 숨겨진 희생양들이 있지만, 기독교는 모든 것을 드러내고 예수의 무죄를 먼저 선언합니다. 예수는 정말 객관적으로도 모든 희생양들 가운데 가장 무고한 사람이었습니다. 그렇지만 또한 어떤 면에서 기독교는 일반적으로 희생양 제물들의 무고함도 선언하고 있습니다만, 이 점은 신학이 보지 못하는 부분입니다. 신학은 기독교와 고대 종교 사이의 관계를 보지 않습니다. 이 점은 우리가 이 인터뷰에서 줄곧 이야기해 온 것입니다. 인류학은 그것을 보았지만 그저 유사점만 볼 뿐이었습니다. 그 유사점이란 모든 곳에 희생양들이 있다는 사실, 즉 집단적 희생이라는 사실입니다. 놓치고 있던 부분은 신화 속에서 이런 희생자들에게 죄가 있다고 여겨졌다는 것입니다. 그 신화는 희생양만들기에 참여하며 우리로 하여금 그것을 믿게 합니다. 그 신은 무죄로 판명나기 전에는 유죄입니다.

고대의 신들은 시간과 그 순간의 방식에 따라 온화하기도, 나쁘기도 합니다. 물론 기독교에서는 예수가 몸소 희생양의 진리를 드러냅니다. 따라서 무고한 이들, 비단 예수의 완전한 무고함뿐만이 아니라 모든 희생양들이 무고하다는 사실이 동시에 드러납니다. 다른 종교들은 해체되어, 우리가 말하듯 결국 힘을 잃어가고 있습니다. 기독교가 고대 종교의 영역으로 침입할 때 다른 종교들이 그리도 빨리 수명을 다하는 이유가 바로 여기에 있습니다. 레이먼드 슈바거는 이 점을 보았고 우리는 그것에 대해 이야기했습니다. 『폭력과 성스러움』에서 저는 이 일을 완성할 수가 없었지만 다음에 나오는 책에서 그렇게 하리라고 목표를 세웠습니다. 이 목표는 동시에 라이문트의 목표이기도 했어요. 어떤 면에서 그가『폭력과 성스러움』을 읽고서는 스스로 이 목표, 이 가능성, 모든 것을 깨달았던 것입니다. 방금 언급하신『희생양이 필요한가?』는『태초부터 감추어져 온 것들』과 꼭 닮은 쌍둥이 책입니다. 레이먼드 슈바거가 그 책에서 말하는 것은 그것이『폭력과 성스러움』에 대한 고대 종교에 의존하고 있다는 것이지만, 그것은 독립적인 연구이자『태초부터 감추어져 온 것들』과 결국 같은 결론에 이르고 있는 것입니다. 그러니까 이 두 책은 서로 보완적인 것이고, 전 그 연구의 객관성이 이 두 책의 우연성으로 입증이 되었다고 말하고 싶습니다. 이 책들은 서로 독립적으로 출판되었습니다. 슈바거는 제 책을 읽지 않았었고 저도 그의 책을 읽지 않고 있었습니다. 기독교의 관점에서 슈바거가 진정으로 제게 의존하고 있었다고 여겨서는 안 됩니다. 우리는 같은 생각을 동시에 했는데, 편차가 없다는 점이 아주 재미있는 부분입니다. 일단 고대의 종교들이 무엇인지 알게 되면 기독교도 그들의 진리로 이해하게 됩니다. 제 의견으로는, 그것이 절대적인 진리이기도 하지만 또한 고대 종교의 진리, 고대 종교가 보여줄 수 있는 진리이기도 한 것입니다.

개인적으로는 레이먼드 슈바거가 모방적 욕구와는 완전히 맞지 않았다고 봐야 합니다. 우리 사이에는 어떤 경쟁, 결승점으로 향하는 어떤 경주도 없었습니다. 그는 완전히 이타적이었어요. 아마 제가 만나본 사람 가운데 가장 이타적이었을 겁니다. 그에게는 학구열이 있었고, 정말 순수하고도 기독교의 진리, 그 진리를 향상시키는 데에 헌신적이었으며 우리가 사는 세상의 불신앙과 싸우는데 헌신적인 것이었습니다. 이것은 아주 아름다운 것이었어요. 그 이후로 우리는 연합해 오고 있고 이 두 책에서 나오는 모든 것에 그의 몫이 컸습니다. 그는 COV&R의 창립자 가운데 하나이자 작년에 세상을 뜨기까지 몇 년 동안 초대 회장직을 역임했습니다.

채 65세도 되지 않았으니* 나이가 그리 많은 것도 아니어서 그의 죽음은 불행하고 예기치 못했던 것이었습니다. 의료검진을 잘못 받아서 뜻하지 않게 숨을 거두었어요. 모방이론에 있어서는 아주 좋지 않은 일이었고, 정말 불행한 일이었다고 생각합니다. 그는 인스브루크의 학장이었으니까요. 인스브루크는 전 세계에서 모방연구에 공식적으로 참여하고 있던 유일한 대학이었습니다. 대학들은 모방연구에 적대적이지도 않았고 그것이 학문적이지 않다고 생각하지도 않았습니다. 이것은 여전히 그렇습니다. 왜냐하면 슈바거에 대한 것 가운데 하나는 그가 아주 열심히 공부하는 제자들을 가진 훌륭한 스승이었기 때문입니다. 특히나 그의 제자 가운데는 현재 인스브루크에서 가르치고 있는 사람들도 있어요. 볼프강 펄라버Wolfgang Palaver가 아마도 모방 분야에서 가장 활동을 많이 하고 있을 겁니다. 모방이론에 대해 최고의 분석을 담은 책을 썼는데 그게 2년 전이에요. 모방이론을 널리 알리는데 큰 역할을 한 책입니다. 오래된 신학기관들이 굉장히 독일에서 힘을 발휘하는 것을 감안하면 이렇게 확산되는 것은 꽤 느린 편이었어요. 독일은 19세기 초 이래로, 그리고 그 전부터 세계 최고로 신학이 발전된 나라입니다. 반발이 꽤 있었지만 상황이 나아지고 있어서 아주 기쁘게 생각하고 있습니다. 그 점이 아주 중요하다고 봅니다. 슈바거의 책이 지금까지 이루어졌던 것보다 더 많은 언어로 번역될 수 있기를 바랍니다.

SB: 독일의 지성인들, 신학자들이 『희생양이 필요한가?』를 어떻게 받아들이던 가요?
RG: 일반적으로 학문을 추구하는 삶은 아주 외롭고 힘든 일입니다. 외

---

* 슈바거가 1935년 11월 11에 태어나 2004년 2월 27일에 세상을 떠났으니 69세가 맞다.

부에서 보면 내부의 사람들끼리 많이 소통하는 것처럼 보여도 실상은 그렇지 않거든요. 모방이론에서는 COV&R를 통해 서로 교류하고 이런 연합의 필요성을 절감하는 사람들이 최소 200명은 됩니다. 그들은 그게 필요하다고 느끼거든요. 앞서 말씀드린 것처럼 우리는 매년 이런 모임들을 해 오고 있어요. 유럽에서 한 번, 그 다음 해는 미국에서요. 유럽의 경우에는 우리가 몇 개국에서 이미 만났습니다. 독일에서는 몇 번 만났고 오스트리아, 벨기에, 앤트워프에서 언제인가 한 번, 이탈리아에서 한 번, 프랑스에서는 파리 근처에서 한번 모였습니다. 미국에서는 더 많은 기회가 있습니다. COV&R의 처음 서너 번 모임은 스탠포드에서 열렸는데, 여기가 COV&R가 만들어진 곳이기 때문이에요. 올해에 우리는 독일의 코플렌츠 Koblenz에서 만났는데, 독일에서는 세 번째 모임이 될 거에요. 이번 모임에서 큰 기대를 가지고 있습니다.*

SB: '폭력과 종교학회the Colloquium on Violence and Religion'가 발전되어 기쁘신가요?

RG: 정말 아주 기쁩니다. 굉장히 소수의 연구가 이루어져 왔는데요, 독창적이면서도 진보적이고 아주 매력적입니다. 학계 일각에서 모방이론에 대한 반감이 있다는 것은 납득할 만하다고 봅니다. 왜냐하면 어떤 면에서 모방이론은 18세기 이래, 계몽주의 이래로 줄곧 우리와 함께 해 온 추세를 해석하거나 거스르는 것이거든요. 이것은 세속주의의 추세이자 학문적인 삶에서 종교 연구들을 축출시키는 것으로, 미국과 같이 종교분야가 있는 나라들을 포함하여 여러 나라 속에서 점점 없어져 가고 있어요.

---

* 매년 모임에 덧붙이자면, COV&R도 미국종교아카데미(the American Academy of Religion)의 매년 모임의 일환으로 제휴모임으로 만나고 있다. 다양한 지라르 협회가 만들어졌는데, 그 중 일부는 네덜란드, 호주와 일본에 있는 Imitatio(www.imitatio.org)의 후원을 받고 있다. COV&R은 미시간주립대학교 출판부의 협조 하에 Contagion이라는 연간저널을 발행하고 있따.

이 분야들은 프랑스 같은 아주 세속적인 나라들 속에서 꾸준히 힘과 영향력을 잃어가고 있으며, 작아지거나 없어지고 있습니다. 그래서 종교 기관들이 분리되어 학위를 받으려면 국가 학위를 받아야 하는데, 이것이 이탈리아에서 일어나는 상황이라고 저는 봅니다. 모방이론은 그런 추세를 해석합니다. 그런 이유로 굉장히 논란의 여지가 있는 겁니다. 모방이론은 기독교와 고대 종교 사이에 있는 관계는 기본적으로 인류학적으로 다루어야 한다고 말하고 있습니다. 이걸 제대로만 한다면 순전히 과학적으로, 종교적인 정신이나 신념 또는 신앙과 같은 것들을 주입하지 않고 구체적인 관찰을 통해 성서와 복음서들이 가지는 특이성과 진리가 옳다는 것을 보여줄 수 있을 겁니다.

그래서 이것은 여러 이유로 논란의 여지가 있습니다. 심지어 종교계 속에서도 그렇습니다. 종교계는 종교를 이야기하고 있는 것이 아니라 인류학을 이야기하고 있다고, 영원하지만 충분하지 않은 이유로 우리를 나무랄 것입니다. 그들은 요 몇 년간 인류학을 불신하라고 가르칩니다만 그 당시의 인류학은 99%가 완전히 반종교적입니다. 그들은 우리를 혼란스럽게 만듭니다. 그들은 우리를 마치 종교를 완전히 멸망시키려는 책략을 쓰는 무슨 트로이의 목마로 봅니다. 진실에서 멀리 떨어져 있는 것은 없지만 이것은 그렇습니다. 그러면 우리는 신학자들이 스스로 진정으로 그 상황을 변화시키고 싶은지에 대해 의문을 품습니다. 학계는 아주 보수적이며 자신들이 추구하고자 하는 연구동향에 극도로 애착을 느끼고 있습니다. 심지어 그 동향이 아주 오래되고 적절하지 않은 것이 분명한데도 말입니다. 그들은 이것에 대해 논의하려고 들지 않습니다. 위대한 물리학자들 가운데 하나가 이렇게 말했다죠. "사람들이 새로운 이론으로 전향할 것이라는 희망을 버려라. 그들이 얼마나 뛰어난 사람들이든, 그들이 죽을 때까지.

옛 사람들이 죽을 때까지는 학계에 아무런 변화도 없을 것이다." 이것은 조금 힘든 겁니다. 전 실제로 그렇게 믿지는 않습니다만 매일 어느 정도는 사실이라는 것이 판명 나고 있습니다. 오늘날 우리는 어떤 일이 현재 일어나고 있다고 극도로 확신하고 있습니다. 모방 이론이 아직까지는 학계로부터 인정되기에는 부족할 수 있지만, 거의 매년 모방이론이 힘을 얻고 있다는 것에는 의심의 여지가 없기 때문입니다. 아직은 학계의 인정을 충분히 받지 못하더라도 제가 대학의 교수가 되지 못하는 것도 아니고, 고등교육기관들에게 아주 감사하고 있습니다.

SB: 대단하군요. 레이먼드 슈바거는 교수님이 하듯이 성서의 독특성을 이야기합니다. 성서와 희생자의 입장에서 성서가 가진 독특한 폭로에 대해서 아주 간략하게 말씀해 주실 수 있을까요? 왜냐하면 그 후에 우리는 슈바거가 제2이사야에 대해 말하는 것으로 넘어간 뒤 복음서의 독특성에 대해 짚을 것이거든요.

RG: 성서는 희생양체계를 가진 고대의 범행공모에서 빠져나왔기에 독특합니다. 성서가 나중에 그런 것처럼 처음부터 그리 분명하지는 않지만, 성서는 희생양체계를 중단시킵니다. 그래서 성서는 그런 체계를 숨기려는 고대의 능력에서 벗어나는 겁니다. 신화가 결코 희생양을 말하고 있지 않다는 것, 신화가 절대로 희생양을 언급하고 있지 않다는 것은 사실입니다. 희생양만들기는 오직 현대적 유형의 분석을 통해서만 드러낼 수 있는 것으로, 이런 분석은 감추어진 것, 보이지 않던 것, 그 본문 배후에 숨은 무의식적 구조를 드러내고 있습니다.

SB: 앞서 우리는 제2이사야의 종의 노래를 언급했는데요. 적대자들의 갈등, 이사야서 50장에 나오는 압제자의 분노를 자주 말하고 있는 그 예언자가 이렇게 말합니다. "아침마다 나를 깨우쳐 주신다. 제 귀를 깨우치시어 학자처럼 알아듣게 하신다. 주 하나님께서 제 귀를 열어 주셨으므로, 나는 주께 거역하지도 않았고, 등을 돌리지도 않았다. 나는 나를 때리는 자들에게 등을 맡겼고, 내 수염을 뽑는 자들에게 뺨을 맡겼다. 내게 침을 뱉고 나를 모욕하여도 내가 그것을 피하려고 얼굴을 가리지도 않았다. 주 하나님께서 나를 도우시기 때문이다."

RG: 이것은 고난 받는 종의 죽임을 바로잡는 시작점이며 그것에 대해 이야기하는 사람은 그 종 자신입니다. 여기서 다시금, 시편에서처럼, 그 희생자는 신화에서처럼 희생시키는 사람이나 기소하는 이들을 대변하고 있지 않습니다. 사실상 그 종은 이 본문들 곳곳에서 말하고 있으며, 자신의 고난을 묘사하고 있습니다. 그래서 우리는 그 노래가 죽음에 이르기까지 지속되는 광대히 확장된 노래라고 말할 수 있는 거죠. 시편에서는 대개 그 희생자가 폭력의 대상이 되기 이전, 집단폭력이 자신을 둘러싸기 이전, 사람들이 이제 막 자신을 죽이고자 하기 전에 이야기하고 있습니다. 고난 받는 종의 노래에서는, 조금 더 나아가서, 일부 해석자들은 그것이 예수의 수난이야기를 위한 문학적 모델이었다고 느낄 정도이지만 전 그렇지는 않다고 생각합니다. 그것은 십자가처형이 아닙니다. 거기에는 로마와 관련된 것이 아무것도 없어요. 상세히 보면 모든 것이 다르죠. 그렇지만 그 정신은 아주 가깝고, 굉장히 흡사합니다. 그것은 희생양이 희생양만들기를 하고 있다는 계시로서, 아주 독특하게 성서적입니다. 그것은 그 고난을 행하고 있는 사람에 의한 폭력과 고난의 계시입니다. 이 점은 신화학에서는 절대로 찾을 수 없어요. 신화학이 피상적으로 그리도 기쁘고 즐거운 것처럼 보이고 어떤 유희가 될 수 있는 이유가 바로 이것입니다.

SB: 슈바거는 고난 받는 종에게는 인간 주인이 없고 그가 하나님의 제자라고 봅니다. 하나님이 그의 주인이라는 거죠.

RG: 그는 하나님의 제자입니다. 그래서 그리 나쁘지 않은 중세시대의 언어를 사용하자면 그는 *figura Christi*, 그리스도의 형상, 그리스도의 예언입니다. 같은 역할을 갖는다는 의미에서, 기소자들이 준 고난의 동일한 기능을 성취한다는 의미에서, 우리가 알 수 있듯이 그는 그리스도와 가깝습니다. 그렇기 때문에 이것은 가장 중요한 기독교적 개념에 굉장히 가깝습니다. 그 개념은 정확히 희생양을 말하는 것이자 희생양에 대한 진실을 드러내는 것입니다.

SB: 이사야 49:6은 이렇게 말합니다. "네가 제 종이 되어서, 야곱의 지파들을 일으키고 이스라엘 가운데 살아남은 자들을 돌아오게 하는 것은, 네게 오히려 가벼운 일이다. 땅 끝까지 나의 구원이 미치게 하려고, 제가 너를 뭇 민족의 빛으로 너를 줄 것이다." 그 종은 모든 민족을 위해 성취할 임무를 가집니다. 그게 바로 이 메시지 아닌가요? 이사야 43:18-19는 이렇게 나와 있습니다. "이전의 것들은 잊어 버려라. 과거 속에 살지 말라. 보라, 내가 새 일을 행하고 있다! 이제는 이 일이 드러나고 있건만, 너는 알지 못하겠느냐?

RG: 이것이 놀라운 이유는 여기서 말하고 있는 것이 관점의 변화이기 때문입니다. 하나님은 옛 희생과 관련한 새로운 것을 행하시고 계시는데, 이런 시각은 또 다른 관점으로서, 옛 희생은 폭력의 불법성을 논의하거나 문제제기를 하지 않았던 것입니다. 당신은 아주 중요한 본문을 가리키고 있는데요, 그 본문은 희생을 만들어 내는 자들의 관점이 아니라 관점의 변화, 그 주제가 우리에게 희생자에게 일어나게 될 변화를 정의하려는 것입니다. 우리에게는 이것에 해당하는 현대의 어휘가 없다고 할 수 있겠습니다. 그리하여 이것이 그 관점을 변화시키게 됩니다. 그 본문은 딱 이렇게 말하고 있지는 않습니다만 실제로 무슨 일이 벌어지는지를 깨닫게 되면 그것이 바로 그 본문이 말하고 있는 내용이라는 것을 이해하게 됩니다. 그것은 패러다임 전환paradigm shift으로서, '패러다임'이라는 말이 여기에 딱 맞습니다. 이것이 의미하는 바는 전체적인 비현실성의 관점이 변화된다는 것입니다. 우리는 희생시키는 자에서 희생자에게로 전환합니다.

SB: 이사야 48:6은 이렇게 말합니다. "지금으로부터 계속 저는 너희가 이전에는 모르던 새로운 것들, 감추어진 것들을 듣도록 할 것이다."

RG: 예수는 "세상의 기초로부터 감추어져 온 것들"이라고 말하는데, 이 말은 제 책의 제목으로 사용되었지만 똑같은 것입니다. 예수는 이 본문들을 모두 들었으며 이 본문들에 비추어 자신의 사역을 이해했고, 그리하여 그 본문들을 성취했습니다. 나중에 바울이 정사와 권세가 예수의 십자가에 못 박혔다고 말하는 이유가 이것입니다. 이 말이 진정으로 의미하는 바는 정사와 권세가 사라졌다는 의미에서 십자가에 못 박혔다는 것입니다. 정사와 권세는 궁극적으로 사라질 것입니다. 왜냐하면 십자가형이 그들의 권세의 근원을 드러내기 때문입니다. 우리는 박해의 관점을 믿어야 하며 로마 제국의 신화나 집단적 살인의 희생적 제물이었던 시저의 세상적인 위대함을 영속화시키기 위한 그 신화에 경외심을 가져야 합니다.

사실상 셰익스피어의 위대한 희극 『줄리어스 시저』는, 집단적 살인을 마지막에 두고 그것을 보여주지 않는 것이 아니라, 집단적 살인을 모두가 보도록 자신의 비극 한 가운데에 두고 그것을 수많은 다양한 방식으로 공동체의 기초라고 선언하고 있습니다. 그는 로마인들이 올 것이며 그들의 손을 시저의 피에 적시게 될 것이고 그것이 기초가 되리라고 언급합니다. 로마의 두 번째 기초는 시저의 죽음입니다. 시저는 모든 로마 황제들이 번갈아서 구현하고 있는 신입니다. 황제가 하나 죽으면 다음 황제가 새로운 시저가 되어, 로마 제국은 그런 희생을 꾸준히 되풀이합니다.* 그러나 기독교는 그런 것에는 진리가 없음을 폭로함으로써 끝내고자 했고 오직 그리스도만이 있다고 주장합니다. 그래서 전 이것이 항상 묵시적 함축들을 가지고 있다고 봅니다. 강조되어야 할 모방이론의 측면 가운데 하나는, 일단 정사와 권세들을 가진 인간 공동체의 폭력적인 기초가 드러나면, 정사와 권세는 예수와 함께 십자가에서 가시화되며, 이리하여 그들의 카타르시스적인 힘을 잃게 됩니다. 우리는 바울에서 이것을 볼 수 있는데, 바울이야 말로 이 모든 것을 보고 정사와 권세에 대해 이야기한 사람입니다. 만일 이 세상의 권세가 십자가형의 의미에 대해 알았더라면, 그들은 영광의 주님을 절대로 십자가에 못 박지 않았을 겁니다.** 그들은 자신들이 그렇게 함으로 스스로를 멸망시키고 있었다는 것을 깨닫습니다. 처음으로, 그 살인자가 공공연하게 그곳에 나와 있어 모두에게 보이게 되고, 이 땅의 폭력적인 기초를 파괴할 것입니다.

SB: 그것이 교수님께서 복음서의 독특성이라고 부르는 것인가요?

RG: 네, 분명히 그렇습니다. 복음서의 독특성이 바로 거기에 있어요. 우리는 그것을 시대에 앞선 고난 받는 종, 예언자들 등으로 정의할 수 있

* 셰익스피어의 다른 작품들뿐만 아니라 이 작품에 대한 지라르의 논의는 다음의 책에서 볼 수 있다. *A Theater of Envy* (London: Oxford University Press, 1991).
** 고린도전서 2:8

습니다. 우리는 그것을 다시금, 더 분명하게 제가 이야기해 왔던 바울의 문장으로 정의할 수 있습니다만 신약과 구약이 모두 필요합니다. 일단 우리가 신구약성서의 의미를 보게 되면 우리가 사는 세상에서 일어나고 있는 것을 이해할 수 있을 겁니다. 오늘날 우리는 무엇을 보고 있습니까? 우리는 이 세상의 권세가, 어떤 면에서 그들이 가진 힘의 과잉으로 인해 스스로를 파멸시키고 있는 것을 봅니다. 그들은 자신들의 무기, 자신들의 권모술수로 위협받기에 이르렀으며, 더욱 불안정하게 되어 붕괴를 마다하지 않고 있습니다.

그들은 여전히 작용하고 있지만 그다지 효율적이지는 못합니다. 왜냐하면 무질서가 세상에서 증가하고 있기 때문이죠. 그들은 모든 형태의 무차별화undifferentiation이며, 이것은 평화를 만들어 내지 못하고 있습니다. 이것은 근대주의자들 사이의 환상입니다. 만일 차이를 없애버리면 평화가 찾아오게 됩니다. 그렇지만 현실에서는 차별화가 없는 것은 서로 싸우는 쌍둥이입니다. 세상에서 차이가 덜 있을수록 폭력은 더욱 늘어납니다. 우리가 여러 가지로 덜 차별화한다면, 우리가 공허한 평화의 약속을 하는 모더니즘을 믿을 수 없는 이유가 바로 이것입니다. 정사와 권세들은 때가 되면 사라져 버릴 것이지만 평화를 기초로 하는 재건보다는 완전한 파괴를 의미할 가능성이 더 높습니다. 1-2세기 전에 사람들이 세상의 연합에 다가가는 것을 볼 수 있었다는 의미에서, 그리고 동일한 가치들이 전 세계에 만연하고 있다는 의미에서 사람들이 하나가 된다는 것은 정말 매혹적입니다. 어떤 면에서 그들은 그것을 유토피아의 구현으로 보았습니다. 이제 그것이 우리에게 달려 있으며, 우리는 그것이 단연코 우리의 유산이 되는 평화가 아니란 것을 깨닫고, 오히려 전쟁, 더더욱 무차별화된 전쟁, 더욱 선포되지 않은 전쟁, 희생자와 기소자들 사이의 차이, 젊은이와 노인들의 차이, 군인, 시민 및 테러리스트들의 차이가 더욱 없어지고 있다는 것을 더욱 더 깨닫고 있는 것입니다.*

SB: 테러리즘에 대해 조금만 더 이야기해 주세요.

RG: 테러리스트와 희생자 사이에는 차이가 없습니다. 보세요, 오늘날 우리에게는 더욱 더 많은 테러리즘이 있습니다. 우리는 그 목적이 무엇인지조차 알지 못하는 때가 많습니다. 왜냐하면 테러리스트들은 자신들의 활동을 수행하다가 죽어버리거든요. 우리는 그들이 무슨 이유로 싸우고 있었는지를 모릅니다. 그 이유는 그들 가운데 다수가, 그들 가운데 일부가 아주 광적이기 때문이죠. 그들 대부분은 화가 풀리지 않을 것입니다. 왜냐하면 폭력은 평화를 낳는 것이 아니라 더 많은 폭력을 낳기 때문입니다. 테러리스트들은 자신들이 평화를 가져다준다는 환상을 갖지만, 여전히 이것은 언제나 폭력의 환상이 되어 왔습니다. 우리가 그것을 합리적으로 검토해 보면 이런 환상은 오늘날 더욱 분명해 집니다. 환언하면, 만일 우리가 분노에 사로잡히지 않는다면, 경쟁과 폭력을 일으키는 이 모든 것들은 실제로 존재하지 않으며, 이 세상 속에서 항상 떠돌고 있는 모방적 욕망들이라는 것을 알게 됩니다. 그리하여 우리에게는 혼돈이 있게 됩니다. 많은 것을 알아야 하는 것도 아닙니다. 그저 이것이 불행히도 지속적으로 현 시대의 대다수가 따르는 추세가 되고 있다는 것을 보는 것으로 충분합니다. 유일한 치료는 그것을 자각하는 것인데, 성서에 그것이 있습니다. 이전 보다는 성서에 덜 개방적이라서 위험이 큽니다. 아마도 이전에는 성서에 대한 미완의 해석이 있었습니다. 폭력을 거부하는 수많은 측면들은 아마도 오늘날 더욱 지성적일 수는 있겠지만 여전히 많은 사람들에게

* 지라르는 다음의 책에서 우리 시대의 묵시적 폭력의 주제를 발전시키고 있다. *Battling to the End* (East Lansing: Michigan State University Press, 2010).

는 수용되지 않습니다. 많은 이들, 심지어 그리스도인들조차도 신약성서, 특히 복음서 속에서 찾을 수 있는 폭력의 포기에 대한 성서의 강조점을 그리 진지하게 여기지 않습니다.

SB: 오늘날 많은 사람들은 모든 종교가 똑같다고 이야기할 겁니다.

RG: 글쎄요, 종교들이 똑같지는 않습니다. 저 스스로도 오직 예언적 유대교와 기독교만이 공동체의 폭력적인 기초 및 우리가 더욱 더 많이 만들어 내는 희생자들의 무고함을 드러낸다는 사실에 기초하고 있습니다.

예를 들어서 소작인의 비유를 들어봅시다.* 이 본문이 매혹적인 이유는 포도나무를 재배하는 사람들의 비유가 그 공동체를 규정하고 있기 때문입니다. 아버지 하나님은 모든 공동체에게 메신저들을 보냅니다. 이 공동체들은 모두 하나같이 그 메신저들을 거부합니다. 그들은 함께 모이는데, 집단적 살인의 개념은 분명 여기에 있습니다. 포도주 경작자들은 이 사람들을 내쫓습니다. 쫓겨나는 마지막 메신저는 예수일 것입니다. 어떤 면에서 예수는 앞선 모든 사절들과 같습니다. 그는 하나님의 시각에서만 다를 뿐입니다. 예수는 더 완전합니다. 그 이유는 그가 진리와 더불어 살고 죽을 뿐만 아니라 건축자들이 버린 돌이 이맛돌이 된다고 우리에게 설명하기 때문입니다. 예수는 우리에게 문화에 대한 모든 것을 설명하나 우리는 거기에 관심을 기울이지 않습니다. 그러므로 그 비유에서 예수는 살인을 말하고 있는 것입니다. 결국 하나님은 자신의 아들을 보내고 그들은 그 아들을 다른 사절들처럼 취급합니다. 바꾸어 말하면 그들이 예언자들을 처리했던 방식을 말하는 것으로, 예언자들은 모두 죽임을 당했습니다. 만일 이런 앞선 살인들이 성서나 신화학 속에 있다면 문제가 되지 않습니

---

* 마태복음 21:34-46

다. 핵심은 예수가 그들을 모두 요약하고 있습니다. 사람들은 이 비유를 자주 불신하지만 아주 중요한 비유입니다. 아니, 이 비유는 거부되고, 인간을 고발하는 것으로 보이는데요, 어떤 의미에서 실제로 그렇습니다.

SB: 주제를 사도행전으로 옮겨 봅시다. 베드로와 요한은 병자를 치유해서 체포 당합니다. 베드로는 자신을 변호하며 이렇게 말합니다. "만일 병자에게 행한 착한 일에 대해서 이 사람이 어떻게 치유를 받았느냐고 오늘 우리에게 질문한다면, 너희와 모든 이스라엘 백성들은 알라. 너희가 십자가에 못 박고 하나님이 죽은 자 가운데서 살리신 나사렛 예수 그리스도의 이름으로 이 사람이 건강하게 되어 너희 앞에 섰다. 이 예수는 너희 건축자들의 버린 돌로서 집 모퉁이의 머릿돌이 되었다. 다른 이들 속에는 구원이 없다."*

RG: 여기서 베드로는 모든 것이 이루어졌고 이 예언이 실현되었다고 우리에게 말합니다. 그리고 조금 있다가 그는 시 118편을 인용하는데, 이 시편은 진정한 하나님께 맞선 음모와 같이 모든 살인자들의 연합에 대해 말하고 있습니다. 전 이 점이 아주 중요하다고 봅니다. 이것은 대부분의 독자들에게 아주 신비로운데요. 이런 집단적 살인과 소작인들, 사람을 죽이는 포도경작자들의 비유 속에 나오는 집단적 살인 사이의 유사점을 강조하기 때문입니다. 그래서 이 모든 것들은 계속적으로 은유적인 이미지를 사용하는 언어로 반복되고 있지만 오늘날 우리는 이론적인 언어를 사용하고 있습니다. 우리는 그것을 희생양만들기에 관한 현대 인류학의 언어로 말할 수 있겠지만 그런 언어가 더 나을까요? 잘 모르겠군요. 만일 성서의 언어가 통하지 않는다면, 통할 것 같지 않다면, 어떤 언어를 사용할 수 있을까요?

---

* 사도행전 4:9-12

궁극적으로 데리다Derrida와 해체철학자들은 언어는 결국 불필요하다고, 언어는 자신만의 길을 간다고, 실재와 접촉한다고 말할 것입니다… 글쎄요, 우린 염려할 필요는 없지요. 왜냐하면 그것이 그리 대수롭지 않기 때문입니다. 진리는 없으며 본문과 함께 하는 것, 혹은 본문을 해석하는 것은 항상 다른 본문들을 가리킬 뿐이지 결코 다른 실재를 가리키지 않습니다. 지금 제가 희생양만들기와 관련하여 하고자 하는 주석은 그것과는 아주 다릅니다. 그 본문 배후에는 진정한 희생자들이 있습니다. 그것이 중요한 거죠. 진정한 희생자들이 있는 겁니다. 그들이 희생당하는 것이 어떻게 일어나는지를 우리는 이해할 수도 있습니다. 포도원의 비유에서 얻을 수 있는 일반적인 교훈이 아무것도 없다는 것은 사실이 아닙니다. 왜냐하면 이 교훈은 항상 성서 전체의 교훈이기 때문입니다. 그것은 바로 희생양만들기의 교훈입니다. 그래서 우리는 조심스레 우리 손가락으로 우리의 귀를 막고 있습니다. 언어에 대한 폭력은 결국 성서적 진리에 대한 폭력입니다. 저는 이런 형태의 주석을 하는 사람들에게 잘못을 덮어씌우는 것이 아닙니다. 저는 이렇게 말씀드립니다. "그들을 모두 용서하소서, 주님. 그들은 자신들이 하는 일을 모릅니다." 그들이 무엇을 하고 있는지 모른다는 것은 무의식적인 것을 의미합니다. 그들은 진리를 이루고 있지만 무의식적으로 하는 것이며, 그리하여 그들은 우리가 생각하는 만큼 죄책감을 느끼지 않습니다. 그 이유는 우리가 단어 속에 조금 더 진리를 담고 있을 수 있지만 그렇다고 그것이 우리의 이웃과 우리의 관계 속에 있는 진리에 부합되게 행동하는 것을 의미하는 것은 아니니까요. 궁극적인 시험은 본문의 해석이 아니라, 물론 우리가 어떻게 이웃에게 행동하느냐 입니다. 그것이 육체를 입은 우리가 줄 수 있는 진정한 본보기이며, 그것이 사람들을 회심하게 만들고 우리의 말과 행동이 일치하면 다행인 거죠. 그렇지만 우리의 행동이 말과 일치하지 않으면 우리의 말은 그다지 영향력이 없을 겁니다. 사람들이 완전히 이해는 못하더라도 이것을 알 거에요.

> SB: 기독교의 독특성의 문제는 사도행전 4장 12절에서 나온 문제 혹은 인용부분에서 야기됩니다. "예수 외에 다른 사람에게는 구원이 없다." 이 말이 많은 사람들을 격노하게 합니다.

RG: 그리스도인이 되는 것은 예수가 모든 예언을 성취했다고 믿는 것이며, 그래서 이런 믿음은 복음서가 우리에게 이것을 더욱 명백하게 말하고 있다는 의미에서 문자 그대로 정당화됩니다. 우리는 신약성서 전체, 특히 사도행전에서 이것을 볼 수 있습니다. 사도행전의 시작은 아주 중요합니다. 우리가 베드로의 중요성을 보는 곳이 바로 이곳입니다. 왜냐하면 건축자들이 버린 돌이 주춧돌이 되었다고 우리에게 말해주는 사람이 바로 베드로인데요, 알다시피 미래에서가 아니라 지금 모든 것들이 이루어진다는 것입니다.

베드로는 매력적인 인물입니다. 복음서에서 그는 종종 실수를 합니다. 베드로의 부인에 심리학적인 해석을 부여하는 사람들이 베드로가 개인으로서는 약하다고 말한다면 완전히 기회를 놓치는 것입니다. 전 그렇게 생각하지 않아요. 왜냐하면 베드로를 보세요. 예수가 체포될 때 다른 사람들과 함께 도망치는 대신 베드로는 따릅니다. 그러니까 베드로의 마음은 그 자리에 있는 거죠. 그는 다른 이들과 함께 성전의 뜰에 들어가지만 군중 속에서 자신이 드러나자 그의 약함을 보여줍니다. 다른 사람들 사이에 홀로 있는 사람은 그냥 그 군중에 합류하게 되는 것이 사실입니다. 우리 모두 군중에 합류하죠. 다른 제자들은 그러지 않습니다. 왜냐하면 그들은 도망쳤기 때문이지만 유다는 그 군중에 합류합니다. 가끔 저는 유다에 대한 강조가 올바르지 않다고 봅니다. 모든 제자들이 그리스도를 배신합니다. 유다와의 진정한 차이점이 있다면 유다는 되돌아오지 않고 모든 희망을 잃어버린 것이라고 생각합니다. 베드로처럼 회개할 수 있었다면 다른 이들처럼 용서받을 수 있다는 것을 유다는 깨닫지 못했습니다. 그렇지만 베드로의 부인은 아마도 문학이라는 점뿐만 아니라 복음서 속의 가장 위대한 장면들 가운데 하나일 겁니다. 어떤 사람들은 이렇게 말합니다. "아, 복음서에는 이런 위대한 이야기들이 없구나." 마치 우리가 이야기해 온 솔로몬의 재판이나 요셉의 이야기의 사람들처럼 말입니다. 저는 이렇게 말합니다. "그렇지 않습니다. 베드로는 부인합니다." 즉, 어떤 면에서 가장 아름다운 이야기입니다. 여기서 베드로는 군중의 강력한 영향력에 저항할 수 없었던, 모든 인간을 대표하는 인물입니다.

우리는 모방적 전염을 거스를 수 없습니다. 우리가 군중 속에 있으면 말 그대로 군중 속에 파묻히게 됩니다. 인류학적인 시각에서, 복음서는 군중의 심리가 막강하여 예수만이 그것을 정복할 수 있다는 것을 보여줍니다. 그들은 군중 혹은 집단이 지상에 있는 진정한 권력이라는 것을 보여줍니다. 왜냐하면 군중은 베드로조차 정복할 수 있기 때문입니다. 마지막 날에 일어날 예언으로 이것을 보게 되면 아주 충격적입니다. 왜냐하면 그도 그럴 것이, 현재로서는 그것이 우리가 보고 있는 것이기 때문이죠. 사람들이 기독교가 반드시 현대적이어야 하며 시대의 정신에 따라야 한다고 우리에게 말할 때 그들은 무엇이라고 말하나요? "군중을 따르세요, 광고를 따르세요." 우리가 그런 심리를 따라선 안 되며, 비현실적으로pious 들리더라도 이런 성서의 목소리에 귀를 기울여야 한다고 생각하는 이유가 바로 이것입니다.

베드로의 부인은 아주 놀랍습니다. 그가 군중의 소리를 들을 때, 베드로에게 어린 계집종의 소리가 들립니다. 복음서들 가운데 하나가 그것을 분명히 해주고 있으며, 우리에게 그 종이 어리다고 말해줍니다. 전 베드로가 성적으로 유혹을 받는 위험 속에 있다고 말하는 것이 아니라, 그녀가 어려서 그녀에게는 어떤 호소력이 있다는 것입니다. 그녀가 어리다는 것을 왜 언급했을까요? 만일 그녀가 나이든 여인이었다면 아마도 그녀는 베드로에게서 똑같은 반응을 끌어낼 수는 없었을 겁니다. 베드로는 갑작스럽게 지금 재판을 받고 있는 갱단의 일원이 아니라는 것을 그녀에게 보여주어야 합니다. 베드로는 예수의 친구라는 것을 부인합니다. 그는 항복해야만 하며 그녀는 다른 말을 하게 되는데, 이것이 제가 보기에는 굉장히 중요합니다. 그녀는 이렇게 말하죠. "아무튼, 당신이 갈릴리 억양을 쓰기에 전 당신을 알아봤습니다." 예루살렘에서는 흔하지 않은 억양인 것이죠. 환언하면, 당신은 외국인이잖소. 당신은 우리와 같은 사람이 아니며 이방인이란 말입니다. 그래서 베드로가 무엇을 합니까? 그는 자신이 그들과 같은 사람임을 보여주고자 하며, 군중 속의 일부임을 보여주는 유일한 방법은 희생양만들기에 참여하는 것입니다. 만일 저에게 당신과 같은 적이 있다면 전 당신과 같은 편이 됩니다. 그러니까 실제로, 아주 미묘하게, 우리에게는 베드로를 위한 보상의 표시가 있는 것인데, 이것은 보편적으로 인간적인 것입니다. 우리가 "아, 베드로는 특별한 사례구나"라고 얘기해서는 안 되는 이유가 바로 이것이죠. 베드로는 개인적으로는 정말 약하기 때문에 예수를 배신합니다. 베드로가 지도자였으므로 모든 사도들을 대표한다고 생각하지는 않습니다. 그는 우리 모두를 대표합니다. 그래서 전 이것이 굉장히 귀중한 장면이라고 봅니다.

그리 오래되지 않은 시기에, 모든 이들이 자동적으로 하나님을 믿었던 적이 있었습니다. 이것은 그리 많은 것을 의미하지 않았습니다. 오늘날 아무도 자동적으로 하나님을 믿지 않을 때는, 그것은 순전히 군중의 현상입니다. 그것이 그렇지 않은 이유는 튼튼한 과학적 논쟁들이 있기 때문입니다. 그것은 베드로의 부인이며, 그것이 전부입니다. 베드로의 부인은 어떤 다른 본문들 보다 더 무한정 강력하게 우리에게 사회가 무엇인지를 말해줍니다. 그리고 동시에, 베드로는 자신이 하고 있는 일을 모른다는 것이 아주 중요합니다. 다른 말로 하면, 그는 확실히 예수를 부인하고 있지만 실제로 자신이 무엇을 하고 있는지는 인식하지 못하고 있는 겁니다. 아마도 이 이야기의 결말이 가장 아름다운 이유가 이것인데요. 이 이야기는 베드로가 얼마나 의식이 없었는지를 보여줍니다. 우리는 무의식적이라는 말이 그리 많은 것을 의미하지 않는다고 말하지만, 복음서는 아주 직접적으로, 아주 당연하게도 그 무의식을 나타내는 법을 아주 잘 알고 있습니다. 닭이 우는 소리를 들었을 때, 이 소리는 베드로로 하여금 자신이 편리하게도 잊고 있었던 것을 상기시켜줍니다. 그것은 예수가 앞으로 일어날 그 배신을 예언한 것입니다. 우리는 예수의 예언이 신성한 영감과 같은 것은 아니라고 볼 수 있습니다. 여기서 다시금, 사람들은 이렇게 말하죠. "자, 베드로가 자신을 부인할 것이라고 예수에게 말해 준 사람은 예수의 아버지이다." 네, 그의 아버지입니다. 그렇지만 또한 예수의 인간적인 지식이기도 합니다. 왜냐하면 그가 아버지의 말을 듣는다는 사실은 이 모든 이들보다 예수가 인간의 공동체를 더욱 잘 이해하고 있기 때문입니다. 예수는 베드로가 집단적인 강압, 군중의 강압이라는 상황 속에 있는 자신을 발견하게 되리라는 것을 알았으며, 그 상황 속에서 베드로는 예수를 부인하게 될 것입니다. 그래서 우리 모두가 말해야 하는 것은 닭이 울자 베드로가 울기 시작했다는 것입니다. 베드로는 이것을 자신의 마음속에 두었고 갑자기 닭이 울면서 이것을 상기하게 된 것입니다. 이것은 다른 방식으로 서술하고 있는 복음서는 누가복음 하나뿐으로, 덜 생생하긴 하지만 내용은 같습니다. 누가복음에서 예수는 성전의 뜰에서 베드로를 만나며 베드로를 쳐다봅니다. 예수는 베드로를 쳐다만 볼 뿐이며 베드로는 깨닫습니다. 그것은 닭이 우는 것과 같습니다. 그래서 저에게는 그 장면이 복음서 중에서 가장 위대한 장면 가운데 하나입니다. 이 장면에는 언급도 별로 없이 몇 마디뿐입니다. 문학적인 관점에서 이 본문들의 경제성을 생각해 보면, 이 본문들은 세 단어로 우리에게 말하고 있습니다. 그저 믿을 수 없을 뿐입니다. it's just unbelievable

SB: 그러니까 베드로는 그 시점에서 낙담한 사람이군요.

RG: 낙담한 사람이지만 변화하게 될 겁니다. 베드로에게 회개의 기회가 찾아오게 됩니다. 그것은 바울의 회심과 아주 비슷한데요. 왜냐하면 베드로가 발견한 것은 바울이 발견한 것과 아주 똑같기 때문이에요. 그렇지만 바울은 그리스도의 입을 통해 다음과 같이 듣습니다. "왜 나를 핍박하느냐?" 다른 말로 하면, 바울이 예수에게 들은 것은 "너는 나를 못 박는 사람들과 함께 하고 있다. 너 역시 그런 것이다. 네가 어떤 범죄를 저지르고 있다는 것을 깨닫지도 못한 채 가장 자연스럽고도 무의식적으로 너는 그런 일을 행하고 있는 것이다. 어떤 면에서 너는 아니다. 너는 알면서도 모르고 있다. 네가 모든 것을 안다면 용서받을 수 있다. 왜냐하면 너는 그저 다른 이들처럼 행동하는 것에 불과하기 때문이다." 우리 모두는 한 가지 방식, 혹은 다른 방식으로 그렇게 합니다.

SB: 사도행전에서 베드로는 군중들에게 이렇게 말합니다. "구원은 예수에게서
　만 온다."

RG: "예수에게서만." 베드로는 부인한 후에 이 시점에서는 자신이 무
엇을 이야기하는지를 압니다.

SB: 공관복음서 초반부에는요, 예수와 베드로 사이의 경쟁에 대한 이야기가 있
　습니다. 예수가 가이사랴 빌립보에서 제자들을 모을 때이지요. 예수는 베
　드로를 꾸짖고 그를 "사탄"이라고 부릅니다...

RG: 그것은 예수가 자신이 십자가에 달리게 될 것을 선언할 때의 첫 부
분입니다.* 제자들은 우리 모두와 같고 베드로는 야심 있는 인물입니다.
그는 세상에서 성공하고자 했고 야심을 이루기 위해서는 예수가 바로 그
길이라고 생각합니다. 예수는 메시아, 즉 나라와 만물의 머리가 되는 세
상적인 메시아라고 생각합니다. 그래서 베드로가 이 말을 듣고서는 엄청
난 충격을 받게 됩니다. 왜냐하면 자신의 야망이 끝나버렸기 때문이죠.
그가 "아닙니다. 이런 일이 당신에게 일어나지 않을 것입니다."라고 말하
는 이유가 이것입니다. 베드로는 지도자가 자신의 미래에 대한 확신을 잃
고 있는 것을 옆에서 지켜 보는 정치적 조언자와 같습니다. 그는 그런 신
념을 회복시키려 합니다. 왜냐하면 베드로는 자신이 세상적인 성공으로
보고 있는 성공의 일부이기 때문입니다. 그래서 이런 세상적인 성공은 모
든 지도자들의 성공입니다. 그것은 어떤 정치적인 성공, 충성이나 민주주
의와 같은 것들보다 더 사탄 같은 것이 아닙니다. 그 가운데 일부는 조금
더 낫고 일부는 다른 것보다 더 나쁘지만, 차이는 그리 크지 않아요. 베드
로가 메시아를 인식하는 방식이 이렇습니다. 예수를 둘러싸고 있는 모든

---

* 마가복음 8:27-37과 상응구절. 복음서에서 이 부분은 예수가 처음으로 "인자"(혹은 인간)의
　"고난"에 대해 말하는 부분이다.

이들처럼 말이지요. 이것은 그 당시에 존재할 수 있었던 유일한 개념입니다. 베드로는 그것의 한 부분이며 예수는 베드로에게 네가 잘못했노라고, 그런 방식은 아니며 결코 그런 방식이 되어선 안 된다고 분명히 말하고 있습니다. 그렇지만 베드로는 이해하지 못합니다. 어떤 면에서 우리는 충격을 받은 베드로, 발판에서 떨어져 버린 베드로를 불쌍히 여깁니다. 왜냐하면 그는 관련된 사람들 가운데 하나이기 때문입니다. 그는 그저 이길 것이라고 생각한 대통령 선거의 정치적 참모와 같을 뿐입니다. 우리는 모두 서로 이기려 합니다. 그리고 만일 중심인물, 선두 주자가 희망을 잃게 되면 어떻게 될까요? 그래서 베드로는 예수를 이렇게 꾸짖습니다. "당신이 짊어진 책임을 생각해 보시오. 당신에게는 제자들이 있잖소." 그는 전혀 그것을 깨닫지 못합니다.

8장 · 기독교

SB: 사도행전에서 이방인들의 사도, 바울은 예수의 부활을 말하고 있습니다만 예수가 거부당한 것에 대해서는 아무것도 언급하지 않습니다. 사도행전에서 바울이 하는 말은 모든 바울의 사상을 포함하지 않습니다. 고린도전서를 얘기해 보자면, 교수님의 친구 레이먼드 슈바거는 이렇게 말합니다. "실제로 그 편지는 바울이 결코 예수의 거부를 숨기고 있지 않음을 보여주고 있다. 자신의 비유대인 독자들조차, 그리고 십자가의 메시지가 헬라인들뿐만 아니라 유대인들에게도 이해할 수 없는 것임을 분명히 강조한다." 이말은 고린도전서 1:18-24에서 바울이 말하고 있는 내용입니다. "십자가의 말이 멸망하는 자들에게는 어리석은 것이지만 구원을 받는 우리에게는 하나님의 능력입니다. 유대인들은 이적을 구하고 헬라인들은 지혜를 구하지만 우리는 십자가에 못 박힌 예수를 설교합니다. 유대인들에게는 걸려 넘어지는 돌이고 이방인들에게는 어리석은 것이지만 부르심을 입은 우리들에게는, 유대인들이나 헬라인이나, 그리스도는 하나님의 증력이자 하나님의 지혜입니다."

RG: 글쎄요. 말씀을 듣고 있노라니 먼저 떠오르는 것이 하나 있는데, 여기서 우리가 하고 있는 번역입니다. 바로 *scandalon*을 번역한 옛 단어 "걸려 넘어지는 돌"인데요. 여기서 사용된 헬라어는 *scandalon*으로, '스캔들,' 걸려 넘어지는 돌 등으로 번역될 수 있습니다. 그런데 오늘날에는 이게 아주 재미있습니다. 이 본문의 번역을 약화시키거나, 예를 들면 scandalon을 '죄를 짓는 계기occasion of sin' 혹은 제가 전혀 좋아하지 않는 약한 의미로 번역하는 경향이 있는 것이죠. 걸려 넘어지는 돌은 발부리에 걸리게 만드는 것입니다. 똑같은 것을 의미하는 히브리어 단어도 있는데, 바로 우리가 극복하지 못하는 장애물, 즉 우리를 넘어뜨리는 것입니다.*

대부분의 사람들이 십자가형을 실패 말고는 아무것도 아닌 것이라고 봅니다. 그것은 이야기의 끝입니다. 예수는 실패했습니다. 예수는 사기꾼으로 드러났습니다. 예수는 거짓 메시아였으며 지금으로서는 모두 끝났습니다. 물론 우리에게는 왜 이런 일이 일어나야만 했는지에 대해 설명해 주는 모든 말이 있으므로 더 잘 이해합니다. 우리에게는 거짓 진실, 폭력의 거짓말에 헌신하고 있는 인간 세계 속에서 진리가 반드시 실패한다는 계시가 있습니다.

이 세상에서 그리스도는 반드시 실패합니다. 그렇지만 수난 속에 어리석음이 나타나고 어리석음이 이야기되고 있습니다. 초기 그리스도인들은 구약의 다른 본문에 비추어서 올바르게 읽었으며, 그리고 곧 신약성서는 바른 결론을 내렸습니다. 우리에게 요구되는 것은 논리입니다. 보세요, 그것은 똑같은 것입니다. 이것은 야훼의 종에게 되풀이되어 일어나는 것입니다. 그것은 이미 구약성서에 있습니다. 그것은 여러 차례에 걸쳐 예언되었으며 이제 일어나고 있습니다. 다른 사람들이 거부한 돌은 머릿돌이 됩니다. 우리는 신약성서 기자들의 결론을 이끌어 내며 모든 것이 의미 있

---

* "70인역은 두 개의 히브리어 어근과 동족의 명사, *yksh*와 *kshl*를 번역하기 위해 *scandalizo/lon*를 사용한다. 후자는 '미끄러지다, 걸려 넘어지다'를 의미하는데, 예를 들면 이사야 8:15의 mkshl은 '길 위에서 사람을 넘어뜨리게 하는 장애물'이다. 레위기 19:14, 이사야 57:14. 비유적으로는 이사야 8:14, 예레미야 6:21, 에스겔 3:20." G. Stahlin in *TDNT* Vol 7, 339ff (Grand Rapids: Eerdmans, 1971).

는 것이 됩니다. 그러므로 이것은 대체로 해석의 행위입니다. 상황이 서로 잘 맞아서 우리는 이것이 서로 잘 맞아 떨어진다는 것을 부인할 수 없습니다. 제가 보기에 이것은 종교적이면서 과학적입니다. 그리하여 우리는 이 본문 앞에서 경외심을 가지고 서야 하는데, 이 본문은 우리에게 많은 것을 말해주고 있지만 우리 시대에는 그리도 잘못 이해되고 있습니다.

SB: 바울은 고린도전서 2:7-8에서 이렇게 말합니다. "우리는 은밀하게 감추어져 있는 하나님의 지혜를 말합니다. 그것은, 하나님께서 우리를 영광스럽게 하시려고, 영세 전에 미리 정하신 지혜입니다. 이 세상 통치자들 가운데는, 이 지혜를 안 사람이 하나도 없습니다. 그들이 알았더라면, 영광의 주를 십자가에 못 박지 않았을 것입니다."

RG: 하나님이 인간을 창조했을 때, 그는 앞으로 일어나게 될 모든 일을 알았으며 자신만의 계획을 가지셨다는 발상이 있습니다. 물론 아버지 하나님은 자신의 계획이 있었고 지금 일어나고 있는 것이 그 계획의 일부입니다. 이것은 정확히 이 세상의 권세가 하고 있는 것입니다. 이 세상의 권세들은 어떤 방해와 마주했을 때 그들이 항상 하듯이 행동할 것입니다. 그들은 이 게임을 거부하는 자들을 자신들의 법칙에 따라 파괴시킬 겁니다. 그래서 그들은 자신들이 항상 하는 일을 되풀이하려 합니다. 그렇지만 그들은 여기에 있는 이런 카메라와 같은 것을 마주했을 때 그들이 항상 하는 것을 되풀이하고 있다는 것을 깨닫지 못합니다. 이 카메라들은 신실하게 사물들을 기록하게 될 것인데요, 이것은 어떤 면에서 모든 것이 들어맞고 예언들이 이루어졌다는 것을 이해하기 위한, 충분히 선한 의지를 가진 사람들, 충분히 지성적인 사람들, 충분히 신성한 영감을 받은 사람들, 충분한 은혜를 가진 모든 사람들에게 그것을 분명하게 해줄 것입니다. 바로 이것이 주된 주제입니다. 그것은 예수를 파괴하는 것과 같은 체제이지만, 예수가 그것을 보여줄 때 까지는 그 권세가 보이지 않아 그들이 분별할 수 없습니다. 그러므로 그들은 이런 가능성을 내다보지 못했습니다. 그들은 자신들이 속았다는 것과 이제부터 그들은 끝장이라는 것을 알지 못하고 믿지도 않으며 깨닫지도 못하는 것입니다. 사람들이 이해조차 하지 못하더라도 더욱 더 많은 이들이 믿을 것이며, 권세들은 점차적으로 약해져서 힘을 잃게 되어, 진리이자 우주의 주인인 예수 자신이 그 권세를 대신할 겁니다.

SB: 마가복음에서는 예루살렘의 멸망에 대한 예수의 예언이 있습니다. 이 내용은 모든 공관복음서에 나타납니다. 이것은 마지막 때의 위대한 담론의 시작부분에 있습니다. 마가복음 13:7-8에서 예수가 말하는 내용인데요, "또 너희는 여기저기에서 전쟁이 일어난 소식과 전쟁이 일어날 것이라는 소문을 듣게 되어도, 놀라지 말아라. 이런 일이 반드시 일어나야 한다. 그러나 아직 끝은 아니다. 민족과 민족이 맞서 일어나고, 나라와 나라가 맞서 일어날 것이며, 지진이 곳곳에서 일어나고, 기근이 들 것이다." 마지막 때의 재앙에 대한 묘사는 지진과 기근을 포함하고 있습니다만 다시금 그 경향은 폭력을 향해 있습니다. 이것을 어떻게 생각하십니까?

RG: 아주 중요한 부분입니다. 왜냐하면 권세들이 약해짐에 따라 이들은 이전에 해오던 일들을 행할 수 없기 때문이죠. 그들에게는 더 이상 희생이 없는데, 이 희생은 인간으로 하여금 희생자들의 도움으로 자신의 공동체에서 그들의 폭력을 추방할 수 있게 해 주는 것입니다. 그래서 이 공동체들은 자유롭게 되어 인간의 정신은 더욱 더 확장하게 되고 이 가짜 장벽들이 더 이상 구속하지 않게 됩니다. 환언하면, 기독교가 폭력에 책임이 있다고 비난하는 자들은 옳지 않지만, 간접적으로 그들은 어떤 진실을 말하고 있는 겁니다. 복음이 더욱 세상에 영향을 주게 되면, 지금까지 인간의 문화를 보호하고 있던 희생적인 장치들을 더욱 파괴시키게 됩니다. 우리 그리스도인들이 권세에 종속되어 있다는 사실은, 또한 우리가 과거 속에, 기독교가 등장한 이래로 우리가 보아 왔던 인간 문화가 확장되던 과거 속에서 살고 있다는 뜻입니다. 이것은 아주 좋기도, 아주 나쁘기도 했습니다. 우리는 세상에 대한 복음의 선함도, 그 영향도 부인해서는 안 됩니다. 왜냐하면 세상에서 폭력이 늘어나는 것이 사실이라면, 또한 더욱 더 많은 평화가 있는 것도 사실이니까요. 우리는 항상 더 많은 희생들을 만들고 있지만 동시에 더욱 많은 희생들을 막아내고 있습니다. 그러므로 우리는 우리의 세상을 부정적인 관점에서 무조건적으로 판단할 수는 없습니다. 칭찬받아 마땅할 측면들도 많이 있습니다. 우리는 그렇다고 말할 수 있습니다. 인간은 선을 위해서도, 악을 위해서도 해방되어 왔습니다. 인간의 창조는 무한적으로 더욱 모방적인 피조물의 창조란 것은 사실입니다. 인간은 동물들보다는 더 건설적이고 파괴적이며, 동물들보다 더 지성적이고 폭력을 일삼는 경향이 있습니다. 다른 말로 하면, 더욱 자유롭다는 것이지요. 그리스도는 인간의 자유에 있어서 새로운 단계입니다. 이 자유는 아주 전적이고 위대하여 인간은 자신이 만든 장치의 희생이 되어 버립니다. 그렇지만 이 장치들 중에서 어떤 것은 파괴적이지 않습니다. 따라서 우리는 우리가 단일사상과 단순한 방식으로는 판단할 수 없는, 극단적으로 복잡한 상황에 있는 것입니다.

SB: 복음서에 나오는 미래에 대한 예수의 예언은 이런 재앙들의 부정적인 측면들을 강조하는 것으로 보입니다.

RG: 맞습니다. 그 이유는 예수가 종말을 향해 똑바로 가기 때문입니다. 그렇지만 그는 요한복음에서 이렇게 말하기도 합니다. "너희는 내가 행한 것보다 더 큰 이적들을 행하게 될 것이다."* 우리는 마가복음의 두 번째 결말에서 비슷한 것을 발견합니다.** 우리는 이 본문이 잃어버린 마가의 원래 결말이 아니라는 것을 알지만 전 이것이 아주 중요하다고 봅니다. 왜냐하면 이것은 현재와는 아주 다른 미래의 측면들을 말하고, 혹은 적어도 언급하고 있기 때문입니다. 아주 혁신적인 것이라고 말할 수 있겠습니다. 그 차이점은 우리가 모든 혁신들이 선하다고 믿지만, 과거의 사람들은 모든 혁신들이 나쁜 것이라고 믿는 경향이 있다는 것이죠.

SB: 이런 관점들은 모두 결함이 있습니다.

RG: 물론 이런 관점에는 결함이 있지요. 상황이 아주 복합적이고 우리가 스스로 예언자가 될 수 없는 이유가 이것입니다. 전 위대한 그리스도인의 경험들은 묵시적 긴장의 요소를 갖는다고 보는데요, 그것이 그리스도인의 경험의 일부입니다. 만일 그것이 거기에 없다면, 만일 모든 것이 달콤하고 찬란하거나 혹은 점진적으로 조화를 이루며 악한 이들이 배제되어서 모든 폭력들이 사라진 세상이라면, 그러면서도 양쪽 편에 악한 이들이 있다면, 전 그것을 신뢰하지 않습니다. 그러나 우리가 세상을 심판할 수 없다는 것은 분명합니다. 그것은 아주 복잡합니다. 그것은 너무 선하면서

---

* 요한복음 14:12
** 마가복음 16:9-20. 지라르는 9-20절을 포함하는 본문상의 증거를 말하고 있는데, 이것은 사본비평상으로 원래 문서의 일부가 아니라 후대의 첨가로 보는 것이다. 다음을 보라. Bruce M. Metzger, *A Textual Commentary on the New Testament* (United Bible Societies), 1971, 122-128.

도 아주 악한 것입니다. 우리는 이런 복잡성을 알고 있지만 전 우리가 그 것에 판결을 내릴 수 있다고 보지는 않습니다. 위대한 그리스도인의 경험은 위험의 요소를 안고 있으며, 세상은 어떤 면에서 스스로의 길을 가며, 좁고도 어리석지만 폭력적인 희생의 장벽들에 의해 더 이상 보호되지 않고 있으며, 그것이 인간에게서 인간을 지켰고 인간이 스스로를 파괴시키지 못하도록 만들었습니다. 이제야 우리는 이것을 볼 수 있습니다.

SB: 예수는 마가복음 13:12에서 이렇게 말합니다. "형제가 형제를 죽음에 넘겨 주고, 아버지가 자식을 또한 그렇게 하고, 자식이 부모를 거슬러 일어나서 부모를 죽일 것이다." 이 말은 예수의 가르침과는 어울리지 않는 것처럼 보이지만 그렇지는 않습니다.

RG: 아니오, 그렇지 않습니다. 왜냐하면 이 본문이 말하는 것은 희생이나 강력한 법적인 체제로 보호되지 않는 인간의 관계들은 그 관계들이 가장 최상이어야 할 때 최악이 될 것이기 때문입니다. 가장 가까운 관계들은 위험에 빠지고 폭력적으로 될 것입니다. 물론 그리스도인들의 미래에 대한 예측들은 일편단심 장밋빛은 아닙니다. 정반대이죠. 그렇지만 동시에 우리는 그 관계들을 역시 외곬적인 묵시로 만들어서도 안 됩니다. 묵시는 틀림없이 진리를 드러내는 것입니다. 예수는 종말을 향해 곧장 갑니다. 물론 예수는 언제 종말이 있을 것인지에 대해서는 결코 말하지 않습니다. 몇몇 사람들은 종말론적 본문을 스스로를 겁주고자 하여 모든 것을 순진하게 상기하고 있는 기독교의 실수로 봅니다. 사실상 이들 본문들은 희생적 보호의 상실, 권세의 상실에 대해 우리가 이야기해 온 모든 것에 근본적으로 뒤따르는 것입니다. 아무리 그들이 나쁜 것이라 해도 말이지요. 사람들이 기독교를 그렇게도 많이 비난하는 이유가 이것이라는 것을 우리는 압니다. 그리 오래되지 않아, 그리고 지금까지도, 우리가 권력자들을 존중해야 한다*고 말하는 바람에 바울은 비난을 받는다는 것을 전 기억합니다. 마치 서구 제국주의에 대한 굴종인양 우리가 좋은 사람이 되어야 하며 법을 존중해야 한다는 것이지요. 법이 있는 한 그것을 지키세요. 기독교 덕분에 법은 조만간 사라지게 될 것이므로 그것에 대비하세요. 그렇지만 세상을 벌하며 법을 파괴하면서 스스로 예수인양 행동하지 마세요. 왜냐하면 예수만이 그 법의 선함을 알기 때문입니다. 바울이 법을 거스르라고 말하고 있다는 생각은 그릇된 것입니다. 그는 우리가 그것을 넘어서고 있다고 말합니다. 위대한 위험과 함께 위대한 보상이 있을지라도 그것은 피할 수 없는 것입니다.

SB: 평화의 왕, 예수에 대해 조금만 더 이야기 해주세요. 예수의 탄생에 대해 복음서 서사들 앞부분에서 우리는 평화의 왕으로 그가 오심에 대해 듣습니다. 예언에 의하면 평화를 가져다주게 될 사람이 히브리 성서 속에 있습니다. 그렇지만 예수는 마태복음 10:34-36과 누가복음 12:51ff에서 찾을 수 있는 아주 어려운 언급들을 합니다. 그는 이렇게 말합니다. "너희는 내가 땅 위에 평화를 주러 온 줄로 생각하지 말아라. 평화가 아니라 칼을 주러 왔다. 나는 아들이 제 아버지를, 딸이 제 어머니를, 며느리가 제 시어머니를 거슬러서 갈라서게 하러 왔다. 사람의 원수가 제 집안 식구일 것이다."

RG: 전 사람들이 기독교를 그렇게도 많이 비난하는 대답으로 즐겨 인용합니다. 왜냐하면 특히 기독교적이지 않은 여러 곳에서, 오늘날 폭력에 대한 회의가 있을 때 종교가, 특히 기독교가 폭력에 대한 책임이 있다고 말하기 때문이죠. 기독교는 우리에게 평화를 약속하지만 다른 어떤 종교

---

* 아마도 지라르는 여기서 로마서 13:1-7을 말하는 듯하다.

보다도 더 많은 종교 전쟁을 불러 옵니다. 저는 이렇게 말합니다. "기독교가 우리에게 평화를 약속한다고요? 복음서를 읽으신 게 맞으요?" 그리고는 이 구절을 인용합니다. 전 이렇게 말해요. "사실 기독교는 당신이 말하는 정반대의 것을 말하고 있는데, 어떻게 기독교를 비난하시는 거죠?" 그러니까 한편으로, 기독교를 비난한다고 우리가 생각하는 것 이상으로 우리에게는 더 많은 이유가 있지만, 다른 한편으로는 우리는 그 이유를 알 수조차 없고 예수가 이야기하는 것을 이해할 수조차 없는 것입니다. 물론 예수에 대한 이런 언급들은 예수의 수난이 모든 희생들의 신뢰성을 약화시킨다는, 종교적인 규례와 체제가 갖는 앞선 모든 체계들을 약화시킨다는 사실을 또 다르게 언급하는 겁니다.

SB: 하나님의 영광과 사람들 사이의 평화는 앞으로 이루어질, 갓 태어난 아이의 위대한 행위로 선언됩니다. 예수의 공생애 모든 삶이 이런 이적 하에 서 있어요. 이것은 서로 사랑하라고, 모든 인간을 사랑하라고, 심지어 원수까지도 사랑하라고 그가 가르친 사례가 아닙니까? 마태복음 5:38-48과 누가복음 6:27-36에서 예수는 화평케 하는 이들을 축복합니다.

RG: 분명합니다. 우리를 둘러싼 폭력과 고난 없이 기독교를 이룰 수 있는 유일한 방법은 물론 하나님의 나라의 법칙을 준수하는 것입니다. 그것은 단순히 이렇게 말합니다. "보복하지 말고 다른 뺨을 돌려대라." 사람들은 이것을 이해하지 못합니다. 사람들은 모든 것이 자신들 때문이라는 것을 깨닫지 못합니다. 물론 예수는 모든 인간이 아마도 다른 뺨을 돌려 대지 않으리라는 것을 알았겠습니다만, 만일 인간이 그랬다면, 아무도 뺨을 맞지 않았을 겁니다. 만일 그들이 진정으로 하나님의 나라의 법칙에 따라 행했다면 평화가 있었겠죠. 다른 어떤 방식이 상호적이라는 것은 분명합니다. 전 다른 사람들이 저를 향해 행동하는 방식으로 행동할 것입니다. 만일 우리가 그렇게 한다면 그것은 국제연합UN과 같은 것입니다. 그것은 그냥 외교일 뿐으로, 현대의 국가들 사이의 관계인 것입니다. 우리는 각자가 공격자이며 불가피하게 언제나 국가들을 지배하는 폭력의 방식으로 움직이고 있다는 것을 압니다. 그래서 우리는 똑같이 행합니다. 그러니까 하나님 나라의 법칙은, 다시 말하여, 예수의 어떤 몽상적인 생각이 아닌 것입니다. 그것은 사람들이 모방적 관계를 갖는 세상 속에서 평화의 절대적인 전제조건인 것입니다. 세상에서 사람들은 모방적인 관계를 가지며 서로를 모방하여, 아주 조그마한 적대감의 신호도 총체적인 갈등이 되어 버리고 마는 지점에 이르기까지 모방적으로 증폭될 것입니다. 그래서 우리는 그 시대의 모든 것을 제거해야만 합니다.

그것은 인간관계를 이해하는 문제입니다. 인간은 그렇게 하지 않으며, 인간이 진짜로 원하는 것은 희생적인 체계입니다. 이것은 오래된 폭력입니다. 인간은 이것과 저것 중에 하나를 선택해야 합니다. 결국에는 그 사이에는 아무것도 없습니다. 그렇지만 예수가 우리로 하여금 하나님 나라를 성취하도록 초대하는 방식—모든 이들이 참여하고 평화가 즉시 승리하게 되는—으로 하나님 나라가 이루어지지 않고 있을 때에는 "중간사in-between history"라는 것이 있다고 말할 수 있습니다. 그 나라는 수난 없이, 마지막의 묵시적 폭력이 없이 자리 잡게 될 것입니다. 이것은 우리 손에 있습니다. 예수가 자신의 첫 설교와 가르침에서 이야기한 것이 이것입니다. 예수는 현재 상태에 있는 자신의 백성들에게 말하고 있습니다. 예수는 그것이 일어나지 않을 것임을 아주 잘 알고 있지만, 동시에 그것이 일어나게 하는 것보다 더 쉬운 것은 없음도 잘 알고 있습니다. 그것은 예외 없이 단순히 비폭력이 되는 문제, 모든 보복을 피하는 문제입니다.

만일 우리가 역사를 보게 된다면 역사가 모두 나쁘다고는 말할 수 없습니다. 역사는 온갖 종류의 잡동사니가 뒤섞인 가방입니다. 사람들은 기독교 세상을 충분히 만들 만큼 그리스도인들이 되고 있습니다. 적어도 기독교 일각에서는, 지구상에 일찍이 존재했던 다른 어떤 사회보다도 훨씬 낫습니다. 이것은 마치 우리 인간이 했던 일인 양 자랑하는 것이지만 사실상으로는 우리 세상, 우리 문명 속에 있는 기독교의 요소들입니다. 여기서 다시금, 어떤 이들은 오늘날 모든 문명들이 동등하다고, 문명들에는 차이가 없다고, 문명들은 모두 독립적이고 서로 관계가 없다고 말합니다만 그렇지 않습니다. 제가 의미하는 것은 우리가 사람들이 자신들의 발로 투표를 한다고 말하는 보수주의자들의 주장을 되풀이하는 것일 수도 있다는 겁니다. 그들은 미국과 서유럽으로 이민을 하지, 동아시아, 공산주의 세계 혹은 제3세계로 이민을 하지는 않습니다. 여기에는 의심의 여지가 없습니다. 오늘날 우리의 지성은 기독교 선교사들을 비난합니다. 사람들은 기독교화 되어서는 안 됩니다. 왜냐하면 그들의 그림 같은 종교들과 문화들을 잃어버리기 때문입니다. 그렇지만 통계학은 사람들이 그리스도인이 될 때 범죄는 감소하고 생활수준은 높아지는 등의 일이 일어난다는 것을 보여줍니다. 그들은 사람들의 운명을 개선시키는 것에 관심이 없습니다. 기독교는, 절반만 시행이 되더라도, 항상 어느 정도는 기능을 하고 있으며 부정할 수 없는 구체적인 효과를 발휘하고 있습니다.

· 그리스도는 하나님의 나라를 권고합니다. 그 나라에는 보복이 전혀 없으며 다른 뺨을 돌려 댑니다. 사람들은 절대로 이런 행동을 하지 않죠. 그렇지만 중간의 때는, 순수하게 인간의 역사적인 관점에서 볼 때 대단히 탁월합니다. 그리하여 적어도 비기독교적이 되어 온 서구 문명은 이전의 다른 어떤 것과도 비교할 수 없는 세상을 만들었습니다. 그렇지만 오늘날 우

리는 그것을 부정해야 합니다. 우리가 그것을 부인해야하는 이유는 그것이 자랑하는 것일 수 있기 때문입니다. 그렇지만 아닙니다. 그것은 자랑하지 않습니다. 왜냐하면 그것은 우리에 대한 것이 아니라 인간 문화에 대한 복음서의 영향에 관한 것이기 때문입니다. 우리는 구체적이어야 하고 사실에 근거해야 하며 정치적 정당성political correctness을 포기해야 합니다.

SB: 그래서 교수님께서는 기독교가 우월한 종교라고 말씀하시는 거군요.

RG: 제가 말씀드리는 것은 기독교는 유일한 참 종교라는 겁니다. 기독교의 뿌리인 유대교와 관련된 기독교는 유일한 진정한 종교입니다. 기독교는 모든 고대의 종교들이 가지는 희생양만들기라는 본성을 까발리는 유일한 종교입니다. 물론, 오늘날에는 수많은 형태의 기독교들이 있고 기독교와 관련된 종파들이 있습니다. 그렇지만 기독교, 오히려 복음은 진정으로 고대의 종교를 진리로 변모시키고 변화시키며, 고대의 종교는 우리 주위에서 기독교에서 다소 파생되어 나온 모든 현대의 종교들보다 더욱 중요합니다. 우리가 꼭 말해야만 하는 또 다른 내용은 모든 현대의 운동들은 궁극적으로 기독교에서 파생되었다는 것입니다. 이 현대 운동들은 기독교 스스로에 맞서 기독교적인 시조를 사용하려 한 기독교에 대한 거부입니다. 그렇지만 궁극적으로 그들은 체스터톤Chesterton이 말한 것처럼, 광기에 사로잡힌 기독교적 사고로 가득합니다.

SB: 예수는 요한복음에서 이렇게 말합니다. "내가 곧 길이요, 진리요, 생명이다. 나로 말미암지 않고서는 아무도 아버지께로 올 자가 없다."*

RG: 기독교는 그 말을 단언하고 있으며, 우리가 그 말을 믿는다면 그

---

* 요한복음 14:6

것이 진짜라고 말해야만 합니다. 다른 말로 하면 그런 우월성, 기독교의 절대적 우월성을 믿지 않으려면 복음을 잘라버려야 합니다. 그것이 분명하게 절대적인 기독교의 우월성을 단언하고 있기에 우리는 그 문장을 없애야만 합니다.

SB: 인류학에서 그런 우월성을 보면 뭐라고 하나요?

RG: 인류학자들은 고대 종교와 기독교 사이의 유사성만을 봅니다. 그들은 동일한 윤곽profile을 보며 희생자를 악마 취급하는 집단적 살인이 끝인 공동체의 커다란 위기를 봅니다. 그들이 깨닫지 못하는 것은 우리가 갖는 한 가지 사례가 희생양만들기라는 것입니다. 우리는 거짓을 가진 희생제사의 희생양만들기를 추정하고 받아들이며 믿습니다. 이것이 의미하는 바는 그것이 사실이라는 거예요. 다른 말로 하면, 만일 우리가 모방이론을 따른다면 그것은 의심의 여지가 없이 기독교가 유일한 참 종교라고 결론을 내리는 변증적인 체계라는 겁니다.

SB: 그러면 "길이요, 진리요 생명"이라는 것이 모방적 시각에서는 무엇을 의미하는 건가요?

RG: 길이요 진리요 생명, 이 세 가지 모두가 그리스도 자신이라고 말할 수 있겠습니다. 그리스도의 길은 그의 삶, 그의 행동을 따르며, 그리고 우리가 할 수 있는 한 희생양의 역할을 받아들이는 것입니다. 왜냐하면 우리가 완벽하다면 희생을 당하게 되니까요. 더욱 자주 짚고 넘어가야 하는 아주 재미있는 것이 있습니다. 완전한 사람이 핍박을 당하리라는 생각은 단순히 기독교의 사상이 아니라 플라톤에서도 나타납니다. 플라톤의 『국가Republic』에서는 어떤 등장인물이 나와서 모든 이에게 완전하게 행동하며 조금의 폭력성도 없는 그 사람에게 무슨 일이 벌어지게 될 것인지를 말하고 있습니다. 전 그 사람이 분명 핍박을 받을 것이라는 대답을 하는 이가 바로 소크라테스 자신이라고 봅니다. 물론 소크라테스는 기독교 이전의 예언적 배우입니다. 왜냐하면 그는 완벽을 향하여 다가가는 어떤 것에 대한 플라톤적인 시각을 대변하니까요. 이것이 기독교적 완전함이 아니더라도, 그럼에도 소크라테스는 핍박을 받습니다. 플라톤 속에 희생양만들기를 내포하는 완전함이라는 사상이 있다는 것은 아주 놀랄만한 일입니다. 어떤 사람들은 유대교 성서가 플라톤에 영향을 주었을 것이라고 합니다. 그것은 불가능한 것은 아니죠. 우리는 플라톤이 이집트로부터 많은 이국적인 영향을 받았음을 알고 있으며, 그 영향은 아마도 야훼의 종, 핍박받는 완전한 사람과 같이 성서에서 온 것일 수도 있습니다. 아무튼, 그것은 아주 분명히 기독교적 사고입니다. 그렇지만 그것이 『국가』에서도 있음은 의심의 여지가 없습니다. 아주 매혹적인 일입니다.

SB: "내가 곧 길이요, 진리요, 생명이다"에 대해 달리 언급하실 말씀은 없으십니까?

RG: 있습니다. 생명이신 예수에 대해서요. 왜냐하면 생명은 부활이니까요. 예수는 우리가 이야기해 온 바로 그 진리이며, 오로지 그것입니다. 물론 그 길은 하나님을 닮는 것이며, 이것은 그리스도를 닮는 것입니다. 왜냐하면 만일 우리가 그리스도처럼 행동한다면 우리는 더 행복해지는 것이 아니라 핍박을 받게 되니까요. 더 숭고한 의미에서 우리는 더 행복해질 것이지만 핍박을 받게 될 것입니다. 그러니까 우리는 진리를 향해 가고 있는 것입니다. 따라서 궁극적으로는, 우리가 생명을 향해 가는 겁니다. 그 이유는 우리가 부활을 향하여 가고 있기 때문이죠. 그래서 어떤 면에서, 길, 진리, 생명이라는 세 단어 속에서는, 그리스도 자신과 그의 진정한 제자들의 전체 기독교적 궤도가 요약되어 있습니다. 생명이 마지막에 있어야 하는 이유는 그것이 부활이기 때문이죠.

SB: 예수는 요한복음에서 아브라함을 신앙과 순종의 모델이라고 말합니다. 그의 초점이 무엇이라고 생각합니까?

RG: 아브라함을 떠올릴 때는 무엇을 생각하시나요? 이삭의 희생이라 불리는 장면을 생각하시겠지만 이것은 정확히 말해 이삭의 희생이 아닙니다. 그것은 짐승제사를 향해 가는 위대한 전환으로서, 이것은 인간의 진전입니다. 고대 종교 속에 있는 진정한 인간의 진전은 바로 그것이며, 그리하여 성서의 운동은 항상 덜 폭력적인 것으로 향하고 있습니다.

SB: 요한복음 8장에서는, 자신의 적대자들에게 예수가 이렇게 말합니다. "만일 하나님이 너희 아버지라면 너희는 나를 사랑했을 것이다. 나는 하나님의 일을 행하고 하나님으로부터 왔기 때문이다. 난 내 뜻으로 온 것이 아니라 그분께서 나를 보내셨다."* 예수가 하나님에게서 왔기에 종교 권력자들도 하나님을 그들의 아버지로 삼았으면 예수를 사랑했을 것입니다. 그렇지만 이제 그들이 원하는 것은 예수를 죽이는 겁니다. 그래서 예수는 이렇게 결론을 이끌어 냅니다. "너희의 아버지는 마귀이며 너희의 뜻은 너희 아버지의 욕망을 행하는 것이다. 그는 태초로부터 살인자였다."

RG: 예수는 그들이 모방적 욕구에 속해 있다고 말하고 있는데요. 이 모방적 욕구는 태초로부터 살인자입니다. 다른 말로 하면, 이것은 집단적 살인을 일컫는 또 다른 언급입니다. 모호해 보일 수는 있지만 만일 우리가

---

* 인터뷰 진행자는 요한복음 5장과 8장을 혼합하고 있다.

사탄이 모방적 욕구와 같은 것이라고 한다면, 여기서 암시하고 있는 것은 장황한 모방적 절차가 그릇된 죄악의 죽음으로 끝나버린다는 것입니다. 우리는 십자가 처형을 향하여 가고 있습니다. 어떤 사람들이 이 말을 들으면, 복음서들이 반유대인적anti-Semitic이라고 말할 텐데요, 이것은 아주 웃긴 이야기입니다. 어떤 사람들은 복음서들이 반유대교적anti-Judaic이라고 말합니다. 아닙니다. 그들이 말하는 것은, 그들이 모든 사람에 대해 말하는 것이고 예외는 없습니다. 이것이 바로 모든 사람들의 행태이며, 어떤 인간도 그 후에 그리스도를 실제로 받아들이지 않았습니다. 그래서 이 단어들은 복음서에 들어갈 자격이 충분합니다. 왜냐하면 그들은 모든 인간에게 적용하고 있지, 그저 유대인들에게만 적용하는 것은 아니거든요. 이 단어들은 매일 더 진실해 지고 있습니다. 이 단어들은 아마도 완전히 진실한 것이 되고 있으며 기독교가 예언을 성취하기 위해 지상에서 사라지게 될 것이라고 예측할 수도 있습니다. 이것이 진정으로 세상의 끝이 의미하는 바가 아닐까요?

기독교에서서 한 가지 놀라운 것은 기독교는 자신의 실패를 예측하는 유일한 종교라는 겁니다. 기독교는 자신의 실패를 내다보며, 그렇기에 면역력을 갖게 됩니다. 오늘날 회심을 하는 사람들은 기독교를 피하지 않고 이렇게 말합니다. "보세요, 기독교는 저물어가는 권력입니다." 그들은 이 말에 겁먹지 않습니다. 이 일은 진행 중입니다. 처음부터 예고되었던 일입니다. 이것은 정반대의 것을 의미합니다. 어느 때보다 회심이 촉박해 지고 있습니다. 시간이 얼마 남지 않았기 때문이에요. 기독교 말고 어떤 종교가 자신의 사망을 예측하나요?

SB: 기독교가 불합리하다고 믿는 사람들은 어떤가요?

RG: 맞습니다. 아주 소수의 사람들만이 기독교를 따른다는 의미에서 그렇게 말할 수도 있겠네요. 그렇지만 이런 불합리성은 희생이 사라진 세상 속에 있는 것입니다. 그러니까 무슨 일이 일어나든 직접적으로 신앙이 야기한 것은 아니지요. 신앙의 부족으로 일어난 겁니다. 기독교가 실제로 불합리하다는 사실은 예수가 내다본 종말을 향해 똑바로 가고 있다는 신호입니다. 인자가 돌아올 때 믿음을 볼 수 있겠느냐?* 그러니까 우리가 묵시적인 시기를 거치면서 겪고 있는 대중들의 본능은, 그런 나쁜 말을 써서는 안 되겠지만, 대부분의 단순한 사람들의 본능은 어떤 면에서 제 시각에서 보면 충분한 근거가 있는 겁니다.

SB: 대환란에 앞서 천국으로 그리스도인들이 들려 올려 질 것이라는 신념, 휴거와 종말을 연관시켜서 이야기하는 사람들은 어떤가요?

RG: 그것은 아주 나쁜 겁니다. 왜냐하면 이 사람들은 이렇게 말하기 때문입니다. "나는 선택된 사람이며 나머지 사람들이 불 속에서 타죽는 것을 보게 될 거야." 그러니까 이것은 비기독교적인 겁니다. 아닌 거죠. 그리스도인이라면 다른 사람들의 곤경 속에서 스스로를 봅니다. 왜냐하면 우리가 우리 자신의 죄를 보는 거니까요. 그런 사람들이 아주 극소수이므로 우리는 스스로를 성자로 보지 않습니다.

SB: 요한복음에 나오는 예수의 고별담화에서는 예수가 시편 69:4를 특히 언급하면서 세상의 미움을 사고 있다고 말하고 있습니다. "그들이 까닭 없이 나를 미워했'고 그들의 율법에 기록된 말씀이 이루어졌다."

---

* 누가복음 18:8

RG: "그들이 까닭 없이 나를 미워했다"는 예언적 말로서 아주 매력적인 구절입니다. 왜냐하면 희생양을 정의하는 것이거든요. 희생양은 우리 모두가 이유 없이 미워하는 사람이죠. 예수뿐만이 아니라 다른 모든 희생양들이 그렇습니다. 이 말은 문자 그대로 희생양의 정의를 내리는 겁니다. 말을 바꾸면, 우리는 그 예언이 의미하는 바를 볼 수 있습니다. 그 예언은 예수에게 일어나는 일을 주로 정의하는 것과 연결되어 있습니다. "그렇지만 그들이 까닭 없이 나를 미워했다." 만일 우리가 이것을 예수에 관한 것이라고 말한다면, 우리는 다시금 예수는 흠 없는 희생이라는 것을 깨닫게 되는 겁니다. 흠이 없는 희생은 정확히 신화와는 반대되는 것입니다. 신화는 우리를 기쁘게 합니다. 왜냐하면 우리가 폭력을 행사하는 어떤 이에게 죄가 있다고 말하거든요. 마치 전쟁과 우리의 정치적 싸움에서 우리가 하고 있는 것과 꼭 같습니다. 그 사람은 항상 그 폭력에 책임을 지는 범죄자가 되어 버립니다. 그런 일은 모든 차원에서 벌어집니다.

무엇보다도 우리는 끝없이 상호적으로 싸우게 될 겁니다. 아마도 우리가 대등하게 맞먹을 것이기 때문입니다. 우리가 우리의 적과 더 비슷해질수록, 우리는 대등하게 맞먹게 되며, 우리는 더욱 더 영원히 싸움을 하게 될 겁니다. 우리가 함께 서로를 제거할 때 까지, 그들이 우리와 유사하게 동등한 힘을 갖게 되어 우리가 우리의 적을 만든다는 의미에서 우리는 스스로를 아주 효과적으로 핍박합니다.

SB: 교수님께서 앞서 언급하신 것처럼, 만일 이것이 그리스도 안에 있는 새로운 생명이 있다는 사실에 대한 것이 아니라면 아주 암울해 보입니다. 선한 모방의 개념에 대해서 지라르 학파 사람들 사이에서 많은 논의가 있어 왔습니다. 이 대화 속에서 교수님은 어떤 입장을 취하고 계시나요?

RG: 선한 모방은 복음서에서 그리스도를 닮는 것뿐만 아니라 그리스도를 본받는 사람을 닮는 것으로 정의되고 있습니다. 바울이 아주 직접적으로, 지체하지 않고 "나를 본받으라."*고 말할 수 있었던 이유가 이것이라고 봅니다. 그것은 그가 그리스도를 대신한다는 말이 아니라 바울이 그리스도를 충분히 잘 모방하는 사람이라서 그가 중개적 모델이 될 수 있다고 확신하는 겁니다. 바울이 말하고 있는 사람들은 그를 보는 겁니다. 그들은 예수를 보지 않습니다. 그렇지만 그리스도인의 신앙만이 선한 모방입니다. 그 이유는 기독교는 우리에게 무엇보다 하나님을 본받는 모델, 가장 완벽한 예수라는 모델을 부여하고 있기 때문입니다. 사실 삼위일체 전체의 생각은 바로 이것, 아들이 아버지를 아주 완벽하게 닮아서 그는 아버지 "이다"라는 사실에 기초하고 있습니다. 그렇지만 아버지는 아들을 닮아서 그와 모든 것을 공유합니다. 물론 삼위일체 속에서 이런 선한 모방의 과정은 추상적인 원리가 아니라 어떤 이, 성령이라 불리는 또 다른 모방자인 것입니다. 그래서 저는 성령에 대한 정의로 거슬러 올라갑니다. 요한복음에서 보혜사*Paraclete*로 정의된 성령은 사탄과 정반대에 있는, 방어를 위한 변호자를 가리킵니다.** 다른 말로 하면 선한 모방은 항상 폭력에 맞서 움직이고 있으며 악한 모방은 살인으로 끝나고, 아버지, 삼위일체를 향해 움직여서, 삼위일체의 한 부분이 되고 어떤 면에서 삼위일체에 참여하고 있습니다.

삼위일체적인 삶을 나누는 것은 부당하게 선고를 받은 희생자를 변호하는 것을 나누는 것입니다. 왜냐하면 사람들이 이해하지 못하는—그들은 삼위일체가 아주 말도 안되는 교리라고 합니다—삼위일체에 있어 굉장한

---

* 빌립보서 3:17
** 요한복음 14:16-17, 25, 15:26, 16:7-15.

것은 우리 인간 속에 있기 때문이며, 만일 우리가 인간이 무엇인지를 이해한다면 관계가 모든 것이라는 것을 이해하게 됩니다. 모든 사람이 스스로에 고립된 섬이라고 생각해 보세요. 이런 스토아적인 개인주의는 무익한 것입니다. 고독하고 효용성도 없지요. 그래서 삼위일체의 교리만이 성서의 하나님이 하나라는 의미에서 여전히 하나이신 하나님과의 관계를 포함하는 것입니다. 만일 우리에게 하나님 속의 관계가 없었고 삼위일체의 삶속에 있는 나눔이 없다면, 이것은 우리가 예수의 수난을 가지지 못했던 것인 양, 하나님께서 폭력과 고난을 겪지 않았으며 우리 인간에게 있는 죽음을 갖지 않았던 것처럼 하나님께서 우리의 가장 위대한 경험을 빼앗을 수 있다는 것을 의미합니다. 시몬 베유^{Simone Weil}는 이렇게 말했습니다: 하나님께서는 자신이 가질 수 없는 위대한 영적인 경험을 하는 사람을 부러워하실 수 있습니다. 그 이유는 그가 혼자이며 그에게는 관계가 없기 때문입니다. 그렇지만 하나님께서는 하나님 자신 안에서 관계를 갖습니다. 하나님은 삼위일체이기 때문입니다.

저는 하나님께서 외톨이라고 말하고 있는 것이 아닙니다. 물론 아니지요. 하나님은 부러워할 필요도 없으시고 그것이 시몬 베유가 말하고 있는 것도 아닙니다. 그녀가 말하는 것은 삼위일체 사상을 변호하는 것입니다. 삼위일체 사상이 어리석은 생각이라고 여기지 마세요. 우리가 그것을 버리게 되면 우리는 몇몇 사람들이 존재의 유일신론이라고 비난하는 것^{단일적monolithic}이 되고 마는, 구체화되고 굳어진 유일신론과 함께 남겨지고 맙니다. 기독교적 유일신론은 단일적인 것이 아닙니다. 그 이유는 그 안에 관계가 있기 때문이지요. 이제 우리는 인간적으로 말해 이것을 이해할 수 없습니다. 우리는 그 답을 얻어내지 못합니다. 우리의 지성은 이 문제를 해결할 수 없고 실제로 인식할 수도 없습니다. 그렇지만 기독교가 그것을 상정한다는 사실은, 있을 수 있는 모든 반대에 기독교가 대답한다는 것을 의미합니다.

그래서 요한복음은 이렇게 시작합니다. "태초에 말씀이 있었고 이 말씀은 하나님이었다."* 아들은 창조자이며 보혜사입니다. 우리가 이런 사고들을 하기 시작할 때 그들을 계속해서 구분하고 연합시켜야 하는 이유가 이것입니다. 그러므로 삼위일체의 교리는 4세기의 세계교회공의회에서 만난 어떤 사람들의 어리석은 생각이 아니며, 그들은 자신들이 하고 있던 것을 모르고 그저 이런 저런 결과를 가져오기 위해 음모를 꾸미고 있을 뿐이었습니다. 삼위일체의 생각은 아주 강력해서 우리는 그것을 겨우 이해할 수 있을 뿐입니다.

SB: 복음서는 예수가 마귀를 내어 쫓고 병든 자를 치유하는 것에 대해 많은 부분 말하고 있습니다. 예수가 선한 모방으로 행하는 귀신축출과 치유를 말하는 그런 언급들을 어떻게 보십니까?

RG: 일부 증인들이 만일 네가 귀신들을 쫓아낸다면 너희는 귀신들의 왕자 베엘제붑Beelzebub으로 귀신들을 쫓아내는 것이라고 말하는 본문이 바로 떠오르네요. 이것은 희생적인 축출을 의미합니다. 다른 마귀들로 마귀를 쫓아내는 것은 실재하는 것입니다. 여기서 전 레이먼드 슈바거와 조금 다른 입장인데요. 그는 마귀로 마귀를 쫓아내는 것은 없다고 생각하죠. 그렇지만 저는 있다고 봅니다. 그것은 희생자를 죽임을 통한 고대의 축출로서, 바로 희생양 축출에 해당하는 겁니다. 물론 우리는 이런 흔적을 성서에서 발견합니다. 우리는 염소를 쫓아냅니다. 왜 우리가 염소를 쫓아낼까요? 왜냐하면 우리가 앞서 말했던 것처럼, 숫염소에 대한 반감

---

* 요한복음 1:1

을 갖기는 아주 쉽기 때문입니다. 그래서 과거에 있었던 희생양 제의에는 마귀적인 측면이 있었지만 곧 사라질 것입니다. 그래서 예수는 마귀의 세상궁극적으로는 희생의 세상은 스스로 무너진다고 말함으로써 자신이 하고 있는 일에 대한 비판에 맞섰습니다. 왜냐하면 만약 사탄이 사탄을 쫓아낸다면, 결국 사탄은 자신을 거부하는 것이 되거든요. 그에게는 어떤 부정적인 것, 파괴적인 것이 있습니다. 이것은 그가 스스로를 고갈시키고 있다는 것을 의미하죠. 전 이런 면들façades에서 판단하면서, 우리는 희생적 세계가 결국에는 효용성을 잃고 무無로 사라져 버리게 된다고 가정할 수 있다고 봅니다. 그것을 해석하기 위한 어떤 기독교적인 계시가 아무 것도 없었다고 하더라도 말이지요. 다른 말로 하면, 희생들이 그 가능성을 고갈시켜버리게 되면, 우리가 예수를 따르지 않을 때 예상할 수 있는 형태의 파괴가 예수 없이 일어나게 될 것입니다. 그러므로 예수는 희생의 종말에 대한 직접적인 책임이 있다고 비난받을 수는 없지요. 그들은 그 힘을 잃어버립니다. 우리는 그런 힘을 회복시킬 새로운 축출, 새로운 희생체계를 가져야만 합니다. 그렇지만 모든 희생체계는 일상이 되어 결국 붕괴하고 말죠. 그래서 사탄은 스스로를 쫓아내지만 영원히 그렇게 할 수는 없습니다.

9장 · 십자가의 승리

SB: 팔복에서 예수는 이렇게 말합니다. "마음이 가난한 자는 행복하다, 온화한 사람들은 행복하다, 화평케 하는 이들은 행복하다 등등."* 그들은 예수 이전에 전형적으로 복을 받는 사람들이 아니었습니다. 하나님의 축복이라고 생각되는 대부분의 것들은 부자이고 힘 있고 권력의 자리에 있는 사람에게 임했습니다.

RG: 핍박을 받는 사람들조차도 복이 있다는데, 이것은 아주 놀라운 이야기입니다. 그래서 이런 말씀은 복음서들처럼 전부 역설적입니다. 왜냐하면 궁극적으로 사회의 희생자들이 복되다는 것을 의미하기 때문입니다. 희생양들은 복이 있습니다. 모든 것이 돌아서게 될 것이기 때문입니다. 그래서 이것은 우리가 이해하듯 일상생활, 행복한 생활, 안락한 생활에 있어서는 굉장히 역설적인 것입니다. 이것은 우리가 부유하고 윤택할 뿐만 아니라 우리가 공동체에서 사랑받는 사람이자 특권과 힘을 가진 자리에 있는 자들이 선호하는 삶을 누리고 있는 것입니다. 정반대의 것이죠. 최근 저는 팔복에 대한 주석이라는 것을 읽고 놀랐는데요, 이런 역설과 산상수훈 곳곳에 있는 당황스러운 특징을 알지도 못하는 것처럼 보이더군요. 팔복과 마주하면 우리는 모두 베드로처럼 이렇게 말합니다. "오,

---

* 마태복음 5:3-12

주님. 이 일이 당신에게 일어나지 않을 것입니다." 그래서 예수가 말하는 것은 궁극적으로는 세상에서 성공하는 것보다는 그와 함께 수난을 겪는 것이 더 낫다는 겁니다. 만일 앞서 우리가 말해 온 모든 것이 사실이라면, 그것은 우리가 기독교 안에서 가지는 우리의 가치들에 대한 이런 반전에서 직접적으로 흘러나온 것입니다. 그것을 달리 표현하는 것이지요. 그것은 어떤 의미에서 시적인 표현입니다. 우리에게는 조화로운 말들이 있습니다. 헬라어 원문에도 같은 방식인 듯합니다.

이것은 산상수훈의 시작에 있는 복음서의 중심입니다. 마태는 예수를 따르고자 하는 자들, 세상의 시각에서는 나쁘기 마련인 이 모든 것들을 경험하는 사람들의 시각에서 기독교의 본질을 다시 한 번 표현하고 있습니다. 그렇지만 예수에게 있어서 세상의 관점은 역전되고 있으며 거부되고 있는 것입니다. 결국 그것은 예수가 말하고 있는, 반복건대 대단히 역설적인 논리의 일부입니다. 오늘날조차도 그리스도인들은 그것을 받아들일 수 없습니다. 예를 들면 그리스도인들은 가난한 자에게서 부유한 이에게로 관심을 돌리는 것이 절대적으로 본질적이라고 생각합니다. 복음서는 결코 그렇게 말하지 않습니다. 저로서는 복음서들이 사회적 측면이 있다고 보며 제가 그런 측면들에 반대하지는 않습니다. 그렇지만 우리가 복음서에서 이렇게 걸쳐있는 요소에 대해 생각하기 시작한다면, 복음서는 결코 가난한 자를 부유하게 만드는 것을 말하지 않습니다. 예수는 다른 이들보다 가난한 자들이 그의 제자가 될 기회를 더 많이 갖는다고 말합니다. 누가복음은 부의 위험을 굉장히 역설하고 있습니다. 제 말은, 부자가 영생을 얻는 것보다는 낙타가 바늘귀 속을 통과하는 것이 더 쉽다는 것입니다.

물론 제자들은 아주 깜짝 놀라서 이렇게 말합니다. "오, 주님, 부유한 이들도 구원을 받지 못한다면 과연 누가 구원을 받을 수 있단 말입니까?"
이런 역설은 꾸준히 있습니다. 그렇지만 팔복에서, 결정적인 것은 형식입
니다. 단호한 명령들이자 시적인 언급들입니다. 전 이것은 복음서에서 가
장 신비로운 측면 가운데 하나라고 말하고 싶습니다. 왜냐하면 예수는 어
떤 면에서 서정적이며, 이것은 예수에게 있어서는 아주 흔하지 않기 때문
이죠. 복음서 전체의 역설을 응집시키는 것을 표현하는데 충분할 정도로
서정적입니다.

SB: 예수의 이야기 가운데 어떤 것은 이해하기 너무 어렵습니다. 예수는 그들
을 가르치며 이렇게 말합니다. "악에 대항하지 말라. 악한 이에게 맞서지
말라. 누군가 너희의 오른쪽 뺨을 때리거든 다른 쪽 뺨도 돌려 대라."*

RG: 계율들도 있습니다. 만일 우리가 악에 저항하면 우리 스스로 악에
있게 된다. 우리는 모방한다. 저항과 동의는 궁극적으로 같은 것이 된다.
이것은 사탄의 역설 가운데 하나로서 전 이렇게 말합니다. "우리가 사탄
에게 저항할수록 사탄은 더욱 죽은 체할 것이다." 사탄은 그런 형태의 저
항을 사랑합니다. 그런 저항은 마귀를 만들어 내는 것이며 사람들을 모방
적 의미에서 쌍둥이로 바꾸어 버리는 것입니다. 그러므로 우리는 이 핵심
에 쉽게 다가설 수 있습니다: 우리가 악에 저항한다면 악이 우리에게 원하
는 것을 하는 것입니다.

악과 싸우려고 하지 말고 악과 전투를 벌이려고 하지 말며 악에게 악을
행하려고 하지 마십시오. 왜냐하면 그것이 바로 악에 다름없는 것이기 때
문입니다. 물론 이런 진술을 충분히 이해하는 것은 예수가 우리가 생각하
는 악에 대해 이야기하는 것을 보는 것입니다. 그것은 우리 스스로가 행

* 마태복음 5:39

하고 있는 것보다 더욱 악한 것으로 만들어 버리는 것을 보는 우리의 시각입니다. 아마도 이것이 선하지는 않겠지만, 우리의 반응보다 더 악하지는 않을 수 있습니다. 악에 맞서는 것은 세상에 폭력을 더욱 가져오는 것입니다. 악을 떠나기 위해서 우리는 강제로 악을 내어 쫓고 싶어 합니다. 그렇기에 아주 조그마한 악일지라도, 악 조차도 희생양으로 만들어 버려선 안 됩니다.

SB: 누가는 이렇게 기록하고 있습니다. "너희 원수를 사랑하라. 너희를 미워하는 자에게 잘해 주어라. 너희를 저주하는 사람들을 축복하라. 너희에게 함부로 대하는 사람들을 위해 기도하라. 너희의 뺨을 치는 사람에게 다른 뺨도 내어 주어라. 너희의 겉옷을 빼앗는 사람에게는 속옷도 거절하지 말아라."* 이것 역시도 복음서의 총체가 아닌가요?

RG: 그럼요. 이 모든 진술은 서로 아주 밀접합니다. 그것은 악의 일부가 되라는 폭력적인 저항의 역설인 것입니다. 왜냐하면 우리는 상대방을 압제자로 보지만 상대방도 우리를 압제자로 보고 스스로를 저항자로 여기기 때문입니다. 그러니까 궁극적으로는, 어느 쪽이든 똑같습니다. 우리는 쌍둥이의 전투를, 비극을 더욱 준비하고 있는 것입니다.

SB: 신약성서의 서신들은 같은 요구를 포함하고 있습니다. 바울은 로마인들에게 보내는 편지에서 이렇게 씁니다. 제가 말을 바꾸어 보겠습니다. "악을 악으로 갚지 말라. 너희 원수가 굶주리면 먹이라. 그가 목이 마르면 그에게 마실 것을 주라. 그렇게 함으로 너희는 그의 머리에 불타는 숯불을 올리게

---

* 누가복음 6:27–29

될 것이다. 악으로 이기려고 하지 말고 선으로 악을 이겨내라."*

RG: 우리의 원수를 수치스럽게 한다는 생각은 복음서에 나오는 예수보다는 조금 더 나아간 것입니다. 다시금 우리는 우리의 원수가 우리를 모방하도록 만들 것이며 그가 휘두른 폭력으로 그를 수치스럽게 할 것입니다. 그러므로 그는 긍정적으로 우리를 모방하게 될 것입니다. 숯불을 달구는 것은 적대적이지 않은 압박을 의미하지만 어떤 면에서는 원수가 자신이 잘못을 변증법적으로 인식하도록 하는 공식이며, 원수는 이 공식으로 우리를 모방합니다.

이 점은 꼭 말씀드리고 싶네요. 만일 우리가 긍정적인 모방을 악한 모방으로 바꾸어 버린다면, 그리고 이렇게 하는 것은 아주 쉽습니다만, 우리가 처음부터 다시 경쟁의 가능성을 만들어 내게 된다는 것을 꼭 기억해야 합니다. 우리는 그렇게 하려는 우리의 성향을 따르게 됩니다. 그 이유는 우리의 상대방, 즉 반대편에서 우리에게 말하는 자들에게서 우리가 좋아하지 않는 점을 쉽게 찾아내기 때문입니다. 그 반대로 하기는 아주, 아주 어렵습니다. 우리가 한번 신뢰를 잃었을 때 누군가의 신뢰를 얻는 것은 거의 불가능합니다.

SB: 바울은 예수를 둘째 아담 혹은 새 아담이라고 부릅니다.** 바울이 왜 새 아담이라고 불렀는지 설명해 주시겠습니까?

RG: 둘째 아담, 예수는 원죄가 없는 인간을 새로 만들고자 하는 시도입니다. 만일 원죄가 우리 대화 속에서 앞서 우리가 말하던 것, 즉 이브가 뱀을 모방한 것이고 아담이 이브를 모방한 것이며 이 모든 것의 결과라면,

---

* 로마서 12:17-21
** 로마서 5:12-21, 고린도전서 15:22, 45.

올바르게 하나님을 닮고자 하는 선한 모델의 선한 모방을 본받는 것이 이 땅 위에 있는 그리스도의 임재라는 것은 분명합니다. 아담과 그리스도를 나란히 놓는 또 다른 이유는, 그것이 하나님께서 인간과 완전히 구분되기 이전에 존재하지 않았던 선한 모방의 모델을 우리에게 주고 있기 때문입니다. 그래서 복음서는 선한 모방에 대해, 물론 악한 모방에 대해서도 간접적으로만 말하고 있습니다. 악한 모방은 선한 모방의 상대이며 모든 단계에서 존재하고 있습니다. 우리가 모방적 욕망에 대해 이야기할 때는 조금 다른 어휘를 사용합니다. 예수는 우리에게 개인주의라는 모델이 아니라 하나님을 닮는 모델을 주고 있습니다. 바울도 그랬고 진정한 모든 그리스도인들도 그렇습니다. 우리는 성인의 사상과 똑같은 모방의 사슬을 가지고 있습니다. 가톨릭교회는 사람들에게 선한 모델로 성자들이라는 개념을 마련해 주고 있으며, 우리에게 선한 모델이 더 많을수록 더 나아집니다. 그들은 돈키호테와 같다기보다는 우리와 가깝습니다. 그들의 실제 상황이 어떤지를 알지 못한 채, 우리가 간섭하는 사람들에게 시퍼렇게 멍이 들도록 맞지는 않을 것이라는 어떤 보장도 없이, 우리를 먼 길로 보내는 것입니다. 우리는 선한 모델들을 부여하며, 이 선한 모델들은 우리에게 현실을 가르쳐주고, 우리를 순수한 광기의 상상 속으로 보내지 않고 더욱 현실적으로 만들어 줍니다.

SB: 악한 모방이 경쟁과 폭력이라면 선한 모방은 용서와 화해입니다. 아담과 이브에서 다섯 세대가 지난 후에는, 누구든 자신을 공격하는 사람이 있다면 77배로 갚아 줄 것을 약속하는 라멕이 등장합니다.* 그렇지만 이제 복음서에서는 그것이 완전히 역전됩니다. 예수는 우리가 77번이라도 용서하라

---

* 창세기 4:23-24

고 합니다.*

RG: 네. 이것이야 말로 모방적 위기와 희생양만들기라는 결과를 피할 수 있는 유일한 방법입니다. 바꾸어 말하면, 예수의 목적은 항상 어떤 폭력도 없는, 수난이 없는 하나님의 나라를 이루는 것입니다. 그렇지만 인간은 거부했습니다. 그래서 하나님의 나라는 전체 과정을 반복함으로써 이루어져야 져야 하되, 그 반복이라는 것은 인간의 무의식적인 행동을 통해 그것을 성취하는 대신 그 과정을 드러내는 것입니다.

SB: 예수는 제자들더러 자신을 따르라고 불렀습니다. 현대 신학은 모방과 따름을 구분합니다.

RG: 그 이유는 현대 신학자들이 현대 세계를 특징짓는 모방에 대한 반감을 공유하기 때문이라고 봅니다. 그들은 그리스도인이 순전하게 어떤 모델을 모방하는 양sheep과 같다고 말하고 싶어 하지 않습니다. 전 이것이 아주 얄팍하다고 생각합니다. 그런 두려움은 묵살되어야 합니다. 왜냐하면 따름과 닮음은 실제로 똑같은 것을 의미하기 때문이죠. 마치 우리가 맹목적으로 모방할 수 있고 지성적으로 모방할 수 있듯이, 우리는 맹목적으로 따르고 지성적으로 따를 수 있습니다. 그 이유는 우리를 인도하는 이가 올바른 방향으로 가고 있다는 것을 우리가 알기 때문입니다. 전 신학자들의 구분을 알고 있습니다. 그렇지만 신학자들은 항상 세상을 염려하고 그들이 살게 된 세상 속의 방식이 되는 사고형태를 염려합니다. 그래서 지금으로서는, 신학자들은 해체주의자들이 되고 싶어 하며 전혀 기독교와 어울리지 않는 그런 것들이 되고자 합니다. 그들은 그리스도인이 되는 것을 두려워합니다. 만일 그들이 고객을 기쁘게 한다면, 그들이 다른 어떤 것

---

* 마태복음 18:21-22

배후에서 기독교로 위장한다면, 그들이 그것을 체제에 대한 어떤 도전과 같은 것으로 탈바꿈시킬 수 있다면, 그들이 성공할 수 있을 것이라고 생각합니다. 그렇지만 우리는 체제에 대한 가장 강력한 도전은 기독교적인 것이라는 것을 알고 있습니다. 왜냐하면 그것은 전혀 도전이 아니기 때문이죠. 그것은 지속될 수도 없고 참아낼 수도 없으며, 혹은 인간에게 유용하지도 않은 측면들을 드러냅니다.

SB: 교수님의 인생에서 체제에 대한 가장 중요한 기독교적 도전은 무엇이었나요?

RG: 이전 교황*이 진정으로 그리스도인들에게 도전을 주었다고 봅니다. 그는 그리스도인들을 다양한 방식으로 도전했습니다. 그 이유는 그의 세계교회적 신념, 기독교를 부인하지 않는 방식으로 교회와 유대인들을 화해시키려는 노력 때문입니다. 많은 이들이 지금 그리스도인들이 실제로 다른 이들보다 더 죄가 있다고 말하거나, 아니면 유대인들이 예수를 죽인 것이 아니라 로마인들이 죽인 것이라고 우리에게 말함으로 현재 기독교를 거부하고 있습니다. 그렇지만 그것은 진짜 실상을 거부하는 것입니다. 신학적인 입장에서 본다면, 유대인들이 그리스도 수난의 일부였다는 것을 부인하는 것은 어떤 면에서 그들에게 선택된 자로서의 역할을 빼앗는 것이라고 할 수 있겠습니다. 궁극적으로는 신학적인 입장에서 보면 그리스도의 수난보다 더 의미가 있는 것은 없습니다. 우리는 기독교적인 입장에서 그리스도의 수난에서 유대인들의 역할을 빼앗을 수 없습니다. 그렇지만 그렇게 하는 것은 오늘날 언론의 입장에서 보면 큰 이익이 됩니다. 이것은 의미 없는 입장입니다. 기독교의 시각에서는 유대인들에게서

---

* 요한 바오로 2세

그들의 선택을 빼앗는 것이 됩니다. 왜냐하면 우리는 그리스도의 수난 속에서 유대인들이 제사장들이라고 말할 수 있기 때문입니다. 편견이 없이 수난을 본다면, 우리는 어떤 가담자도 빼놓을 수 없으며 그들을 잊을 수도 없고, 그들이 그런 역할을 하지 않았다고 말하거나 다른 사람들을 선택하여 그들을 대체할 수도 없습니다. 성서의 모든 선택된 사람들은 그들에게 맡겨진 요구에 이르지 못했다는 의미에서 실패입니다. 그래서 제가 보기에는, 우리가 이야기해야할 것은 유대교의 실패를 답습하는 그리스도인들의 실패이며, 바울이 로마서에서 말하는 것이 이것입니다.* 유대인들의 실패를 말한 후에 바울은 이렇게 말합니다. "만일 지금, 혹여나 그리스도인들도 실패를 하여 같은 방식으로 행동한다면, 원래의 가지 이스라엘을 지체 없이 잘라낸 하나님도 그리스도인들을 지체 없이 잘라내실 것입니다." 자, 우리는 그런 상황 속에 있습니다. 그리스도인들은 실패를 합니다. 비단 유대인들만이 아니라, 그리스도인들만이 아니라 전 세계가 실패합니다. 그래서 유대인들이 그리스도의 죽음에 죄가 없다고 말하는 대신, 우리는 그리스도인들은 유대인들보다 더 큰 죄가 있으며 홀로코스트는 수백만 명의 그리스도들을 죽인 것과 같다고 말해야만 할 것입니다.

이것이 반유대주의에 응답하는 방식입니다: 유대인들이 그리스도를 죽였다고 말하는 것이 아니며, 그렇게 말하는 것은 아주 비상식적입니다. 전 세계가 그리스도를 죽였습니다. 의심의 여지가 없어요. 그렇지만 그것은 그리스도의 수난이 일어났던 기원 후 30년 예루살렘의 일이었습니다. 그 일은 오슬로Oslo나 상트페테르부르크Saint-Péterbourg나 파리에서 일어난 것은 아닙니다. 그 일은 유대인들이 여전히 그곳에 있었던 예루살렘에서 일어났습니다. 우리는 그 반대를 말하는 터무니없는 세상에서 삽니다.

---

* 로마서 9-11

SB: 전 세계가 악의 손아귀에 있는 것 같습니다. 마치 거라사의 광인처럼 우리가 모두 귀신들린 것처럼 말이지요. 그 이야기에서는 분기점interchange이 있습니다. 예수는 귀신들린 그 사람에게 그가 누구인지를 물으며 귀신들린 이는 이렇게 대답합니다. "난 군대이다. 우리 숫자가 많기 때문이다."*

RG: 아주 중요한 이야기입니다. 왜냐하면 그것은 복음서에서 로마인들에게 있어 몇 가지 암시 가운데 하나이기 때문이죠. 로마 군인들은 그 당시에 팔레스타인에서 아주 소수였음을 보여주는 듯합니다. 왜냐하면 팔레스타인은 지금까지도 평화롭지 않거든요. 거라사의 광인에 대해 말하자면, 만일 우리가 서로 다른 복음서들을 비교해 본다면 세부적으로는 아주 재미있는 내용들이 있습니다. 마태복음에서는 다른 두 복음서에서처럼 한 명이 아니라 두 명이 귀신들립니다. 전 우리가 그 이유를 이해할 수 있다고 봅니다. 그것은 모방적 소유―예를 들면 모방―중에서 가장 나쁜 사례입니다. 따라서 둘은 단일 개인보다 더 나은 문제를 구현합니다. 그러고 나서 또 다른 세부내용이 나오죠. 그가 날카로운 돌을 가져다가 자해를 하고 있다는 사실입니다. 전 그가 돌에 맞는 것을 무서워하는 남자라고 봅니다. 그래서 그는 스스로를 위해 만든 극장 같은 곳에서 자신을 돌로 치는 행동을 하는 거죠. 그는 아주 신경증적neurotic입니다. 그는 그 공동체가 자신에게 맞서고 있다는 것을 압니다. 그는 공동체 없이는 할 수 없지만 동시에 공동체로 인해 큰 고통을 받습니다. 그렇지만 이 돌들은 아주 눈에 띱니다. 물론 가장 두드러진 것은 그 공동체가 그를 거부했다는 것이죠.

사람들이 나타나자, 그들은 이 사람이 안전하고 정상적이라는 것을 알아챕니다. 그는 정상적으로 행동하고 정상적으로 옷을 입으며 예수에게

---

* 마가복음 5:1-20

말을 건넵니다. 그러자 사람들은 두려워합니다. 이것은 어떤 면에서, 그 귀신들린 사람이 꽉 묶이지 않았으며 그래서 그가 항상 안전하게 감금될 수 있었고 때때로 스스로 풀고 나올 수 있었던 이유를 보여줍니다. 그렇기에 이 모든 것은 사람들이 스스로를 위해 하는 쇼라는 것입니다. 그것은 그들의 신경증적인 삶의 일부입니다. 그들은 그들 스스로 자유롭게 되는 광기를 연출하는 중세의 의미에서 이 사람들 가운데 몇몇을 바보로 만들 필요가 있었습니다. 물론 이것은 그들이 희생양을 만들고 싶어 했고 어떤 면에서 공동체의 균형을 위해 그들이 필요로 한 것입니다. 그것은 우리가 실제로 사람들을 죽이지 않지만 그들의 병을 영속시키는 희생적 체계의 한 종류입니다. 왜냐하면 우리는 때때로 그가 이런 광란을 갖도록 했기 때문입니다. 그 속에서 그는 광란을 지속했으며 그들 모두는 어떤 즐거운 경외심을 가지고 지켜봅니다. 그들이 실패하면 우리는 우리의 현대적 유명인사들과 함께 그런 일을 합니다. 그들이 예수를 원하지 않은 이유는 이런 모든 광적인 장치들 없이 그들 스스로의 문제에 직면해야 한다고 느끼기 때문입니다. 궁극적으로, 그것은 신경증적인 공동체를 묘사한 것입니다. 한 사람도, 두 사람도 아니라, 공동체 전체가 실제로 그들만의 유희를 벌이고 있는 것입니다. 그들은 그것을 직접적으로 행하고 있지는 않습니다. 그들은 그 광인이 가끔씩 그들을 위해 그것을 행하도록 내버려 둡니다. 그것은 그들이 가지고 있는 영원한 극장 같은 것입니다.

마을 사람들은 그들의 극장을 빼앗기고 싶어 하지 않습니다. 그들이 예수에게 떠날 것을 요구한 이유가 이것이죠. 그렇지만 제가 그 돼지들보다 더욱 중요하다고 느낀 것은 그들이 스스로에게 부여하고 있는 쇼입니다. 그들은 그것을 빼앗기고 싶어 하지 않습니다. 그들은 예수가 가져다주는 것이 그런 비상식적인 것을 없애버릴 것이라는 것을 알고 있습니다. 마음

깊은 곳에서 그들은 귀신들림으로 놀이를 벌이고 있었다는 것을 알고 있으며, 그것을 빼앗기고 싶어 하지 않습니다. 이 본문은 아주 복잡하고도 아름답습니다.

SB: 이 남자는 무덤에서 산다고 그들이 말합니다. 예수는 다른 곳에서 조상들의 무덤에 대해 말하고 있습니다.* 그는 권력의 자리에 있는 사람들을 회칠한 무덤이라고 말합니다.

RG: 그 무덤은 죽은 이들의 뼈로 가득합니다. 바꾸어 말하면, 그 무덤 내부는 썩은 것들로 가득합니다. 그 무덤은 겉으로는 그럴듯해 보입니다. 우리가 이 무덤의 돌들에 대해 이야기 하자면, 이 석관sacrophagi은 이탈리아나 남부 프랑스의 길에서 여전히 볼 수 있습니다. 이 무덤들은 하얗게 칠해지고 가끔씩 도색되어 길이 좋아 보입니다. 예수는 이것을 좋은 얼굴을 한 상징으로 사용합니다. 그렇지만 속은 끔찍하지요. 거라사의 마귀 이야기는 그런 한 가지 사례입니다. 어떤 면에서 그것은 풍자입니다. 물론 이 이야기는 이교적 상황에서 일어난 일입니다. 예수가 그 마을로 갔을 때는 더 이상 유대인의 세상에 있지 않았습니다. 그들이 예수를 되돌려 보낼 수 있었던 이유가 이것입니다. 이봐요, 당신이 아마 유대 땅에서는 그러는 모양이지만 여기선 아니오. 우리는 여전히 이교도이며 이교도로 남고 싶소.

SB: 교수님께서는 티아나의 아폴로니우스Apollonius of Tyana의 무시무시한 기적에 대해 글을 쓰셨습니다.** 귀신들린 사람들에 대한 이교도의 반응을 우리가 논의한 것은 이것을 상기 시킵니다. 그 이야기는 거라사의 광인에게서 마귀들이 축출됨 속에 일어나고 있는 것과 정확히 반대되는 것으로 보이네

* 마태복음 23:27-31.
** 『난 사탄이 번개처럼 떨어지는 것을 본다』

요.

RG: 티아나의 아폴로니우스는 큰 지혜를 가졌다고 평판이 자자한 2세기의 권위자였습니다. 사람들은 그를 그리스도의 경쟁자로 여겼죠. 그를 지지했던 사람들은 자주 그를 그리스도의 반대편에 세웠습니다. 저는 우리가 이야기하고 있는 기적이 그리스도보다 아폴로니우스가 더 위대하다는 증거로 채용된다고 봅니다. 왜냐하면 그는 단 하나의 기적으로 전체 도시를 치유할 수 있었거든요. 그 도시는 에베소입니다. 에베소는 대륙의 그리스 바깥 편에 있는 위대한 그리스 도시였습니다. 오늘날 에베소는 터키의 연안에 있습니다. 이야기가 진행되어, 에베소에는 전염병이 돌아서 그들은 멀리 떨어진 곳에 있던 아폴로니우스를 불렀습니다. 그는 기적처럼 순간적으로 왔습니다. 그리고 그는 모든 마을 사람들을 극장에 모이라고 불렀습니다. 성전이 아니라 극장이 사용되었다는 점이 재미있습니다. 왜냐하면 극장은 공동체를 수용할 수 있었거든요. 이런 그리스 극장들은 규모가 컸어요.

그는 모든 남성들을 그곳에 데려다 놓고는 한 구석자리에 있는 아주 상태가 좋지 않은 거지를 봅니다. 굉장히 정확한 용어로 그 거지를 묘사하죠. 그는 실제로 눈이 멀었거나 맹인처럼 행사했습니다. 돈을 구걸하기 위해 눈이 먼 체 하고 있던 겁니다. 그가 구걸을 하고 있는데 아폴로니우스가 에베소 사람들—에베소의 모든 사람들—더러 그에게 달려들어 돌을 던지라고 지시합니다. 에베소 사람들은 처음에는 거절하는데, 이것이 아주 흥미롭습니다. 제가 생각하기에는 그들이 요한복음에 나오는 간음한 여인에 대한 본문 속에 있는 이유로 거부하는 것 같습니다.* 그런 불쌍하고 나이든 거지처럼 무력한 남자에게 첫 번째로 돌을 던지는 것은 아주 어

---

* 요한복음 7:53-8:11. 이 본문은 원래 복음서의 일부가 아니라 후대의 본문전승이 덧붙여진 서사이다.

러운 일입니다.

왜 처음 돌을 던지는 것이 제일 어려운 일일까요? 돌을 먼저 던지기 전에는 우리가 모방할 사람이 없기 때문입니다. 이것은 실제로 모방적 현상입니다. 예수는 첫 번째 돌을 던지는 것을 막으려 했습니다. "죄가 없는 사람이 이 여인에게 제일 먼저 돌을 던져라." 예수는 혼외정사를 나눈 여인에게 큰 죄가 있다고 사람들에게 이야기 하고 있지만, 정작 남자에게는 아무런 죄도 아니었습니다. 그래서 이렇게 말합니다. "죄가 없는 자가 제일 먼저 돌을 던지게 하라." 예수는 돌을 던지는 것을 막으려 합니다. 왜냐하면 그들 모두에게 죄가 있었고 마침내 예수는 성공을 거둡니다. 그들은 그 여인에게 돌을 던지지 않을 것입니다. 아폴로니우스는 정반대의 일을 하려고 합니다. 그들더러 제일 먼저 돌을 던지라고 하죠. 에베소 사람들은 반대합니다. 그들은 그 거지에게 돌을 던질 만한 아무런 이유가 없다고 합니다. 그 거지는 그들과 상관이 없었습니다. 그렇지만 마침내 아폴로니우스가 뜻을 이룹니다. 첫 번째 돌이 던져지자마자 돌무더기들이 뒤따라서 그 남자는 곤죽이 되어 버리고 맙니다. 『나는 사탄이 번개처럼 떨어지는 것을 본다』에서 전 이 두 본문을 나란히 놓았는데요, 서로 아주 다릅니다. 그렇지만 동시에, 기법적인 시각에서 보면, 돌을 던지는 시각에서 보면 이것은 모방적 행위이며, 첫 번째 돌은 아주 흥미로운 것입니다. 첫 번째 돌은 양쪽 본문 속에서 똑같은 이유로 언급되고 있으며 각각의 경우에 있어서 아주 다른 해결방법이 되는 것입니다. 왜냐하면 선한 예언자 예수는 첫 번째 돌이 던져지는 것을 막으려 하고 결국 성공하지만, 나쁜 예언자 아폴로니우스는 돌을 던지라고 합니다. 슬프게도 아폴로니우스의 뜻이 이루어집니다. 그 거지는 죽임을 당합니다.

그 거지가 사람들에게 둘러 쌓여있다는 것을 알았을 때, 그가 곧 돌에 맞게 될 것이라는 걸 알았을 때, 갑자기 그의 눈이 열리고 탈출구를 찾습니다. 우리는 그가 전혀 맹인이 아니었다는 것을 알게 됩니다. 그는 볼 수 있습니다. 그들이 그와 눈이 마주쳤을 때, 첫 번째 돌을 던지는 것은 아주 중요한 결정입니다. 그들은 눈이 마주치자 그 거지가 마귀와 닮았다고 생각합니다. 간음한 여인의 이야기에서, 이 본문은 "죄가 없는 자가 먼저 돌을 던지라."고 할 때 예수가 눈을 땅으로 돌렸다는 것을 말해줍니다. 예수는 이전에 땅에 글을 쓰고 있었으며 다시 글을 쓰기 시작합니다. 어떤 이들은 그것이 어리석은 것이라고 말합니다. 이 사람들은 예수가 지옥에 보내질 사람들의 이름을 쓰고 있었다고 말합니다. 그렇지만 사실상 예수는 눈을 마주치는 것을 피하고자 합니다. 만일 그가 대화상대자들과 눈을 마주치게 된다면 그들에게 경쟁심이 발동하여 폭력적인 해결책은 피할 수 없게 될 것입니다. 그 여인은 돌에 맞게 될 겁니다. 눈을 마주치는 것을 피하는 것은 평소의 예수 답지 않지만, 이 때만큼은 예수가 그 여인을 구하기 위해 그렇게 합니다. 그리고 그 방법이 통하죠. 나이가 많은 사람부터 시작해서 그들 모두 하나씩 떠나게 됩니다.

SB: 그렇지만 아폴로니우스가 지닌 살인의 생각 전체는 전염병이 이 거지 때문에 왔다는 사실에 입각한 것입니다.

RG: 맞습니다. 그렇지만 그것은 신화적으로 사고하는 것이라 그릇된 겁니다. 아폴로니우스의 모든 생각은 전염병이 이미 모방적 현상이었다는 사실, 그리고 희생자를 죽이는 것은 기억을 일으키게 될 것이라는 사실에 입각한 것이었습니다. 이 이야기는 그리스도 이후 2세기의 것이며 이 본문은 그 후 한 세기가 지나서야 기록된 것임에도, 이 이야기는 희생적인 세계를 묘사하고 있습니다. 그렇지만 우리는 오이디푸스의 경우에서처럼 희생자를 죽이는 것이 전염병을 해결할 수 있다는 희생적 세계 속에 있습니다. 우리는 오이디푸스를 내어 쫓고 전염병은 끝이 나죠. 그 전염병은 영속적인 것입니다. 위기 속에 있는 사회는 전염병에 감염된 것이라고들 합니다.

16세기 프랑스에는 신화적 전염병인간관계, 사람들이 서로 싸우는 것을 의학적 전염병과 구분한 최초의 위대한 의사가 있었습니다. 그 이전에는 사람들에게 그런 과학적 지식이 없었습니다. 그래서 그들이 16세기 이전에 전염병을 이야기할 때는 의학적 전염병과 사회적 전염병을 구분하지 않았죠. 우리는 흑사병the Black Death의 사례에서 진짜 전염병이 있었음을 알고 있습니다. 그렇지만 아주 빈번하게도, 사회적 전염병을 의학적 전염병과 구분하는 것은 어려운 일이었습니다. 왜냐하면 우리가 의학적 전염병에 걸리면 사회적 전염병이 곧바로 그곳에 찾아오게 되고, 그 반대의 경우도 마찬가지입니다. 우리에게 과학이라는 도구가 없으면 이 두 전염병을 그리도 구분하기 어려운 이유가 바로 이것입니다. 16세기에 이 의사는 의학적인 유행병이 나타날 때, 곧바로 또 다른 전염병, 즉 사회적 전염병이 생기게 된다고 말했습니다. 모든 이들이 다른 사람들을 의심의 눈으로 봅니다. 그렇지만 그는 두 전염병이 아주 닮았고 혼동될 수 있다고 말함으로 그들을 구분합니다. 그래서 우리에게는 두 가지 형태의 전염병이 있는 겁니다. 아폴로니우스의 사례에서 에베소에는 전염병이 돌았습니다. 오이디푸스의 사례에서 우리에게는 전염병이 있으며 양쪽의 경우에서 처방약은 항상 같습니다. 그 처방약은 희생양을 축출하는 것입니다. 우리가 모두 맞장구를 친다면 화해를 이룰 수 있게 됩니다. 그래서 그 전염병, 적어도 사회적 전염병이 사라지게 될 기회가 생기는 겁니다. 예수의 사례에서는 전염병이 없습니다. 오직 간음한 여인만이 있을 뿐이죠. 그들은 간음한 여인에게 돌을 던지고 싶어 합니다.

SB: 그렇지만 그녀는 전염병을 상징하고 있습니다. 그렇지 않습니까?

RG: 주석가들에 따르면 그 당시에 간음한 여인들에게 돌을 던지는 것은 유대교에서 치열한 논란이 있었던 문제였다고 합니다. 어떤 이들은 그것에 반대했고 어떤 이들은 찬성했습니다. 그래서 "우리가 그녀를 어떻게 해야 합니까?"라고 물음으로 그들은 예수를 곤혹스럽게 만듭니다. 왜냐하면 예수는 "난 여인들에게 돌을 던지는 것을 반대한다."거나 "난 찬성한다."고 대답해야만 했기 때문이죠. 어떤 경우라도 예수에게는 적이 생길 겁니다. 그것은 마치 세금에 대한 문제와 같습니다.* 그렇지만 예수는 둘 중 하나를 선택하지 않았습니다. 예수는 그저 사람들에게 그 여인에게 돌을 던지는 것을 말했고 그들더러 결정하라고 했을 뿐입니다. 그는 영향력을 발휘하고자 했고 돌을 던지지 않도록 그들에게 영향력을 행사하는데 성공합니다.

SB: 십자가의 승리에 대해 질문을 드리고 싶습니다. 교수님의 책 『나는 사탄이 번개처럼 떨어지는 것을 본다』의 한 장에서 교수님은 복음서의 독특성을 말하셨습니다. 복음서는 신화와 닮은 점이 없습니다. 교수님은 이렇게 쓰셨습니다. "기독교 교리는 항상 유대교와 이슬람에 있는 영감된 불신을 가지며, 요즘 많은 그리스도인들이 그들의 태도를 나누기 시작했다. 십자가는 그들에게 너무도 기이한 것, 진지하게 받아들이기에는 너무도 오래된 것으로 보인다. 약 2천 년 전에 젊은 유대인 한 명이 오래 전에 사라진 고문으로 죽임을 당했다고 어떻게 믿을 수 있겠으며, 그 사람이 어떻게 전능하

---

* 마태복음 22:15-22

신 하나님의 성육신이 될 수 있겠는가? 기독교는 수세기 동안 서구 세계에서 설 자리를 잃고 있으며, 기독교에 대한 거부는 계속해서 속도가 붙고 있다. 이제는 소외된 개인들이 교회를 버릴 뿐만 아니라, 성직자들이 이끄는 교회 전체도 자신들의 충성을 전환하고 다원주의의 진영으로 넘어간다. 이런 다원주의는 그것이 교리를 고수하는 것보다 '더욱 많은 그리스도인'이라고 주장하는 상대주의이다. 왜냐하면 그것은 비기독교적 종교들에게 '더 온화하고' 더 '관용하는 것'이기 때문이다."

RG: 사람들은 종교의 민주주의에 지지를 보냅니다. 모든 종교들은 동등하지만 몇몇 종교들은 다른 종교보다 더욱 동등합니다. 모든 종교들이 동등할까요? 그렇게 생각하지 않습니다. 왜냐하면 먼저 전 고대 종교들과 유대교-기독교의 유일신론을 구분합니다. 다시 제 주제로 가볼게요. 우리가 희생양의 과정을 받아들이고 그것을 마음속에 품거나, 아니면 신화의 세상 속에 남아 있거나 둘 중의 하나입니다. 우리는 성스러운 폭력을 진지하게 받아들이며, 모든 사람들이 그렇다고 믿기에 희생자에게는 죄가 있다는 생각을 공유합니다. 그것이 어떻게 잘못된 것일 수 있을까요? 우리 모두가 함께 동의했으므로 우리 모두가 잘못된 것일 수는 없습니다. 아니면 우리는 그것을 믿지 않고 기독교적 관점을 단언하게 됩니다.

우리는 다원주의의 세상에 살고 있습니다. 다원주의의 세상에서는 모든 종교가 동등합니다. 그래서 그 종교들은 모두 목소리를 냅니다. 우리는 로버트 회의법Robert's Rule of Order*에 따라 절차를 밟습니다. 우리가 기독교를 반대하는 다수라면 기독교는 분명 그릇된 것이 됩니다. 전 그렇게 생각하지 않습니다. 전 오늘날의 기독교는 절대적으로 근본적인 이유로 희생양이라고 믿습니다. 왜냐하면 기독교는 사람들이 믿고 싶어 하지 않는

---

* 헨리 로버트(Henry M. Robert)가 만든 회의진행지침서. 역자 주.

것, 불가능해 보이는 인간에 대한 어떤 것을 말하고 있기 때문이죠. 그것은 우리의 자긍심을 깨뜨립니다. 그것은 희생양들을 키우는 우리의 문화를 말하고 있기에 기독교가 미움 받는 종교라는 것은 놀랄 일이 아닙니다. 예를 들어, 만일 우리가 언론을 본다면 언론이 기독교 말고 다른 종교들을 공격한 것을 본 적이 있으신가요? 없어요! 언론은 절대로 그러지 않습니다. 사실 이슬람에 대해서는 언론이 일관되게 이슬람의 편을 듭니다. 그렇지만 예수가 그랬듯이 모든 이들이 기독교를 반대합니다. 그래서 그렇게 될 수밖에 없는 겁니다.

SB: 사도 바울은 이렇게 말했습니다. "십자가의 말씀이 멸망을 당하는 자들에게는 어리석은 것이지만 구원을 얻는 우리에게는 하나님의 능력입니다. 기록된 바, 저는 지혜자들의 지혜를 멸하고 총명한 자들의 총명을 폐할 것이다고 하였습니다."*

RG: 유대인들에게는 걸려 넘어지는 것이며 헬라인들에게는 광기입니다. 오늘날 이것은 이전보다 더욱 그렇습니다. 그것이 성취되고 있습니다. 전 진정한 그리스도인이 되는 것은 이 모든 일들이 일어나는 것을 보는 것이라고 생각합니다. 이 십자가의 지혜는 철학에 맞서는 것이고 사상에 맞서는 겁니다. 사람들은 바울이 아테네에 갔을 때 철학자들과 조우했다고 말할 겁니다. 그렇지만 사실은 바울은 아덴에 있는 주 광장에 있는 소그룹의 사람들과 만난 것입니다. 이곳에서 사람들은 지식인들이 항상 그러듯이 많은 이야기를 나눕니다. 물론 바울은 그들을 설득시키지 못했습니다. 바울은 오늘날 그럴 수 없듯 그들을 설득하지 못했습니다. 그는 이교도들에게로 전환했지, 위대한 지성인들에게로 전환한 것은 아니었

---

* 고린도전서 1:18-19

죠. 오히려 바울은 보통 사람들, 상식을 가진 사람들, "해체주의"에 대해 아무것도 몰랐던 사람들에게 갔습니다.

바울에 대해서 한 가지 더 말해야 할 것 같네요. 사도행전을 읽을 때 제가 가장 민감하게 여기는 것이 무엇인지 아시나요? 사도행전은 그냥 ⋯. 실례를 범하고 싶지는 않지만, 물론 아닐 것입니다만, 사도행전은 좀 돈키호테와 같다고 말씀드리고 싶네요. 아시겠나요? 바울은 전 세계를 정복하고 있으며 마침내 그는 성공하게 될 거예요. 바울은 전 세계를 정복하고 몇 세기 안에 전 세계에 권능을 부여하게 될 겁니다. 그렇지만 그는 그가 가는 곳마다 시퍼렇게 두들겨 맞게 됩니다. 여기서 돌에 맞고, 저기서는 감옥에 갇히는 등 말이죠. 동시에 사도행전은 우리에게 믿을 수 없는 기쁨의 감정, 행복감을 줍니다. 우리에게는 모든 곳에서 바울의 친구들에 대한 언급이 있습니다. 그것은 이 사람들 사이의 연대감이 있는, 믿을 수 없이 강력한 우정이 있는 세상이었다는 것을 우리는 볼 수 있습니다. 그래서 우리가 바울을 따랐던 이 작은 사람들에 대한 언급을 볼 때에는, 이것이 이전보다 더욱 연합된 감정을 우리에게 주는 겁니다. 사도행전은 어떤 면에서 스스로 굉장히 즐기는 그리스도인들의 책입니다. 행복한 책이죠.

SB: 『나는 사탄이 번개처럼 떨어지는 것을 본다』라는 제목은 어떻게 나오게 된 것입니까?

RG: 제자들로 하여금 복음을 전하도록 여행을 보낸 후에 예수가 제자들에게 한 말을 인용한 것입니다.* 예수는 사탄이 번개처럼 떨어지는 것을 봅니다. 그렇지만 왜 사탄이 떨어질까요? 전 사탄이 지상에 떨어졌고, 여기서 여전히 아주 조금 해를 입히고 있다고 봅니다. 그렇지만 그럼에도

---

* 누가복음 10:18

불구하고 사탄은 더 이상 천상에 있는 것은 아니죠. 다른 말로 하면 더 이상 모방적 욕망의 거짓된 신들이 지배하는 일은 없다는 것입니다. 십자가에서 그리스도의 계시 덕분에 이것은 그 종말입니다. 동시에 만약 사탄이 지상으로 떨어진다면 그는 잠시 동안은 아주 파괴적일 것입니다. 우리는 이것을 그 계시 자체의 상징, 기독교의 계시와 세상에 대한 기독교의 파급력 속에서 볼 수 있습니다. 이것은 언제나 모호합니다. 왜냐하면 희생의 권세들, 정사와 권세들에 대한 계시의 행위 때문입니다. 그렇지만 그 계시는 궁극적으로 선합니다. 그 계시가 우리에게 진리를 가르쳐 주기 때문이죠. 그러나 동시에 그것은 많은 소요, 예수가 자신의 행위가 가져올 수많은 어려운 일들을 의미하기도 합니다. 서로 아주 가까운 사람들 사이에서도 희생적 보호의 결핍이라고 제가 부르는 것이 붕괴한 나머지 세상에서 더 많은 폭력이 있는 것처럼 말이죠.

SB: 『나는 사탄이 번개처럼 떨어지는 것을 본다』는 사탄의 몰락과 관계가 있습니다. 교수님께서는 그것이 변화와 관련된다고 말씀하십니다. 그 변화는 분노의 하나님으로 하나님을 묘사하는 것과 관련이 있나요? 어떻게 그런 변화가 나오게 되는 것인가요?

RG: 네, 물론 그렇습니다. 분노의 하나님은 항상 어느 정도 그 신이 선과 악을 가지는 희생양체계와 연결되어 있기 때문입니다. 이것은 더 이상 진정한 성서의 하나님이 아닙니다. 성서의 하나님이 진노하시면, 그는 선한 이유로 진노하는 겁니다. 우리는 그저 이유만을 말할 수 있을 뿐입니다. 그렇지만 위대한 예언자들의 예언적 하나님에 대한 구약성서의 아주 오래된 부분에서 그리스도 자신에게로, 이렇게 하나님의 본성에 있어서 여전히 변화가 있는 것 같습니다. 이 "새로운" 하나님은 더 이상 처벌적이지 않습니다. 스스로를 처벌한 것은 인간들 자신입니다. 세상의 생존을 위협하는 것은 인간들입니다. 다른 뺨을 돌려 대는 것을 거부하고 평화를 유지하는 것을 거부하며 문제를 일으키는 것은 사람들입니다.

SB: 다행히도 모든 이들은 아니네요. 요한복음은 이렇게 말합니다. "하나님께 서 아들을 세상으로 보내신 것은 세상을 저주하기 위함이 아니라 세상이 그 를 통해 구원을 받게 하려 함이다."*

RG: 맞습니다. 세상을 구원하는 것이 하나님의 뜻이지요. 이것은 세 상이 예수의 법을 따르는 것만을 의미합니다. 그 법은 비폭력의 법이자 모 든 상호성을 거부하고 다른 뺨을 돌려대는 법이지요. 이것은 물론 복음입 니다. 그렇지만 우리는 그 법이 지켜지지 않았기에 복음서에서 언급되는 다른 일들이 일어난다는 사실을 언급해야만 합니다. 이것은 수난을 비롯 하여 그 이후에 일어나는 세계의 역사를 포함합니다. 즉, 이것은 예수가 언급한 결과들로서, 예수는 악이 흥할 것이라고 말합니다. 그는 평화를 가져다주러 온 것이 아니라, 궁극적으로는 성스러운 폭력이라는 미신적 인 방식으로 인간을 얽매고 있던 어둠에 맞선 전쟁을 수행하기 위해 온 것 입니다. 두 번째 것은 인간이 예수의 계시에 응답하는 방식 때문이라는 의 미에서 이런 일들이 조화를 이루는 것이 어렵지는 않습니다.

SB: 교수님은 조금은 기독교를 위한 변증가처럼 보입니다. 루시엔 스쿠클라 Lucien Scubla처럼 교수님을 비평하는 몇몇 사람들은 여기에서 문제를 발견합 니다.** 그렇지만 교수님은 기독교가 인류학적인 사람들과 인간의 역사에

---

* 요한복음 3:17
** Lucien Scubla, "The Christianity of Rene Girard and the Nature of Religion" in Paul Dumochel ed., *Violence and Truth: On the Work of Rene Girard* (Stanford: Stanford University Press,

긍정적인 어떤 것을 가져다주었다고 주장합니다. 교수님께서는 기독교가 선에 어떤 기여를 했다고 보십니까?

RG: 제가 보기에 우리 대부분은 지금의 세상을 선과 악의 결합으로 보는 것 같습니다. 세상은 의문의 여지가 없이 이전보다 모든 방식에 있어서 더욱 인내하고 더욱 인간적이며 더욱 생산적이자 더욱 선을 베풉니다. 우리는 이것이 서구 세계의 역사를 통틀어 일어난 진화라는 것을 압니다. 우리는 기독교화된 세상은 로마제국만이 아니라, 로마 세계를 안정화시키는 것에서 영향을 받지 않은 다수 게르만족이었다는 것을 기억해야만 합니다. 그들은 서서히 문명화되었습니다. 우리의 이웃을 지배하려는 군사적 야욕이나 노력을 품지 않던 진정한 권력이 있었던 세기들이 있었습니다. 그것을 넘어선 무엇인가를 보여주었던 유일한 권력들은 교회 권력자들, 주교들이었습니다. 주교가 그리도 세속적으로 통치자가 되어버린 이유가 있습니다. 그들은 어떤 권위를 떠안은 유일한 사람들이었습니다. 수도원제도monasticism가 그렇게 큰 제도로 발전한 이유가 이것입니다. 중세 초기에는, 삼림파괴가 대다수 서구유럽을 황폐화시켰습니다. 사람들은 그것을 깨닫지 못했습니다. 그것은 삼림을 베어내기 시작한, 실로 거대한 수도원 운동—특히 베네딕트 운동—이었습니다. 이런 삼림파괴는 게르만족과 바이킹들의 침입으로 인한 혼돈의 시기 이후 느리게 문명으로 회귀하게 되었습니다. 이들은 강을 거슬러 올라가 그 와중에 만나는 모든 것들을 불살라 버렸습니다. 이런 일은 몇 세기 동안이나 계속되었습니다.

우리가 5세기로마제국의 몰락와 10세기 사이의 교회에 남은 이들을 본다면, 교회들은 굉장히 작았습니다. 그래서 우리는 그 시기의 혼돈 때문에 인구가 철저하게 감소했다고 믿을 이유가 있습니다. 서구 문명의 진정한

1985).

부활이 있었지만, 로마 제국 후기의 기독교와 첫 번째 천년이 끝나갈 무렵 다시 정복할 무렵의 기독교 사이에는 수 세기가 흘렀습니다. 모든 이들이 그 당시에는 두려워했습니다. 왜냐하면 천년이라는 해에 특별한 묵시적 의미를 부여했기 때문이죠. 많은 이들이 그때가 세상의 종말이라고 생각했습니다. 그렇지만 우리에게는 이후에 곧바로 일어났던 일을 말해주는 몇몇 연대기 기록자들이 있습니다. 이것은 천년이라는 해에 관한 것입니다. 이것은 위대한 중세의 시작입니다. 암흑의 시기는커녕, 중세시대는 서구문명의 진정한 시작이었던 것입니다.

SB: 교수님께서는 책에 이렇게 쓰셨습니다. "변화의 가장 효과적인 힘은 혁명적인 폭력이 아니라 희생자들에 대한 현대의 관심이다."

RG: 우리가 사는 세상에서는요. 물론이죠. 희생자들에 대한 현대의 관심은 아주 멀리 돌아 왔습니다. 예를 들면 어떤 사람들은 병원이 이렇게 저렇게 창안되었다고 말하지만, 전 가장 그럴 듯한 가설은 최초의 병원들이 프랑스에서 발전되었다고 봅니다. 예를 들면 파리에서요. 파리는 불과 몇 구역 밖에 되지 않는 도시의 섬으로 한정되어 있습니다. 옆에 대성당 노트르담Notre Dame이 있고요, 오텔-디외Hôtel Dieu라고 부르는 곳이 거기에 있습니다. 이곳은 병원이에요.

이것이 고대 종족들이 병자들을 돌보려고 하지 않았다는 것을 뜻할까요? 네, 그렇지만 그들은 자신들의 환자만, 자기 부족의 환자들만을 돌보려 했습니다. 병원이 탄생한 것은 실제로 어떤 문제도 제기되지 않았을 때였습니다. 병자들은 자신들의 출신에 상관없이 대우를 받았습니다. 현대의 경제학조차도 그곳에서 뒤섞이게 되었습니다. 왜냐하면 그곳은 사람들이 움직일 수 있었고 그들의 소유가 아니었던 장소에서 돌봄을 받을 수 있음을 의미하니까요. 이것은 대성당 내부에 큰 빌딩들이 들어설 수 있음을 의미합니다. 그 이유는 그 빌딩들을 같은 자리에 세우려면 많은 인력이 필요했기 때문이죠. 그래서 우리는 11세기와 12세기에, 현대 문명의 양상들이 탄생하는 것을 보게 됩니다. 13세기는 그 시기의 기독교의 중세철학이 가장 발전된 시기였습니다. 그것은 기독교의 문명이었죠. 프랑스에서는 루이 14세 같은 왕들이 있었는데, 루이14세는 나중에 성인으로 추대되었습니다. 그의 주된 관심사는 평신도가 선한 그리스도인들이 되도록 하는 것이었습니다. 그리 많지 않았지만, 소수는 있었습니다. 루이 14세는 자발적으로 한 지역을 영국의 왕에게 주었는데, 영국인들에게 주어 그들과 좋은 관계를 맺는 것이 더 낫다는 판단에서였습니다. 아주 흔치 않은 일이었죠. 그가 십자군을 믿었다는 것은 의심의 여지가 없습니다. 오늘날 우리는 그것에 동의하지 않습니다. 사회를 보는 그들의 개념은 의문의 여지가 없이 우리의 개념보다 훨씬 비폭력적이었지만, 그것은 기독교적인 것이었습니다. 그것에 앞선 모든 것과 비교해 볼 때, 이미 믿을 수 없이 독창적이었고 더 인도적이었다는 의미에서요.

10장 · 니체와 오늘날의 세계

SB: 교수님은 『나는 사탄이 번개처럼 떨어지는 것을 본다』의 마지막 장에서 이 중적인 니체의 유산을 말하는 것으로 마무리하셨습니다. 철학을 공부하지 않은 이들은 니체가 누구인지 모릅니다. 기독교 정신과 관련된 니체의 영향에 대해 설명을 좀 해주시겠어요?

RG: 니체는 19세기 후반부가 시작할 무렵 태어났습니다. 1900년에 죽었지만 제가 보기에는 1889년부터 10년간 그에게는 광기가 있었습니다.* 그는 그리 늙지는 않았습니다. 니체는 독일 동부의 개신교 목사의 아들이었습니다. 그는 교회에 맞섰고 자신의 가족이 지켜온 전통에 맞섰습니다. 그리고 위대한 작가가 되었습니다. 니체는 의문의 여지가 없이 위대한 작가였습니다. 잠시 스위스의 바젤Basel에서 가르치기도 했어요. 니체는 대학교수였습니다. 그러다 그만두고 항상 책을 쓰면서 적은 소득으로 살았습니다. 결국 니체는 생애의 말년에 임상적으로 미쳐 있었습니다. 그는 유명해진 철학을 발전시켰습니다. 그 이유는 그것이 기독교이든 세속적이든, 계몽주의에서 온 인간의 가치에 가장 급격하게 맞선 것이기 때문이죠. 니체는 자신의 책에서 급진적인 개인주의를 설파하는데요. 이것은 아주

---

* 1844년 10월 15일–1900년 8월 2일. 1889년 1월 3일에 니체는 튜린(Turin)이라는 도시에서 신경쇠약으로 고생했다.

강력한 방식으로 시간에 대한 모든 사고를 극단적으로 비판한 것입니다. 니체가 큰 그림을 보기 때문이에요. 위대한 작가로서 그는 자신의 시대의 거짓된 위선, 우리 시대와는 그리 다르지 않은 그런 위선을 봅니다. 오랜 기간 동안 니체는 완전히 무시되고 거부되었습니다. 그는 여기에 별로 관심을 두지 않은 척 했지만, 그게 사실이라고 보지는 않습니다. 전 니체가 그것 때문에 아주 쓰라린 고통을 겪었다고 생각합니다. 특히 독일 대중을 향해서요.

니체의 삶에서 커다란 조우가 있다면 그것이 리처드 바그너Richard Wagner와의 만남입니다. 바그너는 위대한 보수적 반동주의자이면서 음악인이었습니다. 그는 1848년 혁명의 시기에 혁명가였습니다. 이 혁명은 1789년 프랑스 혁명의 부흥과 같은 것이었지만, 독일에 크게 영향을 끼쳤습니다. 니체는 바그너에게 큰 존경심을 가지고 있었습니다. 바그너는 음악에 큰 관심을 가졌어요. 니체는 스스로를 실력 있는 음악인이라고 생각했지만 그렇지는 않았습니다. 그래서 바그너가 자신의 우상이 되었던 거죠. 바그너는 크게 성공하기 시작했어요. 바그너가 자신이 만든 위대한 오페라를 작곡하고 있을 당시였고, 니체도 거기에 있었습니다. 이야기가 길지만, 니체는 바그너에 영감을 받았으며 그의 영향력 아래 있었습니다. 그렇지만 결국 그는 여기에 극렬하게 저항했습니다. 전 바그너와 니체의 관계가 믿을 수 없을 만큼 모방적이었다고 봅니다. 바그너는 바바리아Bavaria의 왕으로 하여금 자신을 위한 바이로이트Bayreuth 극장을 짓게 했을 만큼 굉장한 성공을 거두었습니다. 이 극장은 지금도 주로 바그너의 곡을 연주합니다. 그들은 거기서 매해 바그너 축제를 엽니다. 바그너를 추종하는 것은 그린 짓이 아니었지만, 바그너는 19세기 말에 아주 큰 성공을 거둡니다. 바그너의 위대한 업적은 '니벨룽의 반지the Ring'를 초연한 것이었는데, 이것은 독일의 문화와 이교 문화의 절정이었습니다.*

바그너의 일생은 이교주의와 기독교로 양분되는데, 먼저는 기독교가 강조되는 오페라를 쓴 것이며, 그 후에는 이교를 강조하는 오페라를 쓴 것이지요. 일부는 같은 오페라 속에 함께 들어있습니다. 그는 아주 품격 있는 사람이었고 아주 훌륭하였으며, 많은 정부들과 함께 여러 방면으로 즐거움을 찾는 사람이었습니다. 바그너는 많은 주요 인사들과 친분관계를 맺었지만, 그 자신에게는 분열이 있었습니다. 바이로이트 축제가 열렸을 때 독일의 황제가 이 자리에 참석했습니다. 그때는 독일의 가장 위대한 근대 시기의 시작으로, 프러시아가 승리한 이후 그리 오래가지 않았습니다. 독일 황제는 도덕주의자로서, 오스트리아 제국을 격파한 프러시아의 상왕ex-king이었습니다. 오스트리아 제국은 상황이 전혀 달랐습니다. 그는 1870년의 전쟁에서 막 프랑스를 격퇴했습니다. 그래서 독일은 그 당시의 위대한 나라였으며 초강대국이었습니다. 최초의 바이로이트 축제가 열렸을 때 독일의 황제가 참석해서 바그너에게 경의를 표했습니다. 그때까지 니체는 바그너에게 아주 격분해 있었습니다. 이성을 잃은 시샘이 그것을 가장 잘 설명해 준다고 봅니다.

차라투스트라의 개념에 기름을 끼얹은 것은 이런 시샘이었습니다. 니체가 생각한 영웅이라는 개념은 초인superman입니다. 그의 단어로 하면 Übermensch로서, 초인을 의미합니다. 자신의 생각을 구현하기 위해 그는 『차라투스트라는 이렇게 말했다』란 책을 씁니다. 이 이름은 조로아스터에서 왔는데, 페르시아 종교의 설립자였습니다. 그렇지만 초인으로서의 차라투스트라는 니체의 개념입니다. 그것은 기독교에 대항하는 초인의 복음입니다. 우리는 모더니즘이 데카르트로 시작되었다고 말합니다. 그

---

* Der Ring des Nibelungen.

는 ‘*Cogito Ergo Sum*’＊ 철학으로 근대의 개인주의를 창시한 사람입니다. 하나님이나 세상을 인식하는 것에서 출발하는 대신, 데카르트는 주체에서 시작했으며 개인주의와 근대철학을 세운 사람입니다. 그렇지만 니체는 이것을 최고로 표현하고자 했습니다. 더 이상 *Cogito Ergo Sum*에 만족하지 않는다는 의미에서 말이죠. 그는 초인이 되어야 했습니다. 전 인간 이상의 존재이어야 한다. 전 최고의 개인주의자이어야 한다. 전 제 개인주의를 가지고 모든 이들을 짓눌러야 한다. 그래서 차라투스트라는 일종의 신비스러운 언급입니다. 그것은 근대 세계의 초개인주의super-individualism를 신비롭게 말한 위대한 진술인 것입니다.

동시에 우리는 니체를 바라보아야 합니다. 그는 초인과는 정반대의 사람이었습니다. 많은 이들이 제 시각은 반反니체적이라고들 합니다. 그렇지만 성性적인 것을 포함한 무기력한 한 인간으로서, 니체는 항상 자신에게 사랑하는 여인들을 소개해 줄 친구들이 필요했습니다. 니체는 자신의 두 발로 서지 못했죠. 초인의 개념은 바그너와 니체의 관계와 어느 정도 닮아 있다고 전 느낍니다. 바그너는 굉장한 방식으로 니체를 깔아뭉갭니다. 우리가 이렇게 말해서는 안 되겠지만, 바그너는 니체와의 문제가 그의 인생에 여인이 아무도 없기 때문이라고 결론짓습니다. 바그너의 생애에는 많은 여인들이 있었죠. 만일 초인이 하나 있었다면, 바그너는 니체보다 더욱 뛰어난 초인 이상이었습니다. 그렇지만 바그너는 자신의 어마어마한 성공으로 니체를 화나게 했을 뿐만 아니라, 니체를 치료하고자 했습니다. 그는 니체에게 문제가 있다고 느꼈어요. 니체의 문제는 고독이었고, 자위행위였습니다. 그에게는 정부가 필요했습니다. 그래서 이것이 매혹적인 이유는, 바그너를 천상에 이르도록 칭찬한 후에 글로 바그너를 모

＊ “나는 생각한다, 고로 존재한다.”

욕하기 시작한 니체에게 있어서 그것은 완전한 굴욕이었기 때문입니다. 니체는 바그너를 증오했습니다. 니체는 분노에 휩싸여 미쳤던 것입니다. 니체가 *Ecce Homo**를 썼던 시기가 그때입니다. 그는 이렇게 말합니다. "나는 가장 위대한 이것이고 가장 위대한 저것이다." 뭐 그런 식이죠. 그는 완전한 광기와 조울증으로 신경쇠약에 걸렸습니다. 어느 순간에 그는 신이었다가도 그 다음에는 의기소침해졌습니다. 니체는 그 이후로 임상적으로 굉장히 급속도로 미쳐버렸습니다.

SB: 서구 세계의 많은 이들이 이 광인을 따르는 이유가 무엇일까요?

RG: 우리에게는 따라야 할 다른 것들이 없습니다. 그는 초개인주의 hyper-individualism라는 의미에서, 다른 이들 보다 더욱 서구 문명의 가치들에 반기를 든다는 의미에서 그저 더 급진적인 것입니다. 그가 천재성을 지녔다는 것은 사실입니다. 그는 천재입니다. 그의 인류학적 분석 가운데 일부는 아주 중요합니다. 니체는 여러 가지가 뒤섞인 사람이죠.

전 니체가 아주 모방적인 사람이었다고 봅니다. 그는 항상 자기 친구의 여자들과 사랑에 빠졌습니다. 그렇지만 그는 항상 패하고 말았죠. 아시다시피 초인과는 아주 거리가 멀어서, 그의 삶을 보게 되면 니체는 완전한 실패작이었습니다. 결국 니체는 자신의 책들을 무료로 출판할 수도 없었습니다. 그는 자기 돈으로 출판해야만 했습니다. 그가 죽은 후 몇 년이 지나서 니체가 위대한 현대철학자가 되었다는 것은 역설입니다. 그래서 이것은 매혹적인 일이죠. 전 그를 돈키호테에 비견합니다. 그는 슈퍼 돈키호테, 슈퍼 모방영웅인 것입니다. 『돈키호테』에서 일화가 하나 있는데요. 돈키호테가 실제로는 동물우리인 전차와 맞닥뜨렸을 때, 그 속에는 사자

---

* "이 사람을 보라." 이것은 요한복음 19:5에 나오는 예수의 재판에서 나온 본디오 빌라도의 말을 빌린 것으로, 라틴어 불가타 성서의 본문을 인용하고 있다.

가 두 마리 있었습니다. 그들은 모로코에서 사자들을 잡아들여 스페인의 왕에게로 옮기고 있었습니다. 스페인 왕에게는 동물원이 있었어요. 그래서 돈키호테가 이 사자들을 보자 말몰이꾼을 세우고는 이렇게 말합니다. "우리를 열어라. 이 사자들과 싸워야겠다." 그러자 말몰이꾼이 이렇게 말합니다. "그래서는 안 되오. 이들은 무시무시한 사자들이란 말이오. 당신을 잡아먹고 말거요! 그러지 마시오. 이 사자들은 스페인의 왕의 것이오. 당신은 감옥에 가게 될 것이오." 아무 것도 하지 말라니! 결국 돈키호테는 억지로 그에게 사자 우리를 열도록 합니다. 두 마리 중 한 마리는 계속 잠을 자면서 어떤 것에도 관심을 보이지 않습니다. 나머지 한 마리는 밖으로 뛰어 나와서는 하품을 하고 돌아서더니 역시나 잠에 빠져듭니다. 그래서 말몰이꾼이 말합니다. "당신이 이겼소. 사자들이 당신과 싸우고 싶어 하지 않는군요. 그러니까 스스로 승자라고 선언하시오." 돈키호테는 그 결과를 받아들이기에 아직은 충분히 제정신입니다. 만일 그것이 니체였다면 그는 그 남자더러 사자들을 자극시켜서 흥분하게 한 후에 자신과 싸우게 했을 것이라고 말하고 싶습니다. 제가 무슨 말씀을 드리는지 아실 겁니다. 그는 그런 형태의 승리에는 만족하지 않았을 겁니다. 니체는 슈퍼 돈키호테였습니다. 그렇지만 그는 모든 전투에서 지고 말았습니다. 지금까지 전해지는 니체의 명성만큼은 남아있군요.

또 한 가지 우리가 니체에 대해 생각해야 하는 것은 그의 기독교 개념입니다. 왜냐하면 전 어떤 면에서 니체가 어떤 신학자도 하지 못했던 방식으로 기독교의 독특성을 보았다는 역설을 말하고 싶습니다. 니체가 쓴 많은 것들은 그냥 짧은 에세이였습니다. 때때로 그는 몇 글자를 바꾸어 가면서 똑같은 것을 10가지 판으로 썼습니다. 그 가운데 하나에서 니체는 이렇게 말합니다. "디오니소스와 그리스도, 같은 죽음을 맞이하다." 그것은 즉 같은 집단적 죽음, 동일한 군중의 희생자들로서, 이것은 아주 굉장한 겁니다. 물론 인류학자들도 이것을 보았습니다. 그렇지만 인류학자들과 함께 그 의미가 동일하다고 믿지 않고, 니체는 진정으로 그러한 진리를 발견했던 사람이었던 겁니다. 왜냐하면 그는 그 차이점이 디오니소스가 희생을 위해, 희생자를 죽이는 것을 위한다면, 예수는 그 희생자를 위했다고 말하기 때문이죠. 현대 사상의 역설 가운데 한 가지는 제가 말하고 있는 진리를 니체가 최초로 발견했다는 점이라고 말하고 싶습니다. 기독교의 탁월함을 인정했었더라면 니체는 그 진리를 발견하고자 할 사람이었을 겁니다. 니체는 그 희생자의 무고함이 진실이었다고 인정해야했습니다. 그렇지만 그러는 대신, 니체는 다른 해답을 내어 놓습니다. 기독교는 하층민들의, 수많은 노예들의 열매였다는 것입니다. 그는 일종의 파라-마르크스주의자para-Marxist의 기독교 해석을 합니다. 기독교는 희생자들의 편에 서는데, 그 이유는 로마 제국의 희생자들은 십자가에 못 박혀야만 하는, 버려지고 쓸모없는 쓰레기였기 때문입니다. 니체는 기독교가 노예들의 종교이며 이교주의는 주인들의 종교라고 말했습니다. 그렇게 니체는 난관을 타개했습니다. 그렇지만 동시에, 이것은 니체가 거의 완전히 나치Nazi가 된 지점이기도 합니다. 그는 이교도들에게는 선하지 않은 사람들 모두를 죽일 권한이 있으며, 신체적이고 정신적인 힘의 귀족주의, 권력의 귀족주의를 옹호할 권리가 있다고 말했습니다.

우리가 보지 못한 것은 이것이 니체가 생각했던 것과는 정반대의 것이었다는 겁니다. 그 군중의 종교를 대표하는 것은 디오니소스입니다. 기독교는 소규모 엘리트들의 종교입니다. 최초의 제자들은 결코 사회적 엘리트가 아니었습니다. 니체는 기독교가 노예들의 종교라는 해석을 내려야만 했었는데, 이것이 한동안 유명해지게 되었습니다. 니체에 따르면 민주주의의 나쁜 측면들은 기독교에서 온 것입니다. 그 이유는 결국 니체는 최초의 파시스트였기 때문이며, 제가 이렇게 말하면 많은 사람들이 반감을 갖습니다. 그렇지만 사실입니다. 기독교가 노예들의 진정한 종교, 일반 사람들의 진정한 종교였다면, 이교주의는 아름다운 개인들, 영웅들, 르네상스의 인물들을 세우고자 했습니다. 그렇지만 현대의 민주주의는 기독교적입니다. 그것이 니체가 생각한 것입니다.

SB: 그런데 미국의 현대 민주주의를 보세요. 이런 초인들을 세우고자 합니다. 기독교는 모두 성공에 입각해 있습니다. 우리가 눈을 돌리는 모든 것은 성공과 그 이상의 성공을 내세우고 있습니다.

RG: 여기서 니체에 대해 한 마디 하고요. 그의 사상은 더욱 보편적이었습니다. 단순히 돈을 버는 것은 아니었어요. 지금 우리가 가진 것은 대부분 돈을 버는 것에 관한 거지요. 그렇지만 오늘날 미국의 네오콘Neo-Cons*은 니체철학자라고 생각할 수 있습니다. 이런 치명적인 유형의 사고가 다시 활동할 위험이 있어요. 특히 이곳 미국에서요. 네오콘은 니체를 인용합니다. 그들이 더 세련되었다면, 니체를 인용할 테지요. 대신 그들은 미국의 건국의 아버지들founding fathers을 인용합니다.

그들은 완전히 니체주의자이므로 미국의 민주주의에 의해 어느 정도는 보호를 받고 있습니다. 이것이 더 안 좋을 수 있습니다. 그렇지만 그들은 아마도 그렇게 할 것입니다. 왜냐하면 실제로 세련된 네오콘 가운데에서는 젊은 지성인들이 있으니까요. 아마도 그들은 지금은 그렇게 못할 수도 있습니다. 우리가 최근 겪어 온 역사의 어떤 시기를 사람들에게 상기시킬 수 있으니까요. 그렇지만 어떤 면으로 그들은 니체에게 가야만 할 겁니

---

* Neo-Conservatives를 줄인 말. 공화당을 비롯한 미국의 신보수주의자들을 가리킴. 역자 주.

다. 그들은 아름다운 개인, 르네상스와 현대의 차라투스트라, 니체철학의 영웅을 좋아합니다.

SB: 경쟁competition과 겨루기rivalry에 대해 이야기 해보고 싶습니다.* 해마다 베스트셀러로 비즈니스와 성공에 대한 책들이 많이 쏟아져 나오고 있습니다. 마치 우리의 삶이 시작부터 옆 사람 보다 더 나은 사람이 되어야 한다고 학습을 받은 것처럼 보이는데요. 그래서 우리는 무엇이든 더 아름다워져야만 하고, 혹은 더 공부 잘하는 학생, 또는 더 실력 있는 음악인이나 운동선수가 되어야 하죠. 우리가 어린 아이였을 때부터 이런 상승이동upward mobility이 있는 겁니다. 이런 것은 기독교 신앙과 정반대의 것 같은데요.

RG: 그렇습니다. 전 그것이 동시에 복잡한 문제라고 봅니다. 고대 세계에는 전혀 경쟁이 없었습니다. 경쟁은 너무 위험하거든요. 경쟁은 당장 모방적 위기에 이르게 될 수가 있고 그 공동체의 파멸을 유발할 수도 있어요. 현재 우리에게 경쟁이 있다는 사실이 전부 나쁜 것은 아니지요. 우리 사회가 무한히 더욱 "발전"제가 싫어하는 말이지만 하는 것은 경쟁 때문이니까요. 그럼에도 경우에 따라서는 경쟁이 필수적입니다. 기술적으로는 더 발전했습니다. 더 많은 수단이 있으면 식량도 많아집니다. 우리는 의약품처럼 유용한 많은 것을 만들어 냅니다.

어떤 면에서, 경쟁이 좋은 결과를 만들어 내는 지점에 이르기까지 촉발될 수 있다는 사실 때문에 우리 사회가 존재하는 겁니다. 물론 우리 세상에서 우리는 경쟁을 위한 경쟁을 다루고 있다고 말하는 것도 맞습니다. 아주 빈번하게 우리는 경쟁이 실제로 혁신적이거나 창조적인 어떤 것도 만들어 내지 못하는 것을 보게 됩니다. 순전히 경쟁자들의 재정적 자원들을

* 둘 다 우리말로는 '경쟁'으로 번역되지만, 영어에서 competition은 경쟁의 사건이나 행위를, rivalry은 경쟁의 개인적인 요소를 함축하고 있다. 역자 주.

확보하기 위한, 먹느냐 먹히느냐의 경쟁인 것입니다. 그래서 전 당신 말에 동의합니다. 그렇지만 동시에 우리는 우리가 사는 세상의 탁월함을 알아야 하며, 문명화된 생활에 기초가 되는 많은 것들, 특히 우리의 지성적이고 정신적인 힘을 자유롭게 행사하는데 기초가 되는 것들을 가지고 있다는 것을 깨달아야 합니다. 이것은 자유로운 경쟁의 자유에서 온 결과입니다. 고대의 공동체들은 그런 경험을 하지 못했습니다. 왜냐하면 경쟁을 자유롭게 하다가는 곧바로 죽을때까지 싸우는 전투가 되고 마니까요. 그렇지만 우리가 사는 세상에서는, 사업가들과 학자들이 무기를 들고 서로 죽이지 않습니다. 그들은 그냥 심장마비와 궤양으로 서로를 죽일 뿐이지요. 그들은 악한 것들을 많이 발명하지만 선한 것들도 발명할 수 있습니다. 경쟁은 항상 나쁜 것은 아니지요. 왜냐하면 인간의 행위가 항상 나쁜 것은 아니니까요. 전 기독교가 궁극적으로 경제적 발전에 적대적이라고는 보지는 않습니다. 만일 우리가 곤경에 처해 있다고 말한다면, 아마도 부정적으로 지나치게 급진적이 되기 때문일 거예요. 그렇지만 동시에 우리는 과잉으로 가고 있습니다. 왜냐하면 과잉으로 가는 것이 인간의 본성이기 때문이죠. 특히 그것은 경쟁의 본성입니다.

경쟁은 무한합니다. 경쟁은 극단을 향해 치닫습니다. 본 클라우제비츠von Clausewitz가 말한 것처럼, "전쟁을 위하여for war"입니다.* 경쟁에서 누군가는 항상 지게 마련입니다. 그래서 지는 사람은 경쟁을 포기하지 않을 것입니다. 이기는 사람은 끝을 보고 싶어 합니다. 특히 국가들 사이에서 그렇습니다. 지금 우리에게는 평화가 있으며 우리가 승리한 것의 열매를 누립니다만, 그런 방식으로 일이 벌어지지는 않습니다. 그것은 계속됩니다. 따라서 궁극적으로는 나쁜 결과를 갖게 되는 것이죠. 그런 일은 100% 촉

---

* 이 문제에 대한 논의를 위해서는 다음을 보라. Rene Girard, *Battling to the End.*

발될 겁니다. 그렇지만 여전히 그럭저럭 시민사회로 돌아가는 형세 속에 그런 위대한 시기들이 나타납니다. 그리 많지는 않습니다만, 전 문명에 반대하고 싶지는 않아요. 그래서 우리는 우리가 말하는 모든 순간마다 조정을 해야 합니다. 우리는 마니교도가 될 수는 없습니다. 그들은 모든 것이 흑과 백이라고 단언하죠. 그렇지는 않습니다. 현대의 발전은 인정해야만 하는 아주 좋은 측면들도 있습니다. 그렇지만 이런 좋은 측면들은 아마도 우리의 배후에 있을 겁니다. 우리는 로마 제국의 타락과는 아주 다른 타락의 시기에 있는 것일 수 있습니다. 그것이 과잉활동을 통한 타락이라는 의미에서요. 우리는 로마 제국에서 경제적 생산이 급락하는 경향이 있었다는 것을 압니다. 모든 것은 부동성immobility을 향해 가는 경향이 있습니다.

한편 오늘날에는, 우리에게 그것은 그저 비합리적인 행위이자, 산업발전뿐만이 아니라 전쟁을 낳은 개인과 그룹들의 야욕을 지배하는 힘을 순전히 잃은 것일 뿐입니다. 오늘날 인간은 절제 할 수 없습니다. 모든 규칙들을 잃어버렸기 때문이죠. 인간은 절대적으로 미지의 것을 향해 움직입니다. 인간은 미래의 과학적 발견들의 결과가 무엇일지 조차 모릅니다. 우리는 지금 그것을 알지만, 대부분의 과학자들에 따르면, 우리는 자연환경을 보호하기 위해 반드시 필요한 가능성들을 뛰어넘어서고 있습니다. 지구는 위험에 처해 있습니다. 개인적인 야심, 경쟁, 그리고 국가의 야욕들이 아주 강하기 때문에 우리가 응답할 수 있을 것 같지는 않습니다. 예를 들면 중국은 지금 미국이나 유럽에서 가지고 있는 것과 똑같은 비율에 이를 때까지는 더욱 많은 자동차를 가지려고 할 겁니다. 이것은 순전히 광기입니다. 이것은 우리에게도 있었던 순전한 광기였으나 모방되고 있음이 분명합니다. 이제, 중국뿐만 아니라 인도에서도 모방하고 있습니다.

분명히 팽창이 인도에서 제멋대로 전개될 것입니다. 인도는 기술을 정복하고 있으며 새로운 것들을 또한 발견하고 있기 때문이죠. 다른 말로 하면, 서구 세계는 전 지구로 확장되고 있습니다. 그것이 가능할까요? 그렇지 않다는 것을 우리는 알죠. 혹은 우리는 그렇지 않다고 생각합니다. 아마도 우리가 그렇게 생각하지 않는 이유는 그것을 우리만 독차지하고 싶기 때문이겠죠. 누가 압니까? 중국과 인도가 생각하는 것이 바로 이것이죠.

　따라잡는다는 생각은 경기장에서 경주할 때 하는 비유입니다. 우리가 바울에 대해서 이야기했던 것이죠. 기독교에는 경쟁적인 측면이 있습니다. 바울은 우리에게 이렇게 말합니다. "난 경주하고 있다." 기독교는 인간의 힘을 촉발시킵니다. 의심의 여지가 없습니다. 기독교는 종교적인 구조 속에서 인간의 힘을 촉발시킵니다. 한동안은 성공했어요. 우리는 오늘날 중세시대의 미학을 비웃지만, 미학의 경쟁은 수억 달러, 지금 수조 달러의 경쟁보다 훨씬 덜 위험한 것이었습니다. 우리는 이제 우리가 모든 가능성들을 넘어서고 있다는 것을 자각합니다. 그것은 더 이상 서구의 정신이 아닙니다. 그것은 세계정신입니다. 우리는 서로 모방해 왔으니까요. 세상이 받아들인 기독교의 유일한 측면은 기독교의 경쟁적 부작용입니다. 1930년대 프랑스 작가 말로Malraux를 읽다보니, 그는 기독교가 중국에 진출하는 방식은 공산주의를 통해서였다고 하더군요.* 그렇지만 더 깊이 들어가 보면, 기독교라는 형식이었죠. 기독교인이 아니라면, 진정한 기독교이든 아니든 그에게는 아무런 차이가 없습니다. 그렇지만 그는 진정한 어떤 것을 알고 있었죠. 그것은 우리의 정신이며, 이는 경쟁적인 정신과는 아주 다르고, 기독교와 분명히 연결되어 있는 것입니다.

---

* Andre Malraux, d. 1976.

SB: 우리가 경쟁을 그것이 지닌 가치로 탈바꿈시킨 것 같네요. 경쟁은 경쟁이 지닌 의지, 그것의 경쟁적 본성에 거스르는 경주입니다.

RG: 그 말이 딱 맞습니다. 오늘날 우리에게는 흥미로운 거식증과 폭식증과 같은 말도 안 되는 병이 있습니다.* 우리가 원하는 만큼 먹으면서도 날씬해지는 법. 폭식증이 그 문제를 풀었습니다. 식사를 다 하고는 토해 버립니다. 그런 건 기술이죠. 아주 놀라운 겁니다. 동시에 그것은 그리 많은 것들이 변질된 겁니다. 수백 년 전만해도 생각조차 못했던 것들이죠. 그렇지만 이제 우리는 중세의 미학을 어떤 관점에서 거식증의 형태로 해석합니다. 이것은 옳지 않습니다. 둘 사이에 관계는 있습니다. 우리가 모든 종교적 영감을 잃어버리고 우리 몸이 하나님이 될 때, 거식증은 끝이라는 의미에서요. 그래서 사람은 아름다운 채로 남아 있어야 합니다. 이것은 감각적인 쾌락보다도 더욱 중요하죠. 그렇지만 중세시대에서는 이것이 옳지 않았어요. 우리는 우리의 악행을 과거로 투영하곤 합니다. 이것은 제가 보기에 아주 나쁜 겁니다. 우리에게는 더 이상 무엇에 대한 척도가 없습니다. 우리가 사회를 거부한다면, 그럴만한 좋은 이유가 우리에게는 있습니다만, 나쁜 면과 함께 있는 좋은 면들도 같이 거부하는 것입니다. 의심의 여지가 없이 좋은 측면들도 있죠. 분명히 사람들은 배가 고프고, 그것은 우리의 사회적, 정치적 체계의 사악함 때문입니다. 그들을 현실적으로 먹이는 것이 아주 쉬울 겁니다. 우리가 그렇게 하지 않는다면, 그 이유는 그러고 싶지 않기 때문이죠. 그렇지만 우리가 수많은 삶의 좋은 것들을 만들어 내고 있다는 사실이 그 자체로 나쁜 것은 아닙니다. 굉장히 좋은 것이죠.

진정한 문제는 우리에게 있습니다. 우리에게 척도가 부족하고 지혜가

---

* Rene Girard, *Anorexia and Mimetic Desire* (East Lansing: Michigan State University Press, 2013).

부족하죠. 우리는 유대교와 기독교가 말하고 있는 무언가를 이야기해야 합니다. 왜냐하면 성서라는 책, 솔로몬의 지혜가 있기 때문이죠. 지혜의 요소들도 역시 복음서에 있습니다. 지혜는 우리의 유일한 척도, 중용입니다. 그 가운데 일부가 복음서에 있습니다. 동시에 그것이 우리가 정의하는 아주 독특한 영적인 모험이라고 해도 말입니다. 그렇지만 여기서 전 이렇게 말하고 싶습니다. 내가 조금은 논쟁적인 사람이 되리라. 개신교는 기대치를 높였습니다. 가톨릭은 보통 사람이 보통 사람으로 남는 것에 더욱 더 관용적입니다. 종교재판소장이신* 그리스도의 재림에 대한 유명한 본문에서 도스토예프스키의 개신교 정신의 눈으로 그것을 보세요. 종교 재판소장은 인간의 진정한 이상을 파괴하고 인간을 노예로 삼는 것에 몰두하는 제도로 보이는 가톨릭에 대한 풍자입니다. 그렇지만 그것은 9.11 의 급진적인 시각이나 개신교의 급진적인 관점으로 읽을 수는 없습니다. 그것은 가톨릭의 시각에서 그 묵시가 곧 오게 된다는 것을 볼 능력이 없습니다. 서두를 필요가 없습니다. 어쨌든 그것은 올 테니까요. 우리는 권세들을 길들이지 않을 겁니다. 가톨릭은 그것을 믿지 않습니다. 그들은 그렇게 하려고 하지 않습니다.

그렇지만 만일 그 움직임이 아주 느리다면, 우리는 그 사이에서 우리의 영혼에게도 좋을 수 있는, 좋은 것들을 삶 속에서 즐길 수 있습니다. 그래서 급진적인 기독교를 손상시키거나 억누르는 휴머니즘의 요소가 있으며, 그것은 재촉하고 싶어 하지 않습니다. 제가 가톨릭 휴머니즘이라고 보는 것을 변호하는 것이겠죠. 전 어떤 면에서 다른 것을 이야기하고 있습니다. 전 약간 긴장을 푸는 것을 말하고 있는데요, 이것은 동시에 우리의 동료 인간을 향한 관용의 형태인 것이죠. 전 선한 교제, 기쁨, 긴장완화를

---

* 『카라마조프의 형제들』에서 인용됨.

받아들이는 것을 말하고 있습니다. 이들은 때때로 현대 기독교와 현대 민주주의 같은 것들에서는 다소 잃어버린 것들입니다. 결코 긴장을 푸는 법이 없어요. 그런 의미에서 개신교와 가톨릭 및 정교회 사이의 진정한 구분이 있습니다. 개신교는 선을 추구하지만 이런 추구는 과잉이 될 수 있습니다. 이것은 현대의 정신에서 아주 큰 부분입니다. 전 다양한 형태의 기독교가 서로와는 아주 다른 형태의 기풍을 발전시킨다는 사실을 그림으로 그려 보는 겁니다. 정교회의 정신은, 사람들이 더 이상 그것을 실천하지 않는다고 해도, 가시적입니다. 고르바초프Gorbachev 같은 사람들 조차도요. 가톨릭의 정신은 요한 바오로 2세에서 보이며, 개신교의 정신은 조지 부시George Bush 전 대통령에서 보이죠. 그렇지만 이것은 우리의 담론에서 필수적인 것은 아닙니다.

SB: 헨리 나우엔Henri Nouwen은 우리의 자아감sense of self이 우리가 스스로를 남들과 비교하는 방식 및 우리가 식별하는 차이들에 달려있다고 말합니다. 그래서 그는 그것이 우리가 인정받고 명예를 받고 거부되거나 경멸되는 차이점과 구분 속에 있다고 말합니다.

RG: 어떤 면으로 거기에서 그는 간접적으로 모방적 욕구에 대해 말하고 있습니다. 우리 스스로를 남들과 비교하는 것이죠. 이런 비교는 정적인 것이고 순수하게 서술적이며, 삶의 목적, 움직임, 방향, 제가 되고 싶은 것과 연결되어 있습니다. 내가 그와 같이 되고 싶은가, 아니면 내가 그와는 다른 사람이 되고자 하는가? 그래서 궁극적으로는 모방적 욕구의 설명이 이것과 아주 가깝다고 말씀드릴 수 있겠습니다. 세상에서는 항상 모방적 욕구의 양이 증가하고 있으며 더욱 더 많은 비교가 있습니다. 제가 외적인 중재mediate와 내적인 중재의 차이점이라고 하는 것이 바로 이것입니다. 중재는 모방적 욕구를 말하는 다른 단어입니다. 외적인 중재에서 그 모델은 나와는 많이 떨어져 있습니다. 그는 아마도 책 속에 있거나 우리가 경쟁할 수 없는 문화의 한 부분일 수 있습니다. 제 첫 번째 책은 이 위대한 소설들이 더욱 현대적일수록 그들은 내적인 중재를 더 보여준다는 것을 보이려는 노력이었습니다. 내적인 중재는 사람들이 서로 아주 가까운 나머지 필연적으로 경쟁으로 이끌릴 때 있는 겁니다. 그것은 민주주의의 세상입니다. 돈키호테는 자신의 협객들과 경쟁할 수 없습니다. 그들은 존재하지 않거든요. 그들은 책에서만 존재합니다. 보바리 부인의 마음은 파리에 있습니다. 파리는 그녀가 한 번도 가본 적이 없는 곳이죠. 그녀는 지방출신입니다. 그렇지만 그 후에 모든 일이 파리에서 일어납니다. 그것은 내적인 중재가 됩니다. 그것은 마치 외부에서 정치를 보고 친구들과 그것에 대해 토론하는 대신, 정치인이 되는 것과 같습니다.

우리는 불가피하게 그것의 일부가 됩니다. 그래서 우리는 더욱 더 이끌립니다. 중재된 욕망에 대해서는, 세상이 더욱 민주적이 될수록 사람들 사이의 구체적인 차이는 훨씬 줄어듭니다. 모든 이들이 오늘날 억만장자가 되고 싶어 하지만 그것을 이루는 사람은 소수입니다. 우리에게는 처음에는 한 푼도 없었지만 지금은 5천만 불을 버는 스탠포드에 사는 친구가 있습니다.* 그래서 모든 것이 가능하지만 이런 사례들은 매력적이고 그들은 모방의 모델이 되는 것입니다. 이것은 모든 사람들이 백만장자가 되거나 공주와 결혼하고 싶어 한다는 것을 말해줍니다. 이것은 내적인 중재의 세상이며, 불가피하게 시샘하고 부러워하는 세상인 것입니다. 우리 세상의 선망은 진정한 무의식이며 진정한 금기taboo입니다. 우리는 선망에 대해 이야기해서는 안 됩니다. 우리가 섹스에 대해 많이 이야기하는 이유,

---

* 기업가이면서 학자이자 독지가인 Peter Thiel. 그는 Imitatio Inc의 공동설립자이다.

그리고 우리가 섹스에 대해 이야기할 때 아주 대담한 척 하는 이유 가운데 하나는, 본심으로는 우리가 경쟁, 따라서 선망에 대해 이야기하는 것을 꺼리기 때문입니다.

섹스는 모든 사람들이 일탈breaking에 대해 허풍을 떠는 그릇된 타부입니다. 왜냐하면 그들은 자신들의 진정한 동기에 대해 말하지 않기 때문이죠. 그들의 진정한 동기는 야심, 억만장자에 대한 선망, 혹은 더 아름다운 여인의 남편을 부러워하는 것이죠. 그렇지만 보통 우리 시대의 섹스는 그렇게 영향력이 있음직한 충분한 타부의 대상이 아닙니다. 전 그것이 그렇게 되기를 멈추고 있다고 봅니다. 왜냐하면 모든 낭만적인 사랑은 사라지고 있기 때문이죠.

SB: 프로이드가 그것에 이의를 제기하지 않을까요?

RG: 그가 이의를 제기할 수도 있겠습니다. 프로이드는 가족이 붕괴되기 시작할 무렵 등장했는데, 따라서 주된 대상은 아버지였습니다. 그는 계속해서 아버지를 겨누었고 아버지를 실제로 문화적 희생양으로 만들어 버렸습니다. 그렇지만 오늘날 우리는 그렇게 하지 않습니다. 우리는 동료들이 부모보다 훨씬 더 중요하다는 것을 아주 잘 압니다. 아주 어린 아이들도요. 제가 정신분석을 믿지 않는 이유가 이것입니다. 정신분석은 어떤 면에서 이미 낡아 버린 가치들을 붙잡고 삽니다. 저에게는 아주 좋은 친구가 있는데요, 그 친구는 정신과 의사를 만나지만 그 역시도 정신과 의사입니다. 그는 오늘날 사람들이 믿을 수 없는 공식들을 사용한다고 말하더군요. 이전에 정신분석 이론에서 오이디푸스 콤플렉스는 우리가 싸워야만 하는 것이었습니다. 이제는 정신과의사들이 오이디푸스를 사람들에게 더욱 더 많이 주입시키는 것에 대해 이야기합니다. 그들에게는 충분한 의미가 없어요. 그들에게는 충분한 중추가 없죠. 우리가 대단한 토론을 나누었기 때문에 제 친구는 그것이 모방적 욕구의 죽음일 수 있다고 생각한다고 말합니다. 이것은 모든 것 가운데서 가장 최악의 것입니다. 제가 뜻하는 것은, 모방적 욕구를 정복함을 통한 죽음이 아니라 그냥 더 이상 모방적 욕구가 없다는 것이죠. 제가 의미하는 바는 그리도 많은 싸구려 쾌락들이 있지만 타부는 더 이상 없는 세상입니다.

SB: 헉슬리Huxley의 『멋진 신세계Brave New World』같이 들리네요.

RG: 『멋진 신세계』. 그곳에는 우리 세계 속에 있는 것도 있죠. 여전히 경쟁으로 이끌리는 새로운 엘리트들과 돈이 별로 없는 사람들도 쉽게 다가갈 수 있는 싸구려 만족들로 흡족해 하는 대다수의 사람들 사이에는 구분이 있습니다. 동시에, 이런 상황은 대부분의 세상에는 적용되지 않습니다. 대부분의 세상은 기근의 끝자락에서 살죠. 아마 세상의 2/3이 그럴 겁니다. 이것은 실제로 미국, 서유럽, 그리고 일본과 같은 몇몇 다른 고립된 곳에서만 일어나는 상황입니다. 그리고 분명히 중국도 이 클럽에 합류하고 있습니다. 아마도 인도도 그럴 겁니다. 이들 중에서 두 나라가 함께 세상의 절반에 이르게 됩니다.

SB: 우리가 동정하는 방식을 경쟁이 대신하나요??

RG: 네, 그렇게 봅니다. 그 질문에 대한 대답은 확실히 그렇다고 생각합니다. 변화를 위한 시기는 바로 지금입니다. 너무 늦기 전에 말입니다.